JN294688

ワインテイスティングの基礎知識

別冊／認定試験
二次攻略テクニック

久保 將

Wine Tasting

はじめに

　私がワインを志した1984年当時、日本人の国民一人当たりの年間ワイン消費量はボトル1本にも満たないものでした。しかし2013年の消費量は3.3ℓと、実に5倍くらいになり、日本人がワインと触れ合う機会は格段に増えました。その証拠に、世界中からさまざまなワインが日本に輸入され、日本でのワイン造りも長足の進化を遂げ、フランス料理店やイタリア料理店のみならず、和食をはじめとするさまざまな飲食店でワインが提供されるようになりました。また、家庭におけるワインの登場頻度も格段に増えてきました。

　ワインのある生活は楽しいものです。食卓にワインがあると、会話も弾み、場が和みます。料理もますます美味しくなります。友人を招いての食事会には、必ずといっていいほどワインが登場しますし、ワインを楽しむことを主たる目的にした「ワイン会」なども開かれています。その時にワインの香りや味わいを他の人に伝えることって難しいなぁ……、自分が見つけた心魅かれるワインの味を説明しようとしても伝わらない……、何かのお料理と普段は合わせないワインとを合わせて、驚きの美味しさになったことを表現するボキャブラリーが出てこない……という思いをしたことはありませんか？

美味しい発見をした時、人は誰かに伝えたくなるものです。感動を上手く伝えることができて共感が得られた時、その楽しみは倍増します。ワインの香りや味わいを他の人に伝えるためには、ワインテイスティングの共通言語に置き換える必要があるのです。また、資格試験の合格を目指して勉強をされている方は、テイスティングの表現力のみならず、ブラインドテイスティングで品種を解き明かすことが求められます。テイスティングの基礎力を養い、地力をつける方法に「お手軽」な道はありませんが、正しい指針を得れば、遠回りをすることや道に迷うこともなくなります。ワインの世界は楽しく奥の深い世界です。この本が読者のみなさまのワインライフの道しるべになれば、これに勝る喜びはありません。

久保　將

Contents

2 はじめに
8 本書の使い方

Intro くらべるワイン

10 赤ワインと白ワイン
12 品種で飲みくらべ
14 地域で飲みくらべ
16 ヴィンテージで飲みくらべ
18 価格で飲みくらべ

Part 1 ワインテイスティングの基礎

22 テイスティングとは？
24 テイスティングの仕方
26 ワインの情報を集める
28 テイスティングメモと記憶の整理

Part 2 外観をながめる

32 外観のとらえ方
34 清澄度／発泡性
36 粘性
38 赤ワインの色調
40 白ワインの色調
42 外観をつくる要素
44 外観と時間の関係
46 外観の情報をまとめる
48 外観表現の公式
49 外観についてのQ&A

Part 3
香りを調べる

- 52 香りのとり方
- 54 香りの印象
- 56 赤ワイン 薄い印象のイメージパレット
- 58 赤ワイン 濃い印象のイメージパレット
- 60 赤ワイン 若い印象のイメージパレット
- 62 赤ワイン 古い印象のイメージパレット
- 64 白ワイン 薄い印象のイメージパレット
- 66 白ワイン 濃い印象のイメージパレット
- 68 白ワイン 若い印象のイメージパレット
- 70 白ワイン 古い印象のイメージパレット
- 72 香りを表現する
- 74 香りのアロマホイール
- 76 香りの分類図鑑
- 89 香りについてのQ&A

Part 4
味わいをみる

- 92 味わいのとらえ方
- 94 アタック／味覚
- 96 タンニンの質と量
- 97 ボディ
- 98 複雑さ
- 99 バランス
- 100 余韻（アフター）
- 101 美味しさ感
- 102 味わいについてのQ&A
- 103 情報のファイリング

Part 5
知っておきたい品種

- 106 カベルネ・ソーヴィニヨン
- 108 ピノ・ノワール
- 111 カベルネ・フラン
- 112 メルロ
- 114 シラー、シラーズ
- 116 ネッビオーロ
- 117 ガメ
- 118 サンジョヴェーゼ
- 119 グルナッシュ、ガルナッチャ
- 120 テンプラニーリョ
- 121 マルベック
- 122 ジンファンデル、プリミティーヴォ
- 123 カルメネール
- 124 マスカット・ベーリーA
- 125 アリアニコ
- 125 カリニャン
- 126 バルベーラ
- 126 ドルチェット
- 127 ピノタージュ
- 127 ランブルスコ
- 128 シャルドネ
- 131 ソーヴィニヨン・ブラン
- 133 リースリング
- 135 ゲヴュルツトラミネール
- 136 トロンテス
- 137 マスカット
- 138 ヴィオニエ
- 139 ピノ・グリ、ピノ・グリージョ
- 140 シュナン・ブラン
- 141 セミヨン
- 142 アルバリーニョ
- 142 ミュスカデ
- 143 ピノ・ブラン
- 143 シルヴァーナー
- 144 トレッビアーノ
- 145 甲州
- 146 アリゴテ

Column ❶ 同じ銘柄、ヴィンテージならどっちを買う？ 高いワインと安いワイン 20
Column ❷ グラスによるテイスティング比較 30
Column ❸ ブラインドテイスティングとは？ 50
Column ❹ コルク臭ともいわれるブショネとは？ 90
Column ❺ レストランでワインをうまくオーダーするコツは？ 104
Column ❻ シャンパンを発明したのはドン・ペリニヨンさんではなかった!? 147
Column ❼ インポーターのワイン選び 148
Column ❽ 試飲会は宝の山！ リーズナブルで貴重な体験に挑もう 186

Part 6
品種の原点地図と醸造法

- 150 世界の広がり
- 152 フランス
- 158 世界のカベルネ・ソーヴィニヨン、ピノ・ノワール、シャルドネ
- 160 アメリカ
- 162 オーストラリア
- 164 ニュージーランド
- 166 チリ／アルゼンチン
- 168 イタリア
- 170 イタリアの黒ブドウ品種
- 171 イタリアの白ブドウ品種
- 172 スペイン
- 174 ドイツ
- 176 日本
- 178 ブドウと土壌
- 180 赤ワインの醸造法
- 182 白ワインの醸造法
- 184 ロゼワインの醸造法
- 185 スパークリングワインの醸造法

Part 7
ブラインドテイスティングの実践

- 188 ブラインドテイスティングの仕方
- 190 赤ワインの判断チャート
- 192 白ワインの判断チャート

- 194 用語Index
- 198 協力メーカー、販売元問い合わせ先

別冊　ソムリエ・ワインエキスパート
　　　呼称資格認定試験
　　　二次試験攻略テクニック

デザイン／周 玉慧　鈴木敦子
撮影／田邊美樹
イラスト／桑原 節
ライティング／杉本多恵
DTP／有限会社 天龍社
編集／株式会社童夢

本書の使い方

本書は基本的に下記の形式で構成しています。

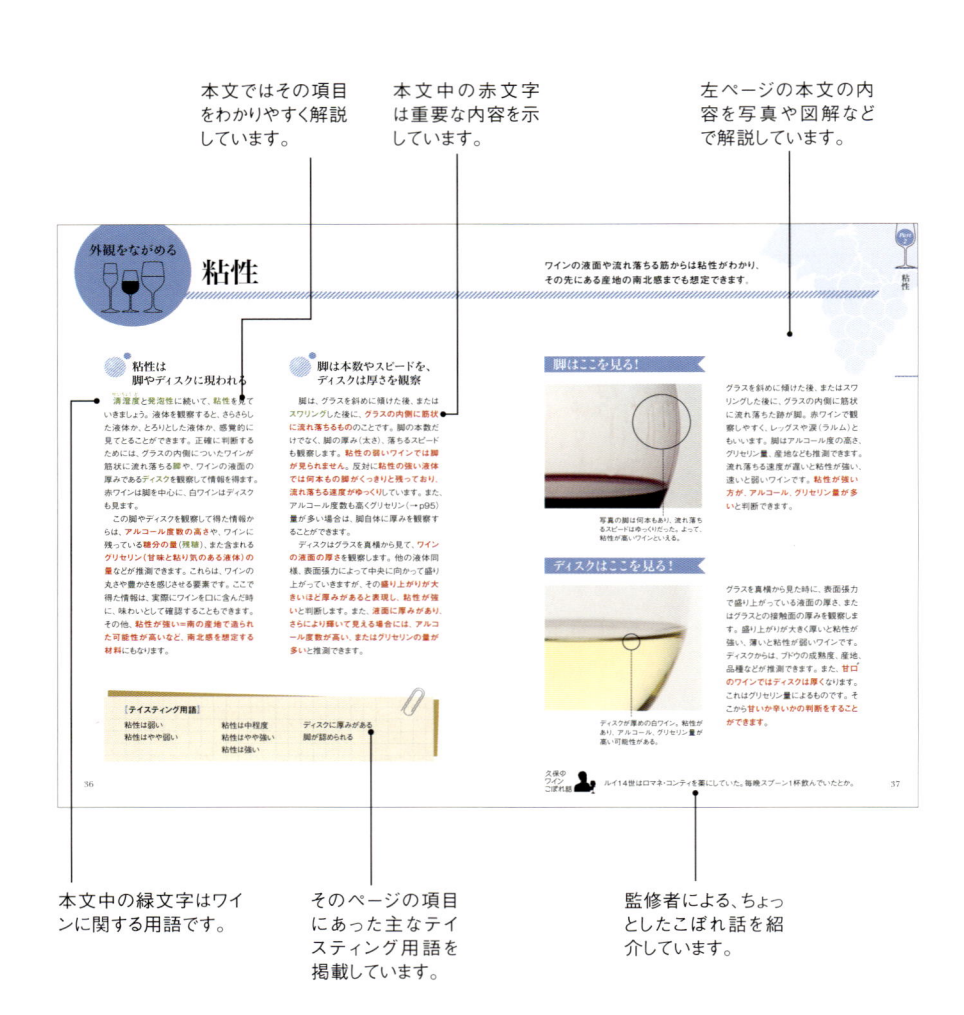

本文ではその項目をわかりやすく解説しています。

本文中の赤文字は重要な内容を示しています。

左ページの本文の内容を写真や図解などで解説しています。

本文中の緑文字はワインに関する用語です。

そのページの項目にあった主なテイスティング用語を掲載しています。

監修者による、ちょっとしたこぼれ話を紹介しています。

Intro
くらべるワイン

赤と白、品種、地域、ヴィンテージ、価格で
ワインを飲みくらべてみましょう。
そのワインの持ち味がわかります。

赤ワインと白ワイン

くらべるワイン 1

赤ワイン、白ワインの違いは色だけではない！

　目隠しをしてワインを飲んでみたことがありますか？1度ぜひ、試してみてください。そのワインが赤ワインか、白ワインかを言い当てることが意外に難しいはずです（もしわかるとすると、ワインテイスティングの素質があるかもしれません！）。多くの人は赤ワイン、白ワインの違いを色でしか判別していません。色以外の違いは何なのかを知ることが、ワインの本質に近づく第一歩です。

A
赤ワインの特徴

・原料は、基本的に黒ブドウを使用。
・果汁に果皮と種を漬け、色素成分のアントシアニンや渋み成分の**タンニン**（→p96）など、赤ワイン特有の香りや味わいを抽出して造られる（**マセラシオン**、→p180）。
・香りの絶対量が多い。

登美の丘 赤
登美の丘ワイナリー

品種	メルロ、カベルネ・ソーヴィニヨン、カベルネ・フラン、プティ・ヴェルド
産地	日本 山梨県
造り手	サントリー登美の丘ワイナリー
アルコール度数	12.0%

〈サントリーワインインターナショナル〉

赤と白。色の違いに隠されたものとは何でしょうか？
飲みくらべて、ワインの本質を知りましょう。

赤ワインと白ワイン

それでは赤ワイン、白ワインの違いを具体的に探っていきましょう。色の違いはすぐにわかりますね。香りはどうですか？ 強く感じるのは赤ワインではないでしょうか。味わいは──？ このようなさまざまな違いは、**使用するブドウの種類、醸造方法が異なる**ために生まれます。どのような特徴があるのかを、実際に飲みくらべながら確認してみましょう。

B

白ワインの特徴

- 原料は白ブドウ、まれに黒ブドウの果汁を使用。
- 赤ワインのようにマセラシオンせず、果汁だけを発酵して造られる。
- タンニンが少ない。
- 色素の量は少ないが、時間が経つにつれて、緑がかった色から黄色、金色、褐色へと変化する。
- 小さな気泡が認められるものもある。

登美の丘 シャルドネ
登美の丘ワイナリー

品種	シャルドネ
産地	日本 山梨県
造り手	サントリー登美の丘ワイナリー
アルコール度数	13.0%

〈サントリーワインインターナショナル〉

くらべるワイン 2

品種で飲みくらべ

まずは黒ブドウの代表品種で個性を探ろう

まずは違いがわかりやすい黒ブドウの代表品種であるフランス ボルドー地方の Ⓐ カベルネ・ソーヴィニヨンとブルゴーニュ地方の Ⓑ ピノ・ノワールをくらべてみましょう。ここでわかるのは、品種がもともと持っている色や香り、味わいの個性の違いです。またくらべる品種によっては、**樽熟成**や**マセラシオン・カルボニック**※など、**品種特性**を生かす醸造技術の違いも確認できます。

※ブドウの実を破砕しないまま炭酸ガスを満たしたタンクに入れ、ブドウの粒の中で発酵させること。

A

**色濃く強いタンニンの
カベルネ・ソーヴィニヨン**

フランスを代表するボルドー地方の代表品種、カベルネ・ソーヴィニヨン。色が濃く、暗さがある。香りの柱が複数あり、複雑。非常に強いタンニン、骨格と構成力があるワインになり、長期熟成できる品種。

レ フィエフ ド ラグランジュ

品種	カベルネ・ソーヴィニヨン、メルロ、プティ・ヴェルド
産地	フランス ボルドー メドック
造り手	シャトー ラグランジュ
アルコール度数	13.0%

〈ファインズ〉

ブドウの品種の違いはワインの個性となって現れます。
ブドウからのメッセージを読み取りましょう。

品種で飲みくらべ

試してみよう！
ほかの飲みくらべ例

● 品種の持ち味をくらべるには最適！

ビニャ マイポ ビトラルシリーズ
シラー ←→ カベルネ・ソーヴィニヨン ←→ メルロ ←→ カルメネール

● 同じ名柄のセパージュ（品種）の構成が違うものを比較。カベルネが多いと堅く、メルロが多いと柔らかいニュアンスがわかるはず。

シャトー ラグランジュ 2005
（カベルネ・ソーヴィニヨン46％、メルロ45％、プティ・ヴェルド9％）
←→
シャトー ラグランジュ 2009
（カベルネ・ソーヴィニヨン73％、メルロ27％）

B

明るい色で香り豊かな
ピノ・ノワール

フランスを代表する銘酒の根幹をなす品種、ピノ・ノワール。主にブルゴーニュ地方で栽培されている。色は明るさがあるルビー色。ベリー系の香りが豊かで複雑。タンニンはカベルネ・ソーヴィニヨンほど多くないが構成力があるワインになる。

モンテリー
ドメーヌ ブシャール ペール エ フィス

品種	ピノ・ノワール
産地	フランス ブルゴーニュ
造り手	ドメーヌ ブシャール ペール エ フィス
アルコール度数	13.0％

〈ファインズ〉

くらべるワイン 3　地域で飲みくらべ

● 共通する要素、異なる要素を
確認しながら、その背景を探る

　同じ品種であっても産地が異なれば味わいも異なります。名称は異なりますが、同じ品種のAフランスのシラーとBオーストラリアのシラーズを例にくらべましょう。土壌や気候の違い、造り手のイメージで用いられる醸造方法の違いなどからその差が生まれます。このように同じ品種の場合は、見た目、香り、味わいなどそれぞれの項目で共通する部分、異なる部分を確認し、背景を探ることが大切です。

A

動物的な香りと力強さを持つローヌ

品種の原産地であるフランス ローヌ地方で造られているワイン。ローヌのシラーの持ち味である、動物的な香りとオレンジリキュールのニュアンス、そして、黒胡椒のニュアンスをはっきりと感じることができる。

クローズ エルミタージュ サンス ルージュ
ファヨール フィス エ フィーユ

品種	シラー
産地	フランス
	コート・デュ・ローヌ
造り手	ファヨール フィス エ フィーユ
アルコール度数	13.5%

〈ファインズ〉

ブドウが育った環境によって色、香り、味わいは異なります。
その背景を思い浮かべながら飲むとよいでしょう。

地域で飲みくらべ

試してみよう！
ほかの飲みくらべ例

● 地域の飲みくらべはブルゴーニュワインがわかりやすい。ボーヌの力強く、荒々しいところと、ジュヴレ シャンベルタンの優美で特徴的なリコリスのタッチを見つけよう。

ボーヌ デュ シャトー プルミエクリュ ⇔ ジュヴレ シャンベルタン
／ブシャール ペール エ フィス ／ブシャール ペール エ フィス

● 同じオーナーのブルゴーニュ地方のシャルドネで比較。地域の違いを実感できる。

ウィリアム フェーブル シャブリ ⇔ シャルドネ ラ ヴィニエ
／ウィリアム フェーブル ／ブシャール ペール エ フィス

B

ユーカリを感じる
オーストラリア

原産地から離れ、オーストラリアで独自の進化を続けたシラーズ。別の品種とも思える佇まいがある。色は濃く、凝縮感が強い。ジャムを思わせる濃縮感、オーストラリアに多く分布するユーカリ由来のミントのニュアンスが特徴的。Aと共通して、黒胡椒も感じられる。

BIN 28 カリムナ シラーズ ペンフォールズ	
品種	シラーズ
産地	オーストラリア サウスオーストラリア
造り手	ペンフォールズ
アルコール度数	14.0%
〈ファインズ〉	

くらべるワイン 4
ヴィンテージで飲みくらべ

若いワインと熟成したワイン それぞれの楽しみ方を探ろう

ヴィンテージをくらべる場合は、**できるだけ同じ銘柄の別ヴィンテージ**で比較しましょう。まずは色の変化を確認すること。赤ワインでは青から紫の色素の量をくらべ、熟成によって**色素量**が減っていることを確認します。白ワインでは緑の要素は減り、黄色の要素が増えていることに気づくでしょう。その後、香りも味わいも同様に変化をみてください。一般的に熟成したものの方がよいと言われますが、若いワインは若いなりの楽しみが、また熟成したワインは熟成したなりの楽しみがありますよ。

A
色、香りにフレッシュさを感じる

カベルネ・ソーヴィニヨンを中心にメルロなどの補助品種も使用。若い時の色素は濃く、紫を多く含んでいる。香りもフレッシュさを感じさせる果実や花の要素が多い。タンニンは堅く、厳しさもある。

シャトー ラグランジュ 2011

品種	カベルネ・ソーヴィニヨン、メルロ、プティ・ヴェルド
産地	フランス ボルドー
造り手	シャトー ラグランジュ
アルコール度数	13.0%

〈ファインズ〉

ワインは経過を楽しむことができるお酒です。
熟成による変化をとらえましょう。

ヴィンテージで飲みくらべ

試してみよう!
ほかの飲みくらべ例

- ブドウのできのよい年か、やや劣る年かでくらべる。端境期（はざかいき）にはその年と前年の両方のヴィンテージがあるのでくらべると、新たな発見が！

　　ボルドーの赤　　⇔　　ボルドーの赤
　（できのよい年のもの）　　（やや劣る年のもの）

- 同じ名柄でヴィンテージの差が大きくはなれているものをくらべ、熟成の差をみる。5年以上離れているほうがわかりやすいが、熟成に耐えるワインでないと古いものがきちんと評価できない可能性があるので注意。

　　バローロ（若いもの）　⇔　バローロ（5年以上離れた古いもの）
　ブルネッロ ディ モンタルチーノ　⇔　ブルネッロ ディ モンタルチーノ
　　（若いもの）　　　　　　　　（5年以上離れた古いもの）

B

落ち着いた印象を与える熟成感

熟成が進むと紫の色素は徐々にオレンジ色に。香りは果実や花は乾いた印象に変化する。Aにはない、チョコレートのような要素も現れてくる。タンニンは柔らかくなり優しさが出てくる。

シャトー
ラグランジュ 2002
品種　　　カベルネ・ソーヴィニヨン、
　　　　　メルロ、プティ・ヴェルド
産地　　　フランス ボルドー
造り手　　シャトー ラグランジュ
アルコール度数　13.0%
〈ファインズ〉

くらべるワイン 5 価格で飲みくらべ

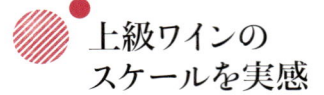

● 上級ワインのスケールを実感

　価格の違いは、同じ産地の同じ品種、できれば同じ**ヴィンテージ**をくらべると、その差が容易にわかります。上級のものは色が濃く、香りも豊かで華やか。味わいの骨格、**余韻**の長さを感じられます。樽の効果を感じる場合も多くあります。低価格のものから飲み、上級を飲んで再び低価格に戻ると、その差に愕然とすることも。まずは低価格から順に飲むことをおすすめします。

A

果実味が充実したお手頃ワイン

ストレートなベリーの香り。赤フサスグリや赤いさくらんぼ、プラムをイメージさせる。口の中に広がる果実味。タンニンはさほど多くなく、ほどほどの構成力のあるワイン。

ブルゴーニュ ピノ・ノワール ラ ヴィニェ
ブシャール ペール エ フィス

品種	ピノ・ノワール
産地	フランス ブルゴーニュ
造り手	ブシャール ペール エ フィス
アルコール度数	12.5%

〈ファインズ、サントリーワインインターナショナル〉

価格にはそのワインのランクや価値などが反映されます。
その理由を考えながら飲みくらべましょう。

試してみよう！
ほかの飲みくらべ例

- ランクの違いを知りたい時も同じ造り手を選んだほうがわかりやすい。

  ボルドー レゼルブ スペシアル ルージュ
  ／ドメーヌ バロン ド ロートシルト
  ⇔
  ポーイヤック レゼルブ スペシアル
  ／ドメーヌ バロン ド ロートシルト

  ブルゴーニュ シャルドネ ラ ヴィニェ
  ／ブシャール ペール エ フィス
  ⇔
  ムルソー ジュヌヴリエール
  ／ブシャール ペール エ フィス

- 広域アペラシオン（産地）であるブルゴーニュの特級3ランクの格差と価格の差がつかめるかも！

  ブルゴーニュ ルージュ
  ／ドメーヌ ユベール リニエ
  ⇔
  クロ・ド・ラ・ロッシュ
  ヴィエイユ・ヴィーニュ
  ／ドメーヌ ユベール リニエ

B

構造が大きく複雑な高級ワイン

色の濃さはそんなに差がない。色合いでは少し暗いトーンがある。ブラックチェリー、カシス、野バラ、スパイシーさ、鉄っぽさがある。複雑で、厚みがあり、大きな構造と凝縮感がある。余韻が長い。

ボーヌ グレーヴ ヴィーニュ ド ランファン ジェズュ
ドメーヌ ブシャール ペール エ フィス

品種	ピノ・ノワール
産地	フランス ブルゴーニュ
造り手	ドメーヌ ブシャール ペール エ フィス
アルコール度数	13.5%
〈ファインズ〉	

Intro

価格で飲みくらべ

Column 1
同じ銘柄、ヴィンテージならどっちを買う？
高いワインと安いワイン

　インターネットでワインを探していたら、同じワインがAショップでは5000円、Bショップでは3900円で売っていました。さて、あなたならどちらを買いますか？

　そのショップがとても遠くて高い送料がかかってしまうなら別ですが、当然、心情的には3900円を選びたくなります。でも、本当にそれを買って大丈夫でしょうか。

　ワインの流通にはさまざまなシステムがあります。例えば、生産者から直接買い付けているもの、ネゴシアン（卸売業者）などの中間業者を経由しているもの、また一次流通から転売されたものなど。その流通経路によって、それぞれに販売価格が設定されますが、生産者やネゴシアン経由で買い付けた場合は値崩れもなく、きわめて中間的、適切な価格で販売されています。一方で二次流通以降は、為替や市場経済の状況によって価格が変動する場合もあり、価値が上がることもあれば、とても安く市場に出回ることもあります。また同時に、二次流通どころか三次流通や四次流通で販売されているものなども。その間にどのような管理がなされていたのかは、だれも教えてくれません。管理が行き届かず、品質が劣化していることもあり得ます。

　安いワインを買う場合には、そういったリスクもついて回るということを覚悟して購入しなければなりません。そのようなリスクを回避したいなら、なによりも信頼できるショップを見つけましょう。また、そのショップのセールを狙ってみるとお得に購入できますよ。

Part 1
ワインテイスティングの基礎

ワインテイスティングとはどんなものなのでしょうか？
テイスティングの仕方や基本情報を学びましょう。

ワインテイスティングの基礎

テイスティングとは？

● テイスティングはワインを知る手段！

ワインのテイスティングとはなんでしょうか？ 味わいをみることだと考えている人が多いかもしれませんね。確かにそれも間違いではありません。しかし味わい以外にも、ワインには特徴や個性があります。それは**ワインの色や濃さ、香り、品種、ワインの醸造方法**などに現れます。テイスティングはそれらを確認していき、**どういうワインなのかを知る**ことにあります。

テイスティングの**目的は、立場によって人それぞれ**です。一般の方であれば、ワインが好きだからテイスティングをやってみたい！ という純粋な動機から、一般社団法人日本ソムリエ協会が実施している**ソムリエ・ワインアドバイザー・ワインエキスパート呼称資格認定試験**を受けるため、などがあるかもしれません。また、ワイン関連の仕事をする人であれば、**ソムリエ**ならお客さまにワインを提供するため、**インポーター**（輸入業者）なら販売するワインを選ぶため、ワインショップの方ならお客さまにおすすめするためなどがあるでしょう。

このように、人によって目的はさまざまです。しかし、ワインの知識やテイスティングのレベルの違いこそあるものの、**目的に向かってテイスティングをすることは同じ**なのです。

● テイスティングの要素は外観、香り、味わい

それでは、どのようにしてテイスティングするのでしょうか？

テイスティングの主な要素は3つあります。**1、外観をながめる（→p31～） 2、香りを調べる（→p51～） 3、味わいをみる（→p91～）**ことです。これらから得たワインの情報を整理し、コメントします。コメントは、実際に口頭で言うこともありますが、テイスティングメモ（→p28）をとって記録しておきましょう。そうすると、どんなワインをいつ飲んだか一目瞭然ですし、情報の整理もしやすくなります。

いざ実践！ の前に、テイスティングをする上で大切なことをお教えしておきます。それは、**常に一定の目線を持つ**ことと、**ルーティン化**することです。一定の目線というのは、ワインの善し悪しを真っ先に考えず、フラットな気持ちでワインに接すること。ルーティン化は、常に同じ条件、同じ手順でテイスティングを行うことです。こうすることで、ワインの情報を比較しやすくなり、整理する時に役立ちます。

たくさんのワインに出会い、テイスティングの経験を積むことで、ワインの楽しみは無限大に広がります。さあ、テイスティングをはじめましょう！

テイスティングとはなんでしょうか? きちんと認識して、
ワインのことをどんどん探っていきましょう。

テイスティング要素

●外観をながめる

まずは目で確認します。色の濃淡や色調、濁っているか澄んでいるか、液体の表面に厚みがあるか、またグラスを回した後にグラスの内側に流れ落ちる筋はあるかなど、ワインを外側から観察します。(→p31～)

●香りを調べる

次に、ワインから発する香りをとります。香りの量(ボリューム)、強い香りなのか弱い香りなのか、若々しいか熟成した印象か、香りからどんなものを連想するかなど、ワインを香りの部分で観察します。(→p51～)

●味わいをみる

最後に、ワインを口に含み、味わいをみます。味わいの強さ、アルコールの強さ、どんな**味覚**をどれくらい感じるのか、**バランス**はどうか、**余韻**の長さなど、ワインの味わいの部分を観察します。(→p91～)

⬇

●総合評価

外観、香り、味わいから得た情報を整理、分析し、どんな個性や要素を持つワインなのか考えます。また、自身の考えと情報を検証します。そして、最終的な全体像をつかみ、総合評価として結論を出します。

久保の
ワイン
こぼれ話　紀元前4世紀ごろのガリア(古代ローマ時代のフランスに位置した国)では、アンフォラ(標準型39リットル入り)1本のワインと奴隷1人が交換されていた。

ワインテイスティングの基礎

テイスティングの仕方

テイスティングアイテム

ワイン

ワインはテイスティングしたいものを用意します。その際、**品種や産地などを意識して選ぶ**とよいでしょう。また、ワインの温度に気を付けます。**赤ワインで色が濃く重いタイプなら18度、色が薄く軽いタイプなら16度、ボディの大きい白ワインなら12度、ドライなタイプなら8度**といった温度帯。その都度決まった温度で行いましょう。慣れてきたら、低めの温度で一度確認し、時間の経過で温度が上がるとどう変わるのかを確認するのもいいでしょう。

オープナー

オープナーには、ソムリエナイフ、ウイング式、パワー式、電動式などいろいろありますが、基本的には、使いやすいものが一番です。高価なソムリエナイフは重く、よく切れますので、最初のうちは十分注意してください。またソムリエナイフの中でも二段階で瓶口にひっかけて引き抜ける**ダブルアクションが開けやすくてオススメ**です。

グラス

一定な目線でテイスティングをするためには、**常に同じグラスを使います**。資格認定試験ではISO規格に準じた比較的小ぶりのテイスティンググラス（INAOグラス）が使用されていますが、より**大ぶりのグラスの方が香りもとりやすく、ワインの個性を拡大してくれる**ので、慣れないうちはそちらがよいでしょう。本書では、「リーデル オヴァチュアシリーズ レッドワイン」を使用しています。

ターゲット

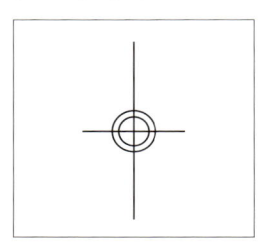

赤ワインの色の濃淡を見るためのシートです（p38で使用）。シートといっても上記のような図を白い紙に印刷したもの。このターゲットにグラスをかざし、どのくらい見えるかで判断します。なくてもテイスティングできますが、あると便利です。

【テイスティング時の環境】

テイスティングを行う環境は、温度、湿度、明るさなど、できるだけ同じ条件にします。そうしないと、同じワインでも違った印象になることも……。また、室内が無臭であるかも注意します。明るさは、自然光が最も好ましく、それが厳しい場合は、それに近い、偏りのない光と明るさの場所で行います。比較的空腹時に行うと、より的確に判断できます。

テイスティングをする前に、アイテムと手順を確認。
しっかり準備を整えてから、始めましょう。

テイスティングの手順

1 グラスのコンディション

まずは、**グラスに汚れや傷、曇り、臭いがないかチェック**します。もし、それらがあるとテイスティングの妨げになり、正しい情報が得られません。このチェックが無意識でもできるくらいに習慣づけましょう。

2 抜栓のタイミングと注ぐ量

抜栓はテイスティング直前に行います。注ぐ量は毎回同じ量を入れるようにします。本書で使用したグラスでは90ml程度が適当でした。また、ワインをグラスに注ぐ時は、静かに注ぎましょう。

3 外観をながめる

さあ、いよいよテイスティング要素をチェックしていきます！ グラスを手に持ち、真っ白な紙やターゲットを背景に**白ワインは真横から、赤ワインはグラスを奥側に傾けて外観をみていきます**。色の濃淡や色合い、濁りや輝きなど、どんなワインかを目で確認します。

4 香りを調べる

まずは**ゆっくり1秒**香りを確認します。その後、**スワリング**（→p52）したら、グラスの内側についたワインの流れた跡（**脚**、→p36）で**粘性**をみます。**再度2～3秒程度じっくり香りを確認**します。

5 口に含む

口に含む量は、ティースプーン1杯くらいといいますが、人それぞれです。その**量に決まりはない**ので、自分が最も味わいを感じやすい量を日頃確認しておき、毎回一定量を口に含むようにしましょう。

6 味わいをみる

口先から入ったワインを舌の中央にため、**口の中全体に広げます**。喉元まで入れ、味わいを確認したら吐き出します。この時、少し飲み込んでも問題ありません。必要ならば、口の中にワインがある状態で空気を口から吸い鼻から出し、口中香を確認します。

久保のワインこぼれ話　貴腐ワインと青カビチーズのマリアージュはオススメ。青カビチーズ嫌いが治った人もいます。

ワインテイスティングの基礎

ワインの情報を集める

ラベル、テクニカルシートで生産者からの情報を得る

　テイスティングを始める前に、**ワインや生産者に関する情報**を集めましょう。そのような情報があると、テイスティングをしながら、そのワインがどこで、どんな品種を使って、どのような醸造方法で造られたのか、また、その土地はどんな気候風土なのかなどを体系的に理解できます。通常のテイスティングでは、それから得た情報を**ひとつひとつ検証し、正確にインプット**していくことが大切です。

　集める情報として最も信頼性が高いのは、生産者が発信するものです。簡単に手に入るのが**ワインボトルのラベル**。表ラベルからは、ワイン名や造られた場所、品種、生産年など、極めて基本的な情報が読みとれます。裏ラベルには、内容量やアルコール度数、**ワイナリー**、飲用時のサービス温度や相性のよい料理（**マリアージュ**）などのワインの説明文が書かれていることもあります。

　ラベル以外の情報としては、**テクニカルシート**（→p27）があります。生産者や**インポーター**のホームページからダウンロードすることが可能です。テイスティング時にはそのような情報をそばに準備し、事実と照らし合わせればそのワインを正確に、より深く理解することができます。

表ラベル

※ GRAND VIN DE BEAUNE GRÈVES
APPELLATION BEAUNE PREMIER CRU CONTRÔLÉE
❶
❷ VIGNE DE L'ENFANT JÉSUS
❸ BOUCHARD PÈRE & FILS
CHÂTEAU DE BEAUNE, CÔTE-D'OR, FRANCE

❶ 原産地
EUのワイン法に基づき、地理的表示付きワインであること、またその原産地がここで示されています。

❷ ワイン名
多くのワインは、最も目立つ場所にワインの商品名が記載されています。これは個別の商品名が付けられていますが、品種名や産地名を商品名としてここに記載する場合もあります。

❸ 生産者名
このワインの生産者名が記載されています。ワインラベルの一番下の方に記載されていることが多く、EUのワイン法では、この記載が義務付けられています。

その他のラベルによくある情報

● ヴィンテージ（生産年）
このワインがいつ生産されたか書かれていることもあります。

● 品種
カベルネ・ソーヴィニヨンやピノ・ノワールなど、ブドウの品種が書いてあることも。

※ 宣伝文
このラベルにはフランス語で「ボーヌのすばらしいワイン」と書かれています。

ワインをより理解するために
まずは生産者が発信する情報を集めましょう。

裏ラベル

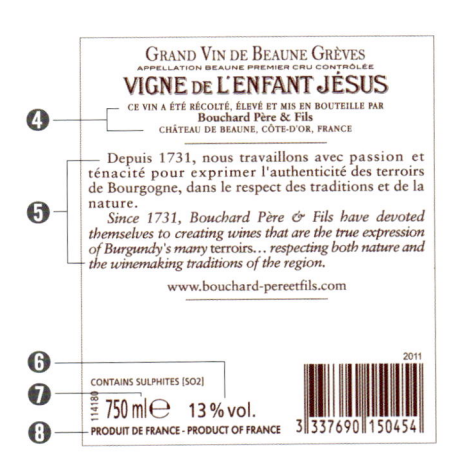

テクニカルシート

❹ ブドウの収穫と瓶詰めをしたワイナリー
ここではこのワインのブドウ収穫と瓶詰めがこのワイナリーで行われたことが書かれています。

❺ ワインの説明文
生産者やワインの説明文、適温、マリアージュの提案なども記載されている場合も。自国語のみ、英語併記、多国語表記と、生産者の考え方次第でさまざまな言語で書かれます。

❻ アルコール度数
表ラベルまたは裏ラベルにアルコール度数が表示されています。EUのワイン法では、記載が義務づけられています。

❼ 内容量
表ラベルまたは裏ラベルのどちらかに必ず内容量が記載されています。

❽ 原産国
原産国は表ラベルまた裏ラベルのどこかに必ず記載されています。このワインはフランス産です。

ドメーヌ ブシャール ペール エ フィスHP（http://www.bouchard-pereetfils.com/en/home-page/）より

　テクニカルシートは、生産者もしくはインポーターが作成しているワインに関する詳しい情報やデータが書かれたシートです。書かれている内容は、ラベルに記載されているデータに加え、生産者のこだわり、ブドウ栽培地の土壌や気候、醸造方法や貯蔵・熟成方法などのテクニカルなことです。また、生産者によるテイスティングコメント、相性のよい料理、サービス温度、バックヴィンテージに関する情報、受賞歴やワインジャーナリストによる評価なども記されています。

　輸入ワインでは必ずしも日本語で書かれているものばかりではありませんが、テクニカルシートの活用は、基礎力向上を手助けしてくれる情報源です。

Part 1 ワインの情報を集める

ワインテイスティングの基礎

テイスティングメモと記憶

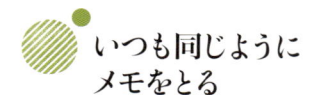

いつも同じようにメモをとる

テイスティングは、**感じたことをメモにとりながら**行いましょう。メモは白紙のものでもかまいませんが、自分なりの**テイスティングシート**を用意しておくと便利です。

テイスティングシートは、テイスティングでチェックすべき項目と記入欄を表にしたものでよいでしょう。チェック項目を立てると、**常に同じポイントを見る**ことができますし、**チェックもれも防げます**。

右ページのテイスティングシートは日頃私が使っているものです。最初は同じようなものを作り、徐々に自分なりのオリジナルにカスタマイズしていくとよいでしょう。また、それをパソコンに保存しておく場合には、ボトルやラベルの写真を添えておくと記憶が鮮明に残ります。

シートに記入する際には、自分のメモやコメントは黒、テクニカルシート（→p27）などから得た情報は青、またワインセミナーやイベントで、講師やソムリエなどが発したコメントや解説は赤などと色分けするとよいでしょう。そうすると効率的に情報を整理でき、後から見ても容易に思い出せます。

なれないうちは、なかなかコメントが出てこないと思いますが、とにかく何か書くようにしましょう。表現力が格段に上がります。

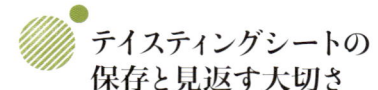

テイスティングシートの保存と見返す大切さ

メモしたテイスティングシートはどのように保存したらよいのでしょうか。

例えば日付順に保存したとしましょう。すると、必要なワインの情報をすぐに取り出すのが困難です。ですので、私は**自分のわかりやすいタグをつけてファイルにまとめ**ています。最初は産地別や品種別にし、情報が増えていけば、「暖かい地域で造られた」、「緑がかった色の白ワイン」、「黒い果実の香り」などのもっと細かいカテゴリーに分けていきます。また、パソコンに保存する場合は、さまざまな**キーワードを入れたタイトル**、例えば、france_bordeaux_medoc_cabernet sauvignon_（国、地域、地方、品種）とつけるなどすると検索しやすくなります。

テイスティングシートを見返すと、おもしろい発見があります。例えば、テイスティングをして、以前飲んだワインと似ていると感じた時、そのワインのテイスティングで感じたこととシートと照らし合わせると、似ている理由が発見でき、よりワインを理解することにつながります。また、同じファイルの情報を見くらべると、ワインの特徴や個性が顕著になります。また、自分の成長度、好みの変化などもわかりますよ。

の整理　テイスティングで集めたデータをメモすることで表現力アップにつながります。

テイスティングメモのとり方

		❶ 製品名称	❷ ヴィンテージ	❸ アルコール度数			❹
		シャトー ラグランジュ	2011	13.00%			2014.5.15
外観	色	少し濃いめ。暗さを持ちガーネットの印象。斜めにしたグラスの中心は文字は読める					
		紫のニュアンスが多めにあり、オレンジのタッチは少し。同じヴィンテージのクリュクラッセだがデュアール・ミロンと大きく色が違うところがポイント					
	清澄度	澄んでいる					
	脚・粘性	厚みのあるディスク、脚はしっかりと出る					
香り	注いでそのまま	香りの量は多い、落ち着きがある香り立ち、果実のピュアさが出ている、植物的なところはあるがデュアール・ミロンにみられる西洋杉はあまり感じない					
	スワリング後	スワリングすると甘い果実の充実感が増す、樽香もデュアール ミロンよりも全然表現していない					
味わい	アタック	力のあるアタック、少し丸みのあるアタック					
	甘さ感	最初、少し甘味がある					
	酸	柔らかく優しい酸、量はやや中程度					
	タンニン	タンニンの量は多いが極めてキメが細かい。量が多いので口の中をティッシュでぬぐったような収斂性のあるタンニン					
	バランス	口の中の構造はデュアール・ミロンよりあきらかに大きい。偉大な年ではないが入りが丸く、柔らかみのあるボディを感じると同時にカベルネの堅い構造を感じる					
	余韻	余韻はやや長い					

❺　　　　❻

❶ 製品名称を書き入れます。同時に生産者名なども記しておくとよいでしょう。

❷ 同じワインでも**ヴィンテージ**によってワインの印象が異なるため、明記するようにします。

❸ アルコールのボリュームを見るために書き入れます。

❹ テイスティングした日付は必ず書きましょう。**ワインは熟成、変化するお酒**です。どのタイミングのテイスティングかは重要な情報です。

❺ 外観、香り、味わいの詳細なチェック項目は必ずルーティン化し、確認していきます。

❻ メモなので、しっかりとした文章にする必要はなく、箇条書きや自分にわかる記号で問題ありません。最初は自分の言葉でメモをとってもよいですが、慣れてきたらテイスティング**共通言語**を使ってメモをしましょう。

Column 2
グラスによるテイスティング比較

　ワインは、グラスによって味わい、香り、外観さえも変わります。形状の違う5つのグラスでテイスティング比較しました。

※比較方法：それぞれのグラスに「シャトー ラグランジュ 2005」を120mlずつ注ぎ、テイスティング。

A　オヴァチュアシリーズ レッドワイン（リーデル）
外観の濃さの見え方は5つのグラスの中でちょうど中間。
静かな状態の香りの量は非常に多い。スワリングするとバランス良く香りの変化が現れる。
味わいはバランス良く表現される。少し酸が強調される印象がある。

B　シェフ＆ソムリエ オープンナップ タニック55（アルク・インターナショナル・ジャパン）
外観の濃さの見え方は薄く見える。
静かな状態の香りの量は非常に多く、ベリー、花系がよく表現される。しばらく時間が経つと華やかで広がりのある香りが出ていた。
味わいは口の中の果実味がわかりやすい。

C　アディナ プレスティジュシリーズ ボルドー（シュピゲラウ）
外観の濃さの見え方はほぼ中くらい。
静かな状態の香りの量は控えめ。スワリングすると、特に熟成による香りの広がりが上手に表現される。
味わいは果実味が強く表現される。タンニンは強めに感じられる。

D　ソムリエ シリーズ ボルドー・グラン・クリュ（リーデル）
外観の濃さの見え方は薄く見える。
静かな状態の香りの量は控えめ。スワリングすると、特にベリー系の香りが強調される。熟成による香りの広がりも上手に表現される。
味わいはやや軽く、タンニンがこなれた熟成ワインに感じる。

E　ISO規格 テイスティンググラス
外観の濃さの見え方は5つのグラスの中で一番濃く感じられる。
静かな状態の香りの量はやや多く、樽やバニラがとりやすい。スワリングすると、ベリー系の香りが強調される。
味わいは力強く、タンニンの強いワインにみえる傾向がある。

Part 2
外観をながめる

ワインテイスティングの第1段階。
ワインの見た目から、情報を得ていきます。

外観をながめる

外観のとらえ方

● 視覚は最も客観的で正確な情報

テイスティングは、**外観を見ることから始めます**。でも、なぜ外観から？ 味わいからでもいいのでは？ と思いませんか。その理由は、視覚にあります。

人間の五感の中で、**最も客観的で正確にとらえた情報を伝えられるのが視覚**です。人間はものを見た時、10人いたら10人とも同じ事実を同じようにとらえ、表現します。しかし、**嗅覚や味覚は、同じ香り、味でも、人それぞれ表現が微妙に違い、他人と共有することが困難**です。そのため、テイスティングでも香りや味わいを表現する場合には**共通言語**が存在し、それに置き換えて表現します。このようなことから、まずは外観からワインの情報をキャッチして、それを軸にテイスティングを展開していくのです。

ワインの外観からは、**品種特性としての色素構成や色素の絶対量、用いた醸造テクニックや時間による変化、健全なワインかどうか**などもある程度見てとれます。さらにアルコール度や糖分の量など、飲んでみないとわからないようなこともとらえることができるのです。

このように外観からだけでもそのワインの情報がたくさん詰まっています。しっかり観察する習慣をつけましょう。

● まずは、外観チェックのポイントを整理しよう

では、具体的にどのような点に注意して外観をみていけばいいでしょうか。確認すべきポイントは大きくわけて4つあります。**①ワインの色　②液体の状態　③液面の状態　④グラスについた液体の状態**です。

右ページの図と照らし合わせながら確認していきましょう。

①ワインの色では、赤白ともにワインの色が濃いか薄いかの**濃淡**と、どんな色なのかの**色合い**を見ます。これに加え、赤ワインではワインの液面の輪郭＝エッジの色が濃くはっきりしているか色が抜けているかも確認します。②の液体の状態では、赤白共通で濁っているか澄んでいるかの**清澄度**と、白ワインでは泡があるかないかの**発泡性**を見ます。また③の液面の状態と④のグラスについた液体の状態では、いずれもワインの**粘性**を確認します。白ワインは液面の状態＝ディスクで、赤ワインではグラスの内側に流れ落ちる液体＝**脚（レッグス）**を見ます。

さて、これらのポイントでワインの外観をチェックすると、いったいどんなことがわかるのでしょうか。次の項から探っていきましょう。

ワインの外観は色だけではありません。
外観のどこを見るかポイントをつかみましょう。

外観のとらえ方

赤ワインはここを見る！

エッジ
液の縁の部分の色を見ます。ここでも熟成度や品種の特徴、醸造の影響などが判断できます。

濃淡
濃さを見ます。グラスを傾けてその下にターゲットをおき、そのターゲットがどのくらい見えるかで濃淡を判断しやすくなります。（→p38）

色合い
紫がかった赤なのか、オレンジがかった赤なのか。その色合いから熟成度や品種の特徴、醸造の影響などをつかみます。（→p38）

粘性
ワインの粘性を見るために、グラスの内側を流れる筋を見ます。この筋を脚（レッグス）や涙（ラルム）と呼びます。（→p36）

白ワインはここを見る！

ディスク
液面の厚みを見ます。厚いと粘性が強く、薄いと粘性が弱いワインです。（→p36）

清澄度
清澄度は、あるかないか、強いか、弱いかを見ます。そのワインが健全かどうかがわかります。（→p34）

発泡性
ワイングラスの内側に気泡がついているかどうかを見ます。（→p34）

濃淡・色合い
色と濃さを見ます。ここからさまざまなことを推測することができます。（→p40）

久保のワインこぼれ話　海苔は赤ワインのよいつまみになりますよ。

外観をながめる
清澄度／発泡性

● 透明か濁っているかはワインの個性

外観では、早い段階で見るポイントのひとつに**清澄度**があります。清澄度とは**ワインが澄んでいるかどうかを見る**もので、透明度と同じです。ワインは透明で澄んでいるのが当たり前だと思っている人がほとんどかもしれませんが、澄んでいることが素晴らしいワインであることに直結するわけではありません。

そもそも、ブドウを搾った果汁の段階から発酵、熟成までは、ワインは濁っています。**瓶詰めされる前に、清澄や濾過という工程（→p180）でその濁りや浮遊物を取り除きます**。その工程では、色や香り、旨味なども一緒に取り除かれる可能性もあるため、それらを行わず、濁ったままの状態で出荷する生産者もいます。これは彼らの**ワイン造りの主張やこだわりであり、またワインがどのような造り方をされたのかを物語っています**。ただし、もともと透明なワインのはずなのに濁りや浮遊物があったら、品質劣化が疑われるので注意しましょう。

● スティルワインの泡からさまざまな可能性を推測

ここでいう**発泡性**は、**スパークリングワイン**のような湧き上がってくる泡立ちではなく、**スティルワイン**に見られる泡の有無のことです。グラスの内側につく気泡となって現れます。白ワインに現れることが多く、最近のものでは、かなりの確率で泡を確認することができます。

泡の正体は炭酸ガスです。発酵工程中に発生した炭酸ガスがワインの中に溶け込んでいます。それがグラスに注がれた後、泡となって出てくることがあります。また、酸化防止のために窒素ガス置換を行うこともありますが、生産者によっては窒素ガスより安価で確実に酸素を排除できる炭酸ガスで置換することもあります。これも泡の要因になります。炭酸ガス置換は瓶詰めする時に使われますので、明らかに樽発酵をしていて炭酸ガスがないはずのワインでも、泡が見えることがあります。スティルワインの泡からは、このようなさまざまな可能性が考えられることも覚えておきましょう。

【テイスティング用語】

クリスタルな輝き	澄んだ	透明な
輝きのある	清澄な	濁った
光沢のある	クリアな	澱がある

目でとらえられる液体の状態からは、
生産者の主張やこだわりが読みとれます。

清澄度／発泡性

清澄度と輝き

輝きは清澄度の高さではなく、光の屈折率の高さにより生まれます。**北の産地のワインは輝きが強く、南の産地のものでは弱い傾向がある**ことから、酸との関係が推測されますが、実際に**酒石酸**で酸を補っても通常レベルの補酸であれば見た目の輝きの変化は見られません。非常に輝きが強い場合は「クリスタルのような輝き」と使います。これは最上級の表現です。もし濁りがあれば、未調整、無濾過で瓶詰めされたワインか、不健全なワインかのふたつの可能性があります。

濁りがなく、透明感があり、輝きもあるワイン。

スティルワインの泡の出方

スティルワインでは、泡は冷えたワインを注いですぐはあまり出ませんが、徐々に温度が上がっていくとグラスの内側につき始めます。泡が出るのに1分くらいかかることもあります。**スワリング**（→p52）したり、グラスを強く揺すってしまうと泡が取れて見えなくなります。先にチェックするようにしましょう。

きめ細かい小さな泡が発生している。テイスティング時は、泡の量や大きさにも注意したい。

外観をながめる

粘性

粘性は脚やディスクに現われる

清澄度と発泡性に続いて、粘性を見ていきましょう。液体を観察すると、さらさらした液体か、とろりとした液体か、感覚的に見てとることができます。正確に判断するためには、グラスの内側についたワインが筋状に流れ落ちる**脚**や、ワインの液面の厚みである**ディスク**を観察して情報を得ます。赤ワインは脚を中心に、白ワインはディスクも見ます。

この脚やディスクを観察して得た情報からは、**アルコール度数の高さ**や、ワインに残っている**糖分の量（残糖）**、また含まれる**グリセリン（甘味と粘り気のある液体）の量**などが推測できます。これらは、ワインの丸さや豊かさを感じさせる要素です。ここで得た情報は、実際にワインを口に含んだ時に、味わいとして確認することもできます。その他、**粘性が強い＝南の産地で造られた可能性が高いなど、南北感を想定する材料**にもなります。

脚は本数やスピードを、ディスクは厚さを観察

脚は、グラスを斜めに傾けた後、または**スワリング**した後に、**グラスの内側に筋状に流れ落ちるもの**のことです。脚の本数だけでなく、脚の厚み（太さ）、落ちるスピードも観察します。**粘性の弱いワインでは脚が見られません**。反対に**粘性の強い液体では何本もの脚がくっきりと残っており、流れ落ちる速度がゆっくり**しています。また、アルコール度数も高くグリセリン（→p95）量が多い場合は、脚自体に厚みを観察することができます。

ディスクはグラスを真横から見て、**ワインの液面の厚さを観察**します。他の液体同様、表面張力によって中央に向かって盛り上がっていきますが、その**盛り上がりが大きいほど厚みがあると表現し、粘性が強い**と判断します。また、**液面に厚みがあり、さらにより輝いて見える場合には、アルコール度数が高い、またはグリセリンの量が多い**と推測できます。

【テイスティング用語】

粘性は弱い	粘性は中程度	ディスクに厚みがある
粘性はやや弱い	粘性はやや強い	脚が認められる
	粘性は強い	

ワインの液面や流れ落ちる筋からは粘性がわかり、
その先にある産地の南北感までも想定できます。

脚はここを見る！

グラスを斜めに傾けた後、またはスワリングした後に、グラスの内側に筋状に流れ落ちた跡が脚。赤ワインで観察しやすく、レッグスや涙（ラルム）ともいいます。脚はアルコール度の高さ、グリセリン量、産地なども推測できます。流れ落ちる速度が遅いと粘性が強い、速いと弱いワインです。**粘性が強い方が、アルコール、グリセリン量が多いと判断できます。**

写真の脚は何本もあり、流れ落ちるスピードはゆっくりだった。よって、粘性が高いワインといえる。

ディスクはここを見る！

グラスを真横から見た時に、表面張力で盛り上がっている液面の厚さ、またはグラスとの接触面の厚みを観察します。盛り上がりが大きく厚いと粘性が強い、薄いと粘性が弱いワインです。ディスクからは、ブドウの成熟度、産地、品種などが推測できます。また、**甘口のワインではディスクは厚くなります。**これはグリセリン量によるものです。そこから**甘いか辛いかの判断をすることができます。**

ディスクが厚めの白ワイン。粘性があり、アルコール、グリセリン量が高い可能性がある。

久保のワインこぼれ話　ルイ14世はロマネ・コンティを薬にしていた。毎晩スプーン1杯飲んでいたとか。

外観をながめる

赤ワインの色調

品種によって異なる濃淡と色合いをとらえよう

赤ワインといっても、その**「赤さ」はワインによって異なります**。色の濃いものから薄いものまで、また黒っぽい赤から非常に明るい赤まであります。例外はありますが、品種によってワインの色合いはおよそ決まっています。例えば、若い段階でのカベルネ・ソーヴィニヨンは濃く紫がかった力強い印象の色調、ピノ・ノワールは薄く明るさを持ったルージュの色調になります。まずは、品種ごとの傾向をとらえていきましょう。

| 淡い | 淡い（オレンジがかった） | やや薄い |

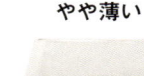

濃度
淡
ターゲット（→p24）をグラスの下にかざし、それがどのくらい見えるかで濃度を測ります。

色調

青紫色
若いワインに見られる色。品種としては、カベルネ・ソーヴィニヨンやシラーなど。

ルビー色
青紫よりも青みが薄れ、赤みが増したニュアンスで、若々しい印象。品種としては、ピノ・ノワールやガメなど。

オレンジがかった
かなり黄色みを帯びたオレンジともいえる赤色。熟成が進み、この色合いではエッジ（縁）がはっきりとわかる。

※この図は、赤ワインの色調でよく使われる表現で、色の帯は目安です。

赤ワインのもともとの色調と、熟成による変化を
きちんと整理しておきましょう。

赤ワインの色調

熟成すると色素が減っていく

　熟成によってワインの色は変化します。若いワインは、濃淡の差と色調の差はあるものの、青紫からやや紫がかった赤色です。熟成とともに、青から紫の色素は減っていきます。同時に**タンニンや色素がくっつき****合い澱となって沈殿していく**ため、色素が総量として減って薄くなり、オレンジから薄い茶色のトーン、最後には琥珀色へと変化していきます。

やや濃い　　　濃い　　　非常に濃い

濃 →

レンガ色
淡い色合いに変化した赤茶色。品種や醸造方法によって異なるが、熟成が進んだと判断できる。

ガーネット
より青みがとれ、酸化したような褐色のニュアンスをわずかに感じる赤色。飲み頃を迎えたカベルネ・ソーヴィニヨンやシラーなど。

褐色がかった
淡く、かなり黄色みを帯びた茶色。かなり熟成が進んだと判断できる。

外観をながめる

白ワインの色調

バリエーション豊富な白ワインの色調

白ワインの濃淡や色調のバリエーションは赤ワインよりも豊富です。無色透明に近いもの、緑がかったもの、薄い黄色、濃い黄色、金色など。果皮は一緒に浸漬しないものの影響は受けるため、緑色のブドウは緑がかった色調に、グリでは肌色がかった色調になります。また、**温暖な土地で育ったブドウや樽熟成をした場合には色が濃くなるなど、いろいろな要素に影響を受け、さまざまな色調が生まれます。**

淡い （無色に近い）	淡い	やや薄い

濃度: 淡

グラスの中心部を見ると、濃さをとらえやすいです。

色調

クリアな
透明度が高く粘性が弱めのワイン、または若いワインや、北の産地で造られたワインでよく用いられる。この色調のワインは長期熟成には向かず、早飲みが好ましい。

緑がかった
若いワインによく見られ、ソーヴィニヨン・ブランやミュスカデなどの品種にも現れる色調。比較的早飲みタイプのワインに多い。

淡い黄色
少し緑がとれた黄色。比較的若いワインや、やや温暖な気候で育ったブドウで見られる色調。

※この図は、白ワインの色調でよく使われる表現で、色の帯は目安です。

白ワインの色調と、熟成による変化を
グラデーションとともに見ていきましょう。

熟成とともに褐色に近づいていく

白ワインも赤ワイン同様、熟成とともにワインの色が変化します。若い白ワインは緑がかった色調や薄い黄色のものが多く、熟成とともに、黄色みが濃くなり、褐色に近づきます。

これは、糖とアミノ化合物の反応である**メイラード反応**によるもの。色の変化は、無色のもの同士の反応なので、元の色の濃さとは直接の関係はありません。

やや濃い　　　　　濃い　　　　　非常に濃い

濃 →

濃い黄色
緑のニュアンスはなく、はっきりした黄色を主張している色調。温暖な産地で育ったブドウ、または樽熟成を経たワインに見られる。

金色を帯びた
完熟したブドウを使ったワイン、樽発酵・樽熟成を経たワイン、熟成が進んだ飲み頃のワインなど、比較的高級ワインに見られ、長期熟成の期待もできる。

褐色の
色合いは濃く、かなり熟成が進んだワインに用いられる。シェリーのオロロソや貴腐ワインなどに見られる色調。

白ワインの色調

外観をつくる要素

外観をながめる

産地の南北感を軸に考えよう

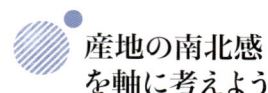

　赤ワイン、白ワインともに、外観をつくる要素として考えられるものは、産地の南北感、日照量、気温、果実の収穫のタイミングがあります。次ページの図を見てみましょう。

　産地の南北感とは、その産地が南に位置する暖かいエリアなのか、北に位置する涼しいエリアなのかを表した言葉です。南の産地は日照量が多く、気温が高い。北の産地であれば日照量が少なく、気温が低いという環境の特徴があります。ブドウの果実は、日照量が多くて気温も高いと果皮がよく色づきます。果皮の色が濃いと、濃い色合いの、粘度の高いワインになります。反対に日照量が少なくて気温も低いと、薄い色合いの、粘度の低いワインになるのです。これらは、産地の特性と呼ばれています。

　もうひとつ重要な要素は、果実の収穫のタイミングです。ハングタイムと呼ばれる果実が枝についている時間を長くしたり短くしたりして収穫時期を選ぶことにより、色づきや熟成度を調整することができます。ただし、高緯度の生産地では、晩秋に日照時間が短くなり、また、寒さでブドウが活動できなくなったりして、ハングタイムを長くとれないこともあります。

果皮の色、厚さ、果粒の大きさが色を決める

　ワインの色は、ブドウからの影響を受けることが大きく、白では果皮の色、赤では果皮の色に加えて、果粒の大きさや果皮の厚さも関係します。

　通常白ワインでは果皮を一緒に漬け込むマセラシオン（→p180）は行いませんが、それでも果汁を搾る際に果皮の色が少し出るので白ワインも果皮に準じた色合いになります。緑系の果皮だと少し緑がかった色、熟して黄色い果皮では濃い黄色に。またグレーがかった色調のグリと分類されるブドウが完熟するとワインはうっすら肌色になり、さらに色の濃い果皮のブドウではピンクがかった色調の白ワインになることもあります。

　黒ブドウの場合は、色素の絶対量や構成に加え、果粒の大きさと果皮の厚さが大きく関与します。球の表面積は半径の2乗に比例し、体積は3乗に比例します。したがってブドウの半径が2倍になると表面積は4倍に、体積は8倍になります。粒が大きければ果皮の表面積のわりに液体となる体積が多くなるので、色の薄い、香りの弱いワインに。粒が小さければ、色の濃い、香りの強いワインになります。加えて、果皮が厚く、多くの色素を含んでいればさらに濃い色のワインになります。

外観を見るポイントを理解したところで、
観察された情報はどんなことに影響されて決まるのか、探ってみましょう。

Part 2 外観をつくる要素

外観をつくる産地特性と収穫のタイミング

赤、白ワインの外観はそれぞれ南北感に比例し、その環境の影響を受けます。

産地の南北感 　北 ←———————→ 南

北は涼しい産地、南は暖かい産地。これを軸に要素を考える。

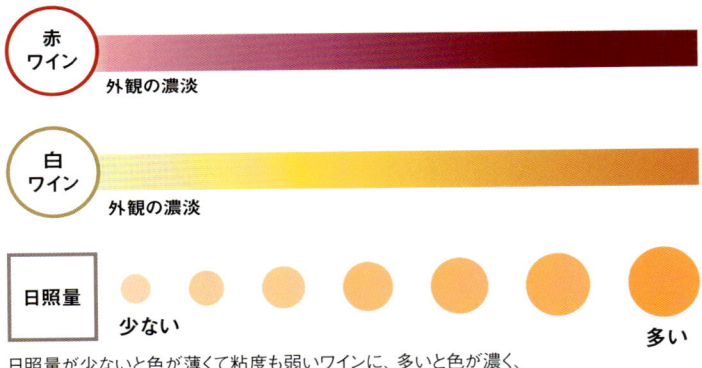

赤ワイン　外観の濃淡

白ワイン　外観の濃淡

日照量　少ない ●●●●●●● 多い

日照量が少ないと色が薄くて粘度も弱いワインに、多いと色が濃く、
粘度も強いワインになる。

気温　低い ←———————→ 高い

気温が低いと色が薄くて粘度が弱いワインに、高いと色が濃く、
粘度が強いワインになる。

収穫　早い ←———————→ 遅い

ハングタイムを短くすることで酸を残したり、長くすることで**タンニン**の熟成を待ったりする。
色素の量も当然ハングタイムを長くすることで増える。

久保のワインこぼれ話　ボジョレー ヌーヴォーは青の色素が多いので、布にこぼして乾くと青くなります。

43

外観をながめる
外観と時間の関係

ワインの熟成による色の変化

色素量が少ない赤ワイン	淡い若々しいタイプ
色素量が多い赤ワイン	濃いタイプ
樽熟成した白ワイン	金色がかったタイプ
樽熟成していない白ワイン	透明（クリア）なタイプ
樽熟成していない白ワイン	緑がかったタイプ

若々しい

上の図は、右に行くほど時間が経過することを表し、それぞれの色の変化が見てとれます。若いころには明るい色調だったのが、だんだん濃くなっていき、色も変化します。

赤ワインのポリフェノールは熟成速度をゆるやかにする

経年による赤ワインの変化は、**品種の色素量**に関係します。同じ時間軸の中で、色素量が多いカベルネ・ソーヴィニヨンと少ないピノ・ノワールのワインをくらべると、カベルネ・ソーヴィニヨンは色の変化が遅く、ピノ・ノワールは早く色が変化していきます。これは色素成分の**ポリフェノール**自身が抗酸化物質のため、色素量が多いと熟成速度をゆるやかにするからです。ただし、50年を超すような長熟ワインになるとカベルネ・ソーヴィニヨンとピノ・ノワールが不思議と同じような色合いになっていきます。

色を構成する要素が多いと、変化も大きい

白ワインの場合は、経年による色の変化に**樽熟成の有無**が影響します。樽熟成をしていない緑がかったワインと、樽熟成している金色がかったワイン。前者はステンレスタンクで発酵貯酒されるため、酸素にあまり触れません。一方、樽はわずかずつですが酸素が供給されます。特に**バトナージュ**などは栓を開けてかき混ぜますので、大量に酸素が入ります。その分、樽熟成したワインは変化が大きいのです。

経年による変化のスピードは、何によってもたらされるのでしょうか。
その理由を探っていきましょう。

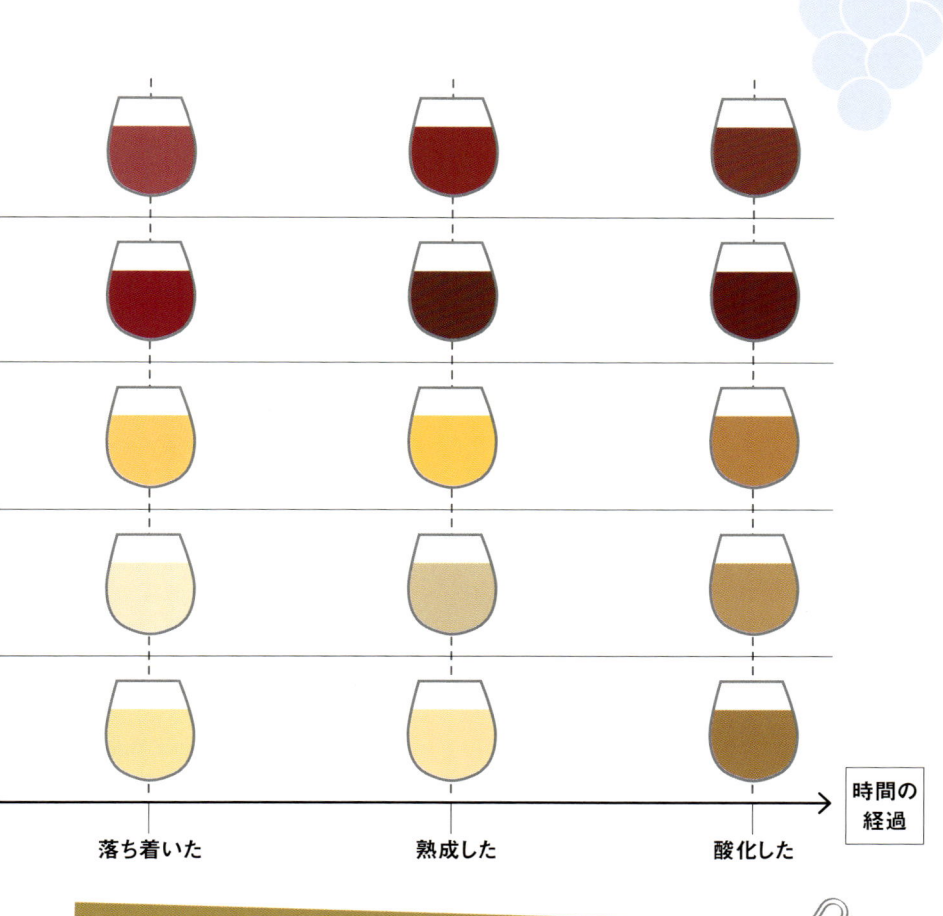

外観と時間の関係

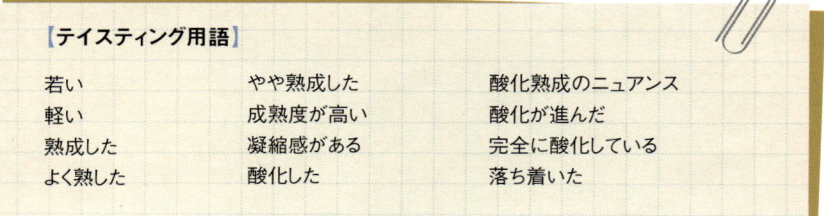

落ち着いた　　　　　熟成した　　　　　酸化した

時間の経過

【テイスティング用語】

若い	やや熟成した	酸化熟成のニュアンス
軽い	成熟度が高い	酸化が進んだ
熟成した	凝縮感がある	完全に酸化している
よく熟した	酸化した	落ち着いた

久保の
ワイン
こぼれ話　福沢諭吉はシャンパンを初めて見た時のことを
「徳利を開けると、大きな音がして驚いた」と日記に記している。

外観をながめる
外観の情報をまとめる

白ワインは南北感や熟成度がわかる

さてここでは、外観の情報からどんなタイプのワインか考えてみましょう。

ここでもまずは**南北感**を意識します。それを軸に色の濃淡、色調、**粘性**、**清澄度（せいちょうど）**を見て集まった情報をまとめてみると、その背景が見えてきます。次ページの白ワイン2種を比較してみましょう。

[Aの外観のコメント]
色合いは少し淡め、色調には緑が多く入る。**ディスク**は薄く、**脚**はあるがそれほどくっきりしていない。

[Bの外観のコメント]
色合いは中くらいから少し濃く、色調は黄色に金色のトーンが入る。ディスクは厚めで脚もはっきり出ている。

　色の淡い**Aは冷涼な地域**で、やや濃い**Bは温暖な地域**で造られた、**樽熟成**に関しては、**Aは樽熟成していないか、していても軽く、Bはしている**と想定できます。
　自分の感じ方と事実が合っているか確認することが大切です。**テクニカルシート**（→p27）などの情報があれば、ここで感じたことと照らし合わせてもよいでしょう。

赤ワインは熟成度と品種がわかる

　白ワインの場合、外観を見ただけでは品種までたどり着くことはできませんでした。しかし、**赤ワインの場合は、品種をある程度予想できる**可能性があります。次ページの赤ワインでくらべてみましょう。

[Cの外観コメント]
色合いは濃いめ、暗さを持ちガーネットの印象。厚みのあるディスク、脚はしっかり出る。

[Dの外観コメント]
色合いは中くらいよりかなり薄く、ルビー色。紫をわずかに含むオレンジ色のトーンが入る。澄んでいて、脚はしっかり出る。

　明らかに違う色の濃さです。Cは明らかに濃く、Dは色が淡い。Cは、色の濃くなる品種、例えばカベルネ・ソーヴィニヨンやシラー、Dは色の濃くなりにくい品種、ピノ・ノワールやガメなどが候補にあがります。（品種の色についてはPart5を参照）
　このように外観の情報からワインのタイプや品種を絞り込むことができるのです。外観をしっかり見て情報として記憶していきましょう。

さまざまな情報が集まったら、
どんなワインなのか情報整理をしましょう。

白ワインの外観の情報

A

〈外観の情報〉
色　調	色は少し淡い。緑が多く入る。
清澄度	クリア、輝くような。
脚・粘性	ディスク少し薄め。脚は出るが、それほどくっきりとはしていない。
どんなワイン？	涼しいエリアで造られた？　若いワイン？

B

〈外観の情報〉
色　調	色は中くらいから少し濃い。黄色が主だが金色のトーンが入っている。
清澄度	クリア。
脚・粘性	ディスク厚め。脚ははっきりと出る。
どんなワイン？	暖かいエリアで造られた？　樽熟成？

赤ワインの外観の情報

C

〈外観の情報〉
色　調	かなり濃いめ。暗さを持ちガーネットの印象。斜めにしたグラスの中心で文字は読めない。
清澄度	不透明なくらい濃い。
脚・粘性	厚みのあるディスク、脚はしっかり出る。
どんなワイン？	カベルネ・ソーヴィニヨン？　シラー？

D

〈外観の情報〉
色　調	中くらいよりかなり薄く、ルビー色。斜めにしたグラスの中心でもくっきり文字が読める。
清澄度	澄んでいる。
脚・粘性	脚はわりとしっかり出る。ディスクは中くらい。
どんなワイン？	若いワイン？　ピノ・ノワール？　ガメ？

それぞれのワインの答え
A：カリア シャルドネ
　／スタッグス リープ ワインセラーズ
B：カテナ シャルドネ
C：シャトー ラグランジュ（カベルネ・ソーヴィニヨン）
D：ボーヌ グレーヴ ヴィーニュ ランファン ジェズュ
　／ドメーヌ ブシャール ペール エ フィス（ピノ・ノワール）

Part 2　外観の情報をまとめる

外観をながめる

外観表現の公式

みるべき項目を公式化し、手順をルーティン化していきましょう。

濃淡＋色調＋他の要素 で表現する

- 濃淡：どのくらい濃いか？淡いか？
- 色調：○○がかった 色の名前 など
- 他の要素：粘性 清澄度 など

表現例

色は淡い。明らかにピンクの色調を含むため、肌色を感じる。クリアで輝くような清澄度。ディスクは薄めで脚もあまり出ない。
グレイス グリド 甲州（甲州）

色は中くらいからほんの少し濃い。主に黄色だが、金色のトーン、緑も少し入っている。クリアで、ディスクは少し厚め。脚はくっきりと出る。
R ドリューセック シャトー リューセック（セミヨン）

色はかなり濃く、オレンジをやや多めに含むガーネット色。紫色のトーンも少しある。脚はくっきりと出ており、ディスクは厚め。
マチュー コス ソリス ドメーヌ コス メゾンヌーヴ（マルベック）

かなり淡く明るいルビー色をしている。澄んでいて輝きがあり、脚はあまり出ない。
ブロイヤー ルージュ ゲオルグ・ブロイヤー（ピノ・ノワール）

外観についてのQ&A

Q テイスティングできるワインがひとつだけだとどんな色なのか判断できません。そういう場合はどうしたらよいですか？

A <u>Part5のさまざまなワインの写真と見くらべて、色の表現をチェックしましょう。</u>
写真と見くらべる時に注意してほしいのが、実物のワインを撮影した時と同じ条件にすること。明るい部屋で真っ白な紙の上にグラスをかざして比較するのがポイントです。

Q 外観からワインのコンディションはわかりますか？

A <u>ある程度わかります。</u>
例えば白ワインの酸化劣化などは、くすんでいて沈んだような、見るからに元気のない外観をしています。劣化の変化が小さいと、そのワインのベストの状態で保管されている色を正確に知っていないと判断できません。また、ブショネは外観には影響を与えないので判断することはできません。

Q 色み、濃淡の変化のスピードに違いはありますか？

A <u>あります。非常に古いワインを抜栓すると急速に変化していきます。</u>
以前ブルゴーニュのレストランで50年以上経ったヴィンテージのワインを開けた時のことです。グラスに注いでもらった直後はオレンジのトーンは強いものの、まだしっかりと赤みがある色だったのが、1時間30分ほど経過すると赤みが完全に消えて灰色になっているではないですか！ 本当に驚きました。

Q 赤ワインの輝きと透明感の見分け方はありますか？

A <u>非常に色の濃い赤ワインの場合、輝きのチェックは難しいです。</u>
淡い赤の場合だと透明感があって、濁りやくすみがないワインのほうが輝いて見えます。

Column 3
ブラインドテイスティングとは？

　銘柄や品種など、ワインの情報を隠してテイスティングすることをブラインドテイスティングといいます。
　2013年に東京で開催されたソムリエコンクール世界大会をはじめ、多くのコンクールでブラインドテイスティングが行われ、ソムリエの実力が競われます。2013年世界大会の様子はテレビにも取り上げられ、決勝のブラインドテイスティングでは全員が不正解という難問も出題されました。その難関の答えは「インド産シュナン・ブランの白ワイン」でした。ソムリエの世界チャンピオンを決めるコンクールですから、難問が出題されるのは当然ですが、トップソムリエにとってもブラインドテイスティングの難しさを改めて痛感した大会だったのではないでしょうか。
　一般のワインシーンでも、ブラインドテイスティングを行い、飲んだことのないワインを"たまたま"当たって喜ぶ人を見かけます。残念ながら、それはあくまでも偶然、意味はありません。当たったことで一喜一憂しがちなのがブラインドテイスティングです。また、深読みすることで翻弄されてしまう難しさもあります。特に資格試験では、テイスティング能力の基礎力が問われますので、深読みをするよりも、自分が蓄積してきたデータをしっかり解析することによって、正解を導くことが大切です。日々のテイスティングでは、いきなりブラインドでするよりも、正確なデータをきちんと揃えてテイスティングを行い、そこで得た情報を整理してしっかり保存することから始めると、偶然ではなく必然の正解に出会えるはずです。

Part 3
香りを調べる

ワインにはさまざまな香りがあります。
なぜその香りがするのか? その由来なども調べていきましょう。

香りのとり方

香りを調べる

第一香で印象を、第二香で要素を探す

テイスティングもここからセカンド・ステージです。まずは、香りのとり方を確認しましょう。

最初は、グラスを揺らさず、静かに**第一香**をとります。まずは**ゆっくり1秒**。最初から長く香りを吸ってしまうと、香りに慣れ過ぎて、だんだん香りが感じにくくなります。最初は短く香りを吸って、**香りの量（ボリューム）**と**第一印象**をみます。どうですか？ 外観でイメージした方向性に香りのパターンが合っていましたか？

その後に一度、**スワリング**をして**第二香**をとります。スワリングは、グラスを2〜3度回して、中のワインを空気と触れ合わせ、表面積を増やすことで、**さらなる香りを引き出す効果**があります。第二香は、**3〜4秒**で香りをとります。

第一香の静かな状態で自然にのぼってくる香りは最も揮発性の高い香りです。これに対して第二香は、スワリングして立たせている香りです。第一香では出てこなかった分子量の多い重い香りや、**グラスに薄くついた液体が酸素と触れる**ことにより変化し、生まれた新たな香りが現れてきます。感じた香りから、それを表現するための具体的な要素を探していきましょう。

自分の鼻の特徴を知り自分なりの方法を定める

香りをとっていく時も、ワインを注ぐ量や外観を見る時と同様に、**常に同じ条件や方法で行う**ことが大切です。それにはまず、香りをとる道具である自分の鼻の特徴やクセを知る必要があります。人それぞれ顔が違うように、実は**鼻腔（鼻の穴の中）の形も違います**。そのため、香りの感じ方も人それぞれ。どのような特徴やクセがあるのか、以下のポイントを意識しながら香りをとってみましょう。

・右鼻で吸うか、左鼻か、もしくは両鼻か
・勢いよく吸うか、ゆっくり吸うか
・クンクンと小刻みに吸うか、大きく吸うか

自分が最も香りを感じやすい吸い方、強さや勢い、また吸い込む回数など、テイスティングの度に確認してください。自分の香りの感じ方の特徴やクセ、心地よいポジションなどがわかったら、それらをルーティン化します。

香りのとり方をルーティン化することは、安定的で公平なデータの収集につながります。たとえば香りの量がとても少ないワインをテイスティングした時でも、自分の鼻がおかしいとは思わずに、自信を持って香りのボリュームが少ないワインだと判断することができるようになるのです。

常に一定の香りのとり方ができるように、
自分のスタンダードな方法を見つけましょう。

香りをとる手順

1 ゆっくり1秒香りを嗅ぐ

最初の香りをとる時は、まずはゆっくり鼻をグラスに近づけます。ここで注意したいのは、長時間嗅ぎ続けないこと。あまりにクンクン嗅いでいると、鼻の感覚が麻痺してしまうので、せいぜい2〜3秒、慣れてきたら**ゆっくり1秒**程度が適当です。

2 スワリングをする

グラスの中の液体を回す行為を**スワリング**といいます。右手にグラスを持った場合は、反時計まわりに回します。**回転数は2〜3回**が目安。ワインが空気と触れ、表面積を増やし、またグラスについた液体の変化で、さらなる香りを引き出します。

3 詳細に香りをとる

第二香は、第一香よりも時間をかけて香りをとります。トップ・ソムリエで**2〜3秒**。一般にその程度が適当です。第一香よりも多くの香りが現れます。56ページからの**イメージパレット**に示される香りのジャンルを追いながら、香りの要素を探っていきます。

香りの印象

香りを調べる

要素の集合体が印象。それをヒントに、香りを表現する

ここからは、香りを上手に表現するコツをつかんでいきましょう。重要なカギを握るのが、56ページから紹介する**イメージパレット**です。これは、香りを表現するために用いる用語をタイプ別にまとめ、ひとつの写真におさめたものです。

これらのイメージパレットは、赤ワイン、白ワインそれぞれに、薄い印象、濃い印象、若い印象、古い印象に分類しています。イメージパレットを比較してみると、赤ワインでは**赤色の配分やトーンの違い**、白ワインでは、**白、緑、黄色の配分、全体のトーンも違う**ことに気づくはずです。

このようにさまざまな香りの要素が集まって、ワインの印象を形成しています。イメージパレットを活用すれば、そこに写る要素そのままを表現用語として使うことができるのです。

まずは、イメージパレットを何度も見て、しっかり頭に焼きつけましょう。そして、香りをとった時に、どれかのパターンがふと頭に浮かんだら、しめたものです！ そこから先は、写真の中に並んでいる要素をひとつずつ思い出して、香りの中にその要素があるかどうか、探していけばいいのです。

並び順を覚えておいて効率よく香りの要素を探す

香りの要素をイメージパレットから探すコツがあります。イメージパレットは中央から反時計回りの渦巻き状に、香りの要素のジャンルが並んでいます。赤ワインも白ワインも基本的に**フルーツ⇒フローラル⇒植物⇒スパイス・ハーブ系の順番**です。**赤ならその途中にチョコレートや動物系**の要素が入り、また**白ならスパイスやハーブのあとに、野菜やドライフルーツ**が続きます。

このジャンルの順番に要素を探していくのがコツです。香りをとって、どれかの印象がひらめいても、いろいろな要素に右往左往していては、表現用語が思うように出てきません。慣れるまではこのような手順を意識し、ルーティン化していきましょう。ジャンルの連動性がしっかり頭に入っていれば、さらに用語が探しやすく、感じたことをすらすらと表現できるようになるはずです。また、ワインによっては、強い香りに引っ張られて他の要素を見落とすことがあります。しかし、この手順ができていれば、そのようなミスも防げます。本書で紹介できる印象のパターンは限られます。慣れてきたら、自分なりのパターンのイメージパレット作りにチャレンジしてみてください。

イメージパレットを活用して
香りからわかる傾向をまずは大まかにとらえましょう。

香りを探る思考回路

① 香りの第一印象を とらえる

香りの量（ボリューム）をとり、大まかにどんな香りがするか、第一印象をとらえます。

② 一番感じる 要素を探す

1で感じた一番強く感じる香りをイメージし、その印象が該当するイメージパレットを思い浮かべて、どんなワインか想定します。

③ その他の香りの 要素探し

実際の香りとイメージパレットにある要素のひとつひとつと照らし合わせていきます。イメージパレットの中央から反時計回りに渦巻状に当たっていくとよいでしょう。

照合 香りからイメージしたワインと実際が不一致ならば、2に戻って範囲を広げ、要素を探しなおします。

照合
○　一致
×　不一致　⇒　2へ戻る

Part 3　香りの印象

久保のワインこぼれ話　結婚式などで使われるスパークリングワイン用のクープ グラスは、マリー アントワネットの左の胸をかたどったものらしい。

55

香りを調べる

赤ワイン | 薄い印象のイメージパレット

鮮やかな赤系果実と淡いピンクの花のイメージが中心。グリーンが全体をぐっと引き締めます。可憐で繊細なイメージが、涼しい北の産地を連想させます。

赤ワイン　薄い印象のイメージパレット

①フランボワーズ
②イチゴ
③スグリ
④ザクロ
⑤すもも
⑥アメリカンチェリー
⑦さくらんぼ
⑧ブルーベリー
⑨イチゴキャンディー
⑩シダ
⑪ピンクのバラ
⑫ピンクのユリ
⑬赤いバラ
⑭アイリス
⑮カシスの新芽
⑯西洋杉
⑰ミント
⑱タイム
⑲ディル
⑳樽材

香りを調べる

赤ワイン | 濃い印象のイメージパレット

華やかな花々、黒い果実にジャムやチョコレート、干し肉など、いずれも濃厚なイメージ。暖かい南の産地だけでなく、ブドウの熟度も頭をよぎります。

Part 3 赤ワイン 濃い印象のイメージパレット

①ブルーベリー
②カシス
③ブラックベリー
④ブラックチェリー
⑤ジャム
⑥少し加熱したベリー
⑦ラムレーズン
⑧ドライプルーン
⑨乾燥イチヂク
⑩ユーカリ
⑪シダ
⑫カシスの新芽
⑬赤いバラ
⑭真紅からさらに色の濃いバラ
⑮アイリス
⑯芍薬
⑰ドライフラワー
⑱西洋杉
⑲クローブ
⑳黒胡椒
㉑ミント
㉒タイム
㉓紅茶
㉔コーヒー豆
㉕キノコ
㉖チョコレート
㉗干した肉
㉘生肉
㉙バニラ
㉚葉巻
㉛なめし革
㉜スーボワ
㉝腐葉土
㉞樽材

香りを調べる

赤ワイン | 若い印象のイメージパレット

鮮やかな赤色が若い印象を与えながら、その中でも目を引く黒系果実やジャム、またなめし革や肉。すべての赤ワインに必ずある若いステージです。

赤ワイン 若い印象のイメージパレット

① フランボワーズ
② イチゴ
③ スグリ
④ ザクロ
⑤ さくらんぼ
⑥ アメリカンチェリー
⑦ ブルーベリー
⑧ ブラックベリー
⑨ カシス
⑩ ブラックチェリー
⑪ ジャム
⑫ 少し加熱したベリー
⑬ イチゴキャンディー
⑭ 西洋杉
⑮ シダ
⑯ アイリス
⑰ 赤いバラ
⑱ ピンクのユリ
⑲ ピンクの芍薬
⑳ カシスの新芽
㉑ ミント
㉒ タイム
㉓ ディル
㉔ クローブ
㉕ 黒胡椒
㉖ バニラ
㉗ 生肉
㉘ なめし革
㉙ 樽材

香りを調べる

赤ワイン | 古い印象のイメージパレット

全体には茶色のイメージで、いかにも年を重ねた印象。
たくさんの要素が並ぶ様は、複雑さを予感させます。

Part 3
赤ワイン
古い印象のイメージパレット

①ブルーベリー
②カシス
③ブラックベリー
④ブラックチェリー
⑤ラムレーズン
⑥乾燥イチヂク
⑦クローブ
⑧黒胡椒
⑨西洋杉
⑩しおれたバラ
⑪ドライフラワー
⑫タイム
⑬キノコ
⑭黒トリュフ
⑮コーヒー豆
⑯紅茶
⑰干し肉
⑱チョコレート
⑲葉巻
⑳シェリー
㉑マデイラ
㉒コニャック
㉓スーボワ
㉔なめし革
㉕腐葉土
㉖樽材

香りを調べる　白ワイン ｜ 薄い印象のイメージパレット

柑橘系の果物や、全体を支配するグリーンの要素が、涼しげな印象を与えます。
かすかに感じる白い花や綿菓子がほのかな甘味を予感させます。

Part 3 白ワイン 薄い印象のイメージパレット

①レモン
②ライム
③グレープフルーツ
④青リンゴ
⑤白桃
⑥マスカット
⑦花梨
⑧綿菓子
⑨シダ
⑩カスミソウ
⑪カシスの新芽
⑫フェンネル
⑬ホワイトアスパラガス
⑭グリーンアスパラガス
⑮ねぎ
⑯タイム
⑰ディル
⑱白っぽい食パン
⑲若い麦わら
⑳キンメリジャンの石
㉑チャート

白ワイン | 濃い印象のイメージパレット

香りを調べる

全体的に黄色みと濃さが増した色合い。色の濃いフルーツや蜂蜜、ビスケットなど、華やかな香りと甘い香り立ちが温暖な気候を連想させます。

Part 3 白ワイン 濃い印象のイメージパレット

① パイナップル
② マンゴー
③ 赤いリンゴ
④ 洋梨
⑤ アプリコット
⑥ パッションフルーツ
⑦ 黄桃シロップ漬け
⑧ ライチ
⑨ 蜂蜜
⑩ 白バラ
⑪ 黄色い花
⑫ 干しブドウ
⑬ 乾燥イチヂク
⑭ バニラ
⑮ くるみ
⑯ 焼いたアーモンド
⑰ ビスケット
⑱ 少し焦げた食パン
⑲ パンデピス
⑳ バター
㉑ 樽材

白ワイン | 若い印象のイメージパレット

香りを調べる

柑橘系の黄色からグリーンを中心にした爽やかでフレッシュなイメージの中に、
ライチや桃などフルーティーで豊かな果実味と、厚みや奥行きのある味わいを感じます。

白ワイン 若い印象のイメージパレット

①グレープフルーツ
②レモン
③ライム
④花梨
⑤青リンゴ
⑥マンゴー
⑦白桃
⑧マスカット
⑨ライチ
⑩綿菓子
⑪カスミソウ
⑫ユリ
⑬かわいらしい白い花
⑭カシスの新芽
⑮フェンネル
⑯ねぎ
⑰グリーンアスパラガス
⑱ホワイトアスパラガス
⑲ししとう
⑳タイム
㉑ディル
㉒ミント
㉓こぶ蜜柑の葉（緑）
㉔若い麦わら
㉕キンメリジャンの石
㉖チャート

香りを調べる ― 白ワイン | 古い印象のイメージパレット

白ワイン 古い印象のイメージパレット

同じ白でも華やかさを感じさせる白バラ、黄色みを増したフルーツ、キノコ類やナッツ、シェリーや発酵食品など、明らかに色のトーンは濃くなり、熟成感が漂います。

①パイナップル
②マンゴー
③洋梨
④アプリコット
⑤パッションフルーツ
⑥黄桃シロップ漬け
⑦ライチ
⑧干しブドウ
⑨蜂蜜
⑩白バラ
⑪かわいらしい白い花
⑫フェンネル
⑬キノコ
⑭白トリュフ
⑮ヘーゼルナッツ
⑯くるみ
⑰コーヒー豆
⑱ディル
⑲タイム
⑳こぶ蜜柑の葉（ドライ）
㉑ローリエ（ドライ）
㉒バニラ
㉓バター
㉔白カビチーズ
㉕パングリエ（焼いたパン）
㉖パンデピス
㉗シェリー
㉘重油
㉙キンメリジャンの石
㉚チャート
㉛銅（コイン）
㉜樽材

香りを表現する

香りを調べる

ワインを表現するために香りの由来を考える

　香りのテイスティングで大事なことのひとつが、その**香りは何に由来して生まれるのか判断すること**です。

　ワインから発せられる香りの由来は大きく3つに分類されます。もともと**ブドウ自体**が持っていて、それがワインとなった時にも発する香り、**発酵・醸造過程で使われるテクニック**（醸造技術）によって生まれる香り、そして**熟成**によって生まれる香りです。それぞれを**第一アロマ、第二アロマ、第三アロマ（ブーケ）**と分類します。

　感じとったそれぞれの香りがどの段階からのものなのか、何に由来するのかを理解することで、**品種特性や醸造方法、熟成年数、ワイン産地**などが推測できます。それらの情報をまとめ、コメントにその内容を盛り込んでいきましょう。

　ただし、注意すべき香りの要素もあります。たとえば、フランス コート・デュ・ローヌ地方のワインで使われるシラーなどには第一アロマとしてスパイシーな香りが感じられます。ところが、**樽熟成**をしたワインからもスパイシーな香りを感じることがあり、これは第三アロマに分類されます。クローブやナツメグなど、**同じ単語でも、香りの由来が異なることを覚えておきましょう**。

アロマホイールを活用してより多元的な理解を

　もうひとつ、香りの要素を探し、より詳しくコメントするために活用したいのが**アロマホイール**（→p74）です。**イメージパレット**は、印象ごとに香りの要素を画像としてまとめていますが、アロマホイールでは、言葉を使い、**すべての香りの要素を円形の図にまとめています**。円の中心近くに大分類として香りのジャンルが入っています。これはイメージパレットの香りのジャンルと同じものです。その外側に中分類としてジャンルを細かく分類したもの、そして一番外側に具体的な香りの要素が**共通言語**の表現用語として並べられています。

　アロマホイールでは、ジャンルに含まれるすべての共通言語を一度に確認することができ、**幅広い選択肢から共通言語を探していくことができます**。

　また、アロマホイールのひとつの使い方として、**ワインの香りを系統立てて表現**することができます。たとえば、花のジャンルに属する要素がたくさん感じられれば、「フローラルな香りに支配されている」などです。

　香りの表現は多面的で非常に難しいものです。イメージパレットやアロマホイールを駆使して、テイスティングコメントに役立てていきましょう。

香りの要素を整理、分類して
きちんと系統立ったコメントをする準備をしましょう。

香りを表現する

アロマの分類

●第一アロマ

ブドウそのものが持つ香りが第一アロマ。ただし、すべてのブドウが持っているわけではなく、マスカットが持つ特有の**マスカット香**、ゲヴュルツトラミネールの持つ**スパイス様の香り**などが代表的です。また、ソーヴィニヨン・ブランの青草的な香りは空気と触れて発現するため、第一アロマには分類しないという説もありましたが、現在は第一アロマとして分類されることが多いです。具体的な香りは**果実**、**花**、**ミネラル**など。

●第二アロマ

発酵・醸造に由来する香りが第二アロマ。典型的な例として、**イチゴキャンディ**や**バナナ**のような香りがした場合です。これは**マセラシオン・カルボニック**（→p12）という醸造テクニックによって生まれる香りです。他に、**マロラクティック発酵**（→p180）の乳酸菌の働きで生じる**チーズ**や**ヨーグルト**様の香り、**シュール・リー**における**パンドミ**、**バトナージュ**をした場合の**パングリエ**（焼いたパン）も代表例です。

●第三アロマ

熟成に由来する香りが第三アロマです。これは、樽熟成、瓶熟成、どちらも分類されます。樽熟成の場合は、樽の風味がワインに移ってきます。樽は内部を焼いて製造するため、焼きが強ければ**ロースト香**が、弱ければ**バター**のような香りが感じられます。同時に**スパイシー**な香りも生まれます。また瓶熟成では若いころには感じられなかった香りが生まれることがあります。

香りのアロマホイール

香りを調べる

※UCデイヴィス校版のアロマホイールを基に作成。

アロマホイールについて
このアロマホイールは、円の中心から大分類、その外側に中分類、一番外側に小分類の香りの要素が並んでいます。香りのイメージは湧いたけれど、具体的な単語が出てこないという時に役立ちます。

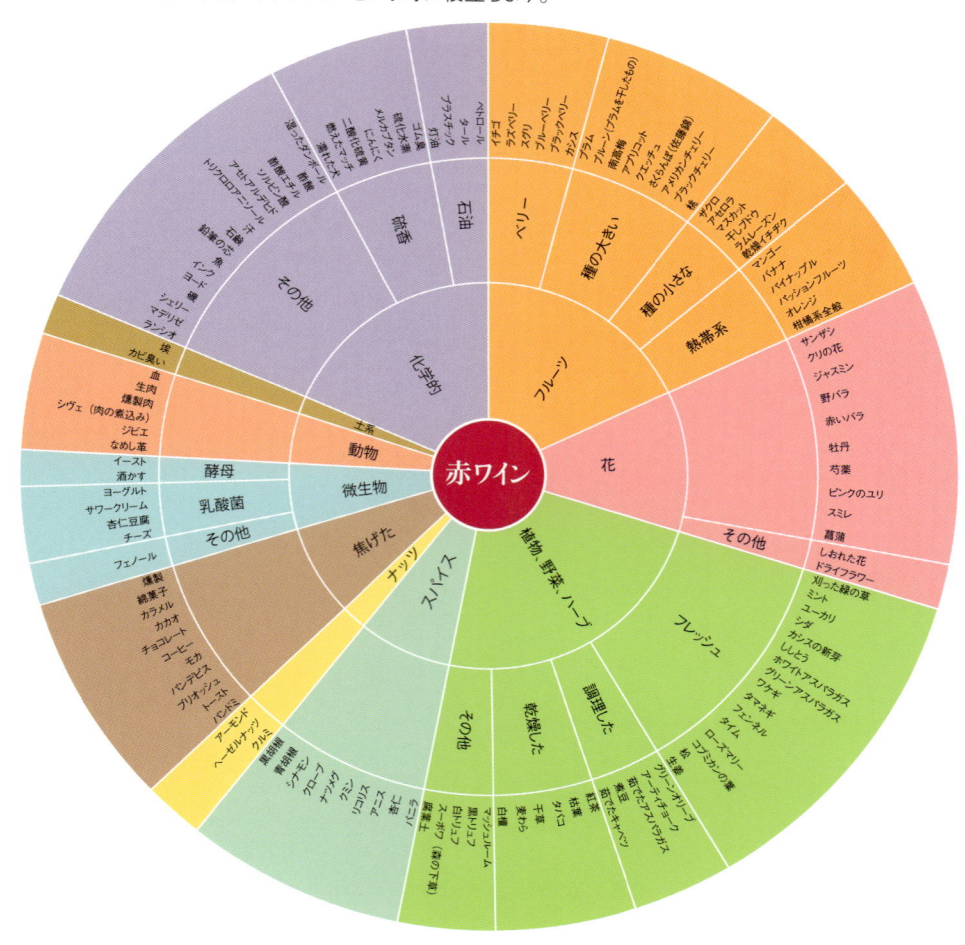

赤ワインのアロマホイール

赤、白ワインのオリジナルアロマホイール。
香りのイメージを探す時に活用しましょう。

Part 3
香りのアロマホイール

それぞれのアロマホイールの違い
赤ワインと白ワインで香りの要素に違いがあります。白ワインには柑橘系の果物の項目が、赤ワインには動物の項目が設けられているのが大きな違いです。

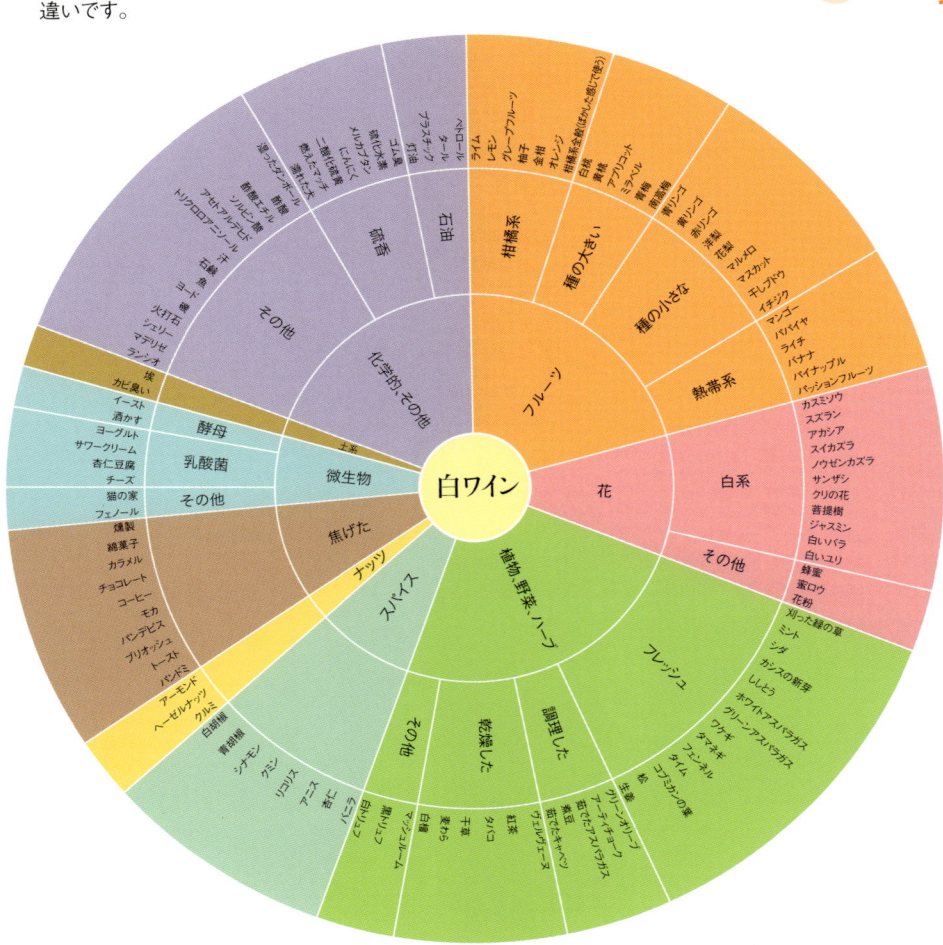

白ワインのアロマホイール

香りの分類図鑑

香りを調べる

香りの表現で使用する要素を見ていきましょう。

- ● …赤ワインで使う表現
- ● …白ワインで使う表現

アロマの分類
①…第一アロマ　②…第二アロマ　③…第三アロマ

果実　赤いベリー

イチゴ　● ① ②

色が淡くフレッシュでフルーティーなワインに多く、酸より甘さが強く感じられるイメージ。ガメの香りを表現することで有名で、マスカット・ベーリーAにも現れる。第二アロマの表現でもよく使われる。

スグリ　● ①

色調が明るく、フレッシュなワインに多く、甘さより酸が強く感じられるイメージ。ロワールやアルザス、ブルゴーニュ北部など冷涼な地域のピノ・ノワールなどに使用。英語ではレッドカラント、フランス語ではグロゼイユ。

ラズベリー　● ①

色調が明るく、フレッシュなワインに多く、甘酸っぱさが感じられるイメージ。主にブルゴーニュやニュージーランドのピノ・ノワール、またマスカット・ベーリーAやガメに現れることもある。フランス語ではフランボワーズ。

果実　黒いベリー

ブルーベリー　● ①

黒系果実の中でも酸味と青さが感じられるイメージ。色が濃いめのワインに出現。ただし、フレッシュなブルーベリーは無臭で、潰して少し加熱すると香りのニュアンスを確認することができる。フランス語ではミルティーユ。

ブラックベリー　● ①

色は濃く、熟度が高く、凝縮感があり、果実味が濃厚なイメージ。温暖な産地のメルロやジンファンデル、シラー(シラーズ)などに現れる。

カシス　● ①

熟度が高く、凝縮感もあり独特の濃い黒のイメージ。ボルドーのカベルネ・ソーヴィニヨンなどはカシスのリキュール(クレーム ド カシス)として表現されることもある。日本語では黒スグリ。

果実　白から黄色の木生り

アプリコット　●●①
濃厚そうな色合い、凝縮感があり甘味を感じるイメージ。ソーテルヌやトカイ アスー、カール ド ショームなどの貴腐ワインや遅摘みワイン、また温暖な地域のヴィオニエやシュナン・ブランなどに現れる。日本語ではアンズ。

ビワ　●①
アプリコットよりも黄色が少ないイメージ。甘味が少なく熟度が低い時に用いる。

桃　●●①
フレッシュでありながら、とろりとした甘味が加わり、アロマの強さよりも、ブドウの熟度が高いイメージ。黄桃は白桃よりもさらに熟度が高く甘い香り。さらに甘さが際立つ場合は桃のコンポートも使われる。

果実　南国系

花梨　●①
柔かいリンゴの香りを思わせるが、芳香性が強く、華やかなイメージ。甘口、辛口にかかわらず現れ、代表的なのはフランス ロワールのシュナン・ブラン。

マルメロ　●①
バラ科マルメロ属がマルメロ。ボケ属の花梨とは違うことを認識しよう。花梨と似たトーンだが、より香りが豊かで、甘いタッチ、黄色いニュアンスが強まる。

マンゴー　●①
熟度が高く、とろりとした甘味にわずかにえぐみのニュアンスもある、ふくよかで温暖な地方を連想させるイメージ。カリフォルニアやオーストラリアなどの日照量が多い温暖な産地で幅広い品種に出る。

パッションフルーツ　●①
完熟感がありながらつらつらとした印象で、甘く強い香りに、はっきりと細くとがった酸味を感じるイメージ。ボルドーやニュージーランドのよく熟したソーヴィニヨン・ブランなどに現れる。貴腐ワインに出ることもある。

パイナップル　●①
完熟よりもさらに過熟したような熟度の高さ、パワフルな香りのイメージ。カリフォルニアやオーストラリアなどのシャルドネをはじめ、温暖な地方で造られた白ワイン全般に現れる。

ライチ　●①
甘さの中にオリエンタルスパイスが混じったような独特の香り。わかりやすく特徴的な香りなので、ライチの現物で香りを確認するとよい。主にゲヴュルツトラミネールの香りを表現する時に用いられる。

果実　リンゴ系

青リンゴ　● ①
フレッシュで爽やか、甘酸っぱい活き活きしたイメージ。ミュスカデやソーヴィニヨン・ブランなど緑っぽさを感じる白ワインに幅広く現れる。熟度が上がると、黄リンゴやさらに赤リンゴに変化する。

赤リンゴ　● ①
フレッシュで甘酸っぱさのある同じリンゴでも、青リンゴよりも熟した印象のあるワインを表現する時に使う。さらに熟度が高くなるにつれて蜜入りリンゴ、コンポート、ジャムなどと使い分ける。

洋梨　● ①
花梨が熟したような、リンゴの甘酸っぱさに少し甘さが強まったようなイメージ。リンゴで表現されるワインより熟度が高く、全体にまとまり感がある白ワインに用いられる。

果実　赤い木生り

さくらんぼ　● ①
ロゼワインなども含む明るい色調で、軽やかでかわいらしい、日本の佐藤錦のイメージ。比較的冷涼な産地の、ピノ・ノワールをはじめとした幅広い品種に現れる。

アメリカンチェリー　● ①
さくらんぼよりも明らかに赤の強いイメージ。さくらんぼ共通の甘酸っぱい香りがあり、さくらんぼよりやや甘味を多く感じられる時に使う。

プラム　● ①
プラムにはいろいろな品種があるが、この場合は赤いプラム、それを加熱した時に立つ香りのイメージ。ピノ・ノワールなど赤い色の際立つワインでよく使われる。

果実　色の濃い木生り

ザクロ　● ①
赤い色調が強いワインで、甘酸っぱい中でも酸っぱさを強めに感じる時に使う。北の産地のワインによく現れる。

ブラックチェリー　● ①
アメリカンチェリーよりもさらに色が濃く、黒に近づいたイメージ。さくらんぼ共通の甘酸っぱい香りがあり、甘味を強く感じられる時に使う。色の濃い赤ワインで、使用頻度の高い表現用語。

紫スモモ　● ● ①
紫スモモはフレッシュなもの。赤紫の色調で、プラムとプルーンの中間的なイメージ。酸味も甘味もあり、色の淡い赤ワインやグリ系の色を持つブドウに出やすい香り。

果実　柑橘系

ライム　●①
酸味の鋭い柑橘系の中でも、引き締まっていて鋭い酸を持ち、緑っぽいイメージ。同じ柑橘でも最も冷涼な地方で爽快感のあるワインに現れる。

レモン　●①
鋭い酸味を連想させるものの、緑っぽいイメージが少ない場合、品種にこだわらず、幅広く用いる。凝縮した甘味を伴う時にはレモンの砂糖漬け、苦味を連想させる時にはレモンの皮と表現することもある。

グレープフルーツ　●①
酸味の鋭い柑橘系の中でレモンやライムにくらべてより強く出るケースが多い。グレープフルーツそのものを嗅いだ時の特徴的な香りで、ソーヴィニヨン・ブランに多く、特にニュージーランドのワインに強く現れる。

果実　干した、乾燥したもの

オレンジ　●●①
グレープフルーツより甘く熟した印象。柔らかいニュアンスになる。白のみならず、フランス ローヌ北部のシラーなどでも、オレンジリキュールのタッチで登場することがある。

干しブドウ　●●③
乾燥させたブドウのイメージ。完熟度の高いブドウを使ったワインや熟成させたワインによく出る。陰干ししたブドウで造ったワイン、たとえばイタリアのアマローネやリパッソなどにも現れる。

プルーン　●③
温暖な土地で育った完熟感、プルーン独特の鉄のようなニュアンスを感じるイメージ。生のプルーンの表現の場合と干したプラムの表現の場合がある。干したプラムの場合は干しブドウに通じる乾燥ブドウや熟成のイメージ。

乾燥イチジク　●③
イチジクの香り成分はベンズアルデヒド。アーモンドにも多く含まれるため共通のニュアンスがある。樽熟成を長くとった赤ワインや、酒精強化の甘口赤ワインの表現に使われる。

果物のコンポート　●●①③
果実味や甘さの表現で、加熱感を少し感じた時に使う。フレッシュな果実を鍋に入れて加熱し、くつくつ煮え始めたくらいの香り。さらに煮詰まって濃くなるとジャムと表現する。

ジャム　●●①③
果実味や甘さを表現する際に、よく熟したブドウを使って造ったり、もともと持つ香りの要素に、加熱したトーンが感じられた時に使う。

Part 3　香りの分類図鑑

花　赤系

赤いバラ ● ①
大ぶりのバラの印象で、香りの出方が強く、華やかに感じられる時に使う。

野バラ ● ①
小ぶりなバラの印象で、少し緑っぽく野性的なニュアンスが加わったイメージ。

しおれたバラ ● ③
同じバラでもしおれたバラは、華やかさの中に熟成が進んだ、ドライな印象を受けた時に使う。

花　白系

ドライフラワー ● ③
フローラルな香りの赤ワインを熟成させると、ドライフラワーのような乾いたニュアンスが現れる。グルナッシュやテンプラニーリョなど、温暖な土地で育つ品種や大樽熟成のワインでよく使われる。

芍薬、牡丹 ● ①
実際の香りが感じられる言葉ではなく、比較的若いワインの香りの中に、芍薬や牡丹からイメージする優雅で上品な印象を感じた時に使う。

アカシア ● ①
主張の強い香りではなく、少し甘くて優しい香り。白ワインでフローラルな香りを持つもの、可憐で繊細なイメージの時に広く使われる。

カスミソウ ● ①
実際の香りを例えるというよりも、カスミソウの場合は、フローラルな香りを持つ、より華奢なイメージの白ワイン全般に広く使われる。この場合、切り花のカスミソウの香りを指す。

スイカズラ ● ①
白い花のイメージで、シンプルな甘さを感じた時に使う。近年の白ワインのテイスティングコメントで使用頻度が高い表現用語。

白いバラ ● ①
フローラルな香りを持つワインの中で、華やかな印象を受けた時に使うが、実際の白いバラそのものの香りをとることができるのはゲヴュルツトラミネールなど限られた品種。

花　青から紫系

ユリ ●①
白く大ぶりで、香りは強く、個性的なユリ独特の香りのイメージ。

スミレ ●①
赤ワインでも青から紫のニュアンスがある時に使う表現。以前はイタリアワインに多く見られた表現だったが、現在では広いエリアで使われる。暑くない地域で栽培されたブドウを使ったワインで比較的よく出る。

アイリス ●①
青から紫のイメージの香りで、香りのボリュームがスミレよりも大きい時に使う。日本語ではあやめ。

植物

草、芝 ●●①
果物の要素よりも、爽やかな青っぽさを感じるイメージ。冷涼な産地のソーヴィニヨン・ブランやミュスカデ、熟度が低いブドウで造ったワインに現れる傾向がある。

若葉、カシスの新芽 ●●①
カシスが芽吹いた時に放つ香りで、活き活きとした緑の印象の時に。香り成分は、メトキシピラジンやメルカプト・ペンタノンといわれている。ソーヴィニヨン・ブランが持つ独特の香りを表現する時によく使われる。

シダ ●●①
シダは、緑の印象の香りの中に湿気のようなものが感じられる時に使う。白ワインだけでなく赤ワインにも使われる表現。

西洋杉 ●①
西洋杉の新芽を潰して出てくる香り。カベルネ・ソーヴィニヨン系の品種を表現する時によく使うが、果実に日光がよくあたり、よく熟すとこの香りは軽減する。英語ではシダー。

干草 ●●①
まさに、牧草地でロール状に巻かれた干草のイメージ。白ワインに多く使われる表現で、熟成や乾燥を感じた時に用いる。

枯葉 ●③
飲みごろを超え、乾燥が極度に進んでいると感じた時などに現れる。ネガティヴな表現として用いられる。

Part 3　香りの分類図鑑

スーボワ ●③

落ち葉と土、日陰の地面で生えた草が発する香りが混ざった、湿った森の香りのイメージ。季節でいうと秋、ネガティヴな表現ではなく熟成によるニュアンスを持ちはじめている時に使う。日本語では森の下草。

腐葉土 ●③

スーボワ（森の下草）を感じさせる熟成レベルからさらに進むと生じる香り。この熟成度でも悪い印象ではないため、ネガティヴな表現というわけではない。

ピーマン ●●①

赤ワインでは、カベルネ・ソーヴィニヨン系品種によく出る香り。房に光が当たらず、換気が悪いと発生するネガティヴな表現で使う。白ワインでは、青々としたイメージで冷涼なエリアの品種によく現れる。

アスパラガス ●●①

冷涼で若くフレッシュなワインに多く使われる。赤ワイン、白ワインともに青い野菜のイメージを表現する。ホワイトアスパラガスより、グリーンアスパラガスのほうが緑のタッチが強く出る。

茎 ●●①

爽やかではなく、青臭さが強調されたイメージ。ネガティヴな表現用語。

ユーカリ ●①

ユーカリが生えているところでは品種を超えて現れる。落ちた葉や茎が腐葉土となることで、ワインの中にミントを連想させるようなユーカリのニュアンスを感じることができる。

ミント ●●①

清々しい、緑っぽい印象の香り表現に用いる。白ワインでは外観に緑のトーンが強く出ているものによく現れる。赤ワインでは、新世界のワインによく出てくる。

シソ ●①

青から紫の色調が強くなった赤紫蘇で、同じ青から紫の色調からイメージするアイリスに、葉の緑っぽさが加わったイメージ。アルゼンチンなどのマルベックに現れる特徴的な香り。

フェンネル ●①

フェンネル自体の香りはアネトールでアニスと共通の香り。テイスティング用語としては草のような緑のニュアンスとアニス的ハーブの香りをあわせて感じる時に使う。フランス語はフヌイユ。

香りの分類図鑑

ヴェルヴェーヌ ●①

ヴェルヴェーヌはハーブティーでよく飲まれる植物。清々しいニュアンスだが、香りの強さはそれほど強くない時に使う。香りのイメージができない方はティーバッグでよいので嗅いでみよう。日本語ではクマツヅラ。

ローリエ ●①

少し爽やかさがあり、リナロールやオイゲノールを含むため、独特のハーブ様や華やかな香り。生と乾燥の両方で使う場合があり、生のほうは穏やか、乾燥のほうは香りが強まるイメージで用いる。日本語は月桂樹。

アニス、スターアニス ●①

アニスリキュールや中華料理に使う八角の香りで、香り成分はアネトール主体。フェンネルシードに似た甘い香りがある。植物の表現としても使われるが、ハーブ、スパイスとしても表現される。

スパイス

黒胡椒 ●①

温暖で乾燥した地域で育った赤ワインに多く、力強くスパイシーなイメージ。いろいろな品種に現れるが、シラーには特に強く出る。黒胡椒の中の種子部分よりも、黒い皮の部分の香り。

白胡椒 ●①

温暖で日照量が豊富な地域で育った白ワインに多くみられるスパイシーなイメージ。また、温暖とはいえない土地で育ったゲヴュルツトラミネールやシルヴァーナーなどの品種個性として現れることもある。

クローブ ●①③

アニスっぽい印象に漢方的な独特の風味とバニラのニュアンスが付加されたイメージでよく使われる用語。南フランスやイタリア、スペインなどの温暖で乾燥した地域の品種や、樽熟成によっても現れる。

ナツメグ ●①③

クローブとともに感じることが多い。ほろ苦さとエキゾチックな香りのイメージ。地中海沿岸地域の温暖で乾燥した地域で育つ品種に多く、また樽熟成によっても現れる。

リコリス ●●①

辛さや苦さではなく、極めて漢方的で甘い香りが強く現れる。地中海沿岸の地場品種の他、カベルネ・ソーヴィニヨンやジュヴレ・シャンベルタンのピノ・ノワールなどにも現れる。日本語は甘草。

生姜 ●●①

生姜独特の香りはジンゲロン、辛味はジンゲロールとショウガオールに由来。生のイメージで使うことが多いが、用途が薬味（スパイス）なので、スパイスやハーブとしても表現する。

タイム　●●①

乾燥させたスパイスだけでなく、生の植物でも登場する。タイム自体は気品ある清々しい芳香で独特の香りがあり、南フランスの赤ワインの香りの表現のひとつ。北の地域の白ワインでフレッシュタイムという表現を使う。

ローズマリー　●①

ハーブの中でもローズマリーは、樟脳（しょうのう、クスノキの香り成分の結晶）のような独特のニュアンスのある強い香りを持つ。清涼感や緑の印象があり、南フランスの赤ワインの表現であるガリッグを構成する要素。

ナッツ

アーモンド　●●②③

香ばしいアーモンドの香りは、樽熟成によって生まれる。樽のローストの強さによって香ばしさの多少に影響する。また、シャルドネがマロラクティック発酵して樽熟成すると特にアーモンド香が生じる。

クルミ　●●③

実の中の可食部分の香りを指す。ナッティな中に少し緑のニュアンスを含んだイメージ。ヘーゼルナッツより弱い酸化熟成のニュアンスを兼ねて使うケースもある。

ヘーゼルナッツ　●●③

瓶でも樽でも、酸化熟成によって生じる香り。シェリーのオロロソなどに代表的に出てくる。フランス語ではノワゼット。

芳香性

バニラ　●●③

赤白に関わらず、樽熟成をしたワインに生じる香り。特に、新樽には芳香成分のバニリンが多く含まれるため、新樽を使った場合に強く出る。また樽材がアメリカンオークの場合は、甘さがより際立つ。

樹脂　●●①③

樹脂の香りは、樽熟成によって生じるものと、シラー（シラーズ）やタナなどのようにブドウそのものが持っている場合と両方ある。新樽のほうが樹脂の香りが強まる。

香りの分類図鑑

松の実 ● ①
香ばしさの中に、わずかに松のヤニっぽさを感じる時に用いる。

松 ● ● ①
樹木の緑っぽい香りとヤニの香りを合わせ持つ時に用いる。カベルネ系のワインによく現れる。また、ギリシャのレッチーナは、松ヤニそのものを添加するのでこの香りがある。

焦げた

スモーク ● ● ① ③
樽の内側をローストした樽で熟成させることから生じる香りである場合と、ソーヴィニヨン・ブランのように品種の個性として燻したニュアンスを持っている場合がある。赤、白ワインともに感じられる。

樽を焦がした ● ● ③
まさに、ワインが樽熟成することによって生じる香りで、樽を焦がした香りがワインに移り、ダイレクトに表現している。赤ワイン、白ワインとも感じられる。

タバコの葉 ● ③
紙巻タバコではなく、葉巻の香りで基本的に熟成ワインに使われる。ボルドーの上物ワイン、それも樽がよく効いたものに出現することが多い。

パングリエ(焼いたパン) ● ● ② ③
酵母の分解香と、樽からの香りの両方を表現している。少し軽めで心地よい香ばしさのイメージ。樽熟成中にバトナージュを行うものやシャンパーニュでもこのような香りが生じる。樽由来のものは、赤白ともに出る。

焼いたアーモンド ● ③
文字通りアーモンドを炙った香ばしい香り。樽熟成を経た白ワインや酸化熟成をした白ワインに出てくる。

カラメル ● ● ③
砂糖をじっくり焦がした香ばしく甘い香り。赤ワイン、白ワインとも感じるが、長い熟成を経た上級のシャルドネや酒精強化酒に現れる。

綿菓子 ●● ③

砂糖を焦がし始めたタイミングで出るほんの少し香ばしく甘い香り。主に甲州など、白ワインの繊細なタイプに現れる。

カカオ ● ③

カカオ豆を炙った香ばしい感じで、甘さをあまり含まない時の表現。色調が濃く、凝縮感のあるワインでよく出る。少し粉っぽいタンニンを感じる時に、カカオパウダーと表現される場合もある。

チョコレート ●● ③

カカオに糖分を加えたのがチョコレートだが、基本的にビターチョコレートの香りと考えてよい。赤ワイン、白ワインともに、色調が濃く、甘い香りを持つ濃厚なワインが樽熟成した時によく出る。

化学物質

酢酸 ●● ②

感じとれる香りはビネガーのイメージ。発酵の途中で酢酸菌が働いてしまった時の香り。ネガティヴな香りとみなされる。

酢酸エチル ●● ②

プラモデルなどに使う瞬間接着剤の香り。健全なワインにも含まれるが、濃度が高くなると香りも増長して目立つようになり、ネガティヴな香りとみなされる。

フェノール ●● ②

フェノールは芳香族化合物のひとつで石炭酸のことを指すが、ワインでフェノール臭といった場合は、赤ワインだと馬小屋臭と呼ばれ、白ワインでは消毒薬のようなイメージ。いずれもネガティヴな香り。

硫黄 ●● ②

温泉場に近づいた時に漂うような香り。多くは醸造時に添加された亜硫酸(二酸化硫黄)が強く感じられた場合や還元臭で、硫化水素が感じられた時に表現されることもある。

ヨード ●● ②

「海藻」や「磯の香り」と言い換えても。かつて海だったところの畑や、海に近い畑のブドウから感じることがある。またさくらんぼやフランボワーズの香りが変化して、海苔のような香りに感じられることもある。

エーテル

石鹸 ●● ②
香料の入っていない、石鹸本来の香り。貴腐ブドウを辛口に仕上げると、よく出てくる。

ろうそく、ワックス ●② ③
蜜蜂の巣の蝋。熟したワインに現れる柔らかい甘さを連想させる香り。貴腐ワインや遅摘みワイン全般に感じられる。

ビール ● ②
ビールの原料であるホップと、麦芽の混ざった柔らかみのある香りを感じた時に用いる。

ヨーグルト ●● ②
ヨーグルトの香りは、マロラクティック発酵の時に乳酸菌によって生じる。赤ワイン、白ワインともに出てくる香り。

バター ●● ②
バターの香りは、マロラクティック発酵によって生じる香りと、樽熟成によって樽から溶け出たリグニンがバニリンなどに変化していく中で、バターを連想させる香りの両方がある。

チーズ ●● ②
チーズの香りは、マロラクティック発酵によって生じた香りが熟成することによって変化して出てくる。更に熟成が進んだ場合、チーズ製造所という表現もある。

動物系

猫の尿 ● ①
ロワールなど冷涼な地域で造られるソーヴィニヨン・ブランで感じられる独特の香り。ネガティヴな表現ではない。フランス語ではピピ ド シャ。

濡れた犬 ●● ②
あまりきれいに洗っていない犬が雨にうたれて濡れた時のニュアンス。獣的な香りを感じた時に用いる。

なめし革 ● ③
新しい革のバッグの中にこもっているようなイメージ。革といっても上品な印象の香りに使う表現。ローヌ北部のシラーによく現れ、ボルドーやブルゴーニュの上級ワインが熟成した時にも感じられる。

生肉 ● ① ③

脂のない赤身の生肉の香り。牛や鹿の肉で血や鉄のようなイメージ。ピノ・ノワールやシラーの若いワインでよく感じられる。

ジビエ ● ③

肉系でも獣臭、動物臭が強まったイメージ。ローヌ北部のシラー、イタリアピエモンテ州のネッビオーロや南西地方のタナの熟成した赤ワインなどで感じることがある。

燻製肉 ● ③

いわゆるビーフジャーキーの香り。肉の乾燥したニュアンスで、少し燻したニュアンスとスパイシーさが加わったイメージ。

ムスク ● ①

ムスクはジャコウジカの香嚢を取り出して作った香料で、魅惑的な甘い香りがする。マスカット自体の語源がこのムスク。当然、マスカット系の品種やヴィオニエなどにも現れる。

その他

イチゴキャンディー ● ②

発酵途中、特にマセラシオン・カルボニックで生じる香りで、ボジョレー ヌーヴォーが代表的。マセラシオン・カルボニックしたマスカット・ベーリーAにも現れる。

蜂蜜 ● ①

蜂蜜の香りは、熟したブドウで造ったワインから広く現れる。香り豊かな品種はもちろん、本来の香りが控えめなシャルドネ、貴腐ワインでも顕著に感じられる。

香りについてのQ&A

香りを調べる

Q 鼻腔に残る香りをリセットする方法はありますか？

A あります。
肘の内側に鼻を当てて、自分の匂いを嗅ぐとリセットすることができます。試してください。

Q 香りをとる時、グラスに注いでからすぐでないといけませんか？

A できればすぐに香りをとりましょう。
また、注いだ直後の静かな状態とスワリング後の香りの両方をとることが大事です。注いで時間が経つと、徐々に空気と触れ合って酸素と触れ合った後の香りに変化しますので、両方の香りをとるように心がけましょう。

Q スミレの香りはどんなイメージでしょうか？

A 清楚で青を感じ、少し冷たい感じもする控えめな香りです。
テイスティング的には花のイメージ、それも青い花でそんなに大きな感じがしない、どちらかというと小ぶりの青い花の時に使う用語です。

Q 還元臭とはどんな香りでしょうか？　またなぜその香りが出るのですか？

A いろいろな香りの集合体。酸素が奪われるか水素がくっつくか。
酸化の逆が還元です。化学的には、元の状態にくらべ、酸素が奪われるか、水素がくっついた状態を指します。ひとつの香りだけを指しているのではなく、還元という状態全体を指しているので、いろいろな香りの集合体です。酸素を絶たれた状態が長く続くと発生します。最近使われるブドウを搾るところから酸素を断てる圧搾機を使い、ステンレスタンクで発酵、そのまま酸素を供給することなくタンクで熟成、瓶詰めするような造り方をすると還元的な香りが発生することが多いです。還元状態の香りですから、酸素をたっぷり供給してやれば多くの場合は消えます。いろいろな香りの集合体なので、中には消えない香りもあります。ステンレスタンクの底に酵母が塊を作ってしまった場合などに出る硫化水素は還元臭のひとつですが、卵の腐ったような香りがします。これは短い時間では消えません。

Column 4
コルク臭ともいわれる
ブショネとは？

　ワインを愛飲していたらいつかどこかで出会う臭いに「ブショネ」があります。ボトルを開ける前に「これがブショネだ」とボトルを見ただけではわからないため、偶然の出会いを待つしかありませんが、ワインの健全性をみるという面でも、知っておくべき臭いであり、現象です。

　ブショネは一般にコルク臭ともいわれ、カビ臭い、濡れた雑巾を放置しておいたような臭い、などといわれますが、私が感じるのは、地下鉄の工事現場に漂う臭い、カビと生乾きのコンクリートが混ざったような臭いです。

　感じ方の共通項は「カビ臭さ」。その正体は、コルクの髄に住むカビを塩素消毒した時に発生するトリクロロアニソール（TCA）という物質の臭いです。この物質、人間の閾値（感じられる限界）が最も低い物質のひとつで、代々木のオリンピックプールに一滴たらしただけでわかるといわれています。それだけ感じやすい臭いなのです。

　しかし、実は類似臭がいくつかあり、実際は気化しやすい化合物（気体）を分析するガスクロマトグラフという機械で測った数値がゼロであっても、ブショネではないかと感じられることもあります。それは、人間の鼻では蜂蜜とキュウリをあわせたらメロンの香りに感じるのと同じように、香り物質よりも香りを合体させることでイメージさせる錯覚のようなもの。同様の現象がワインを開けた時にも起こるというものです。

　ストライクのブショネと、イメージとして感じるブショネ、どちらもあるということを覚えておきましょう。

Part 4
味わいをみる

口に含んでワインの味わいを感じ取ります。
甘味や酸味、そして全体的な味わいをみていきましょう。

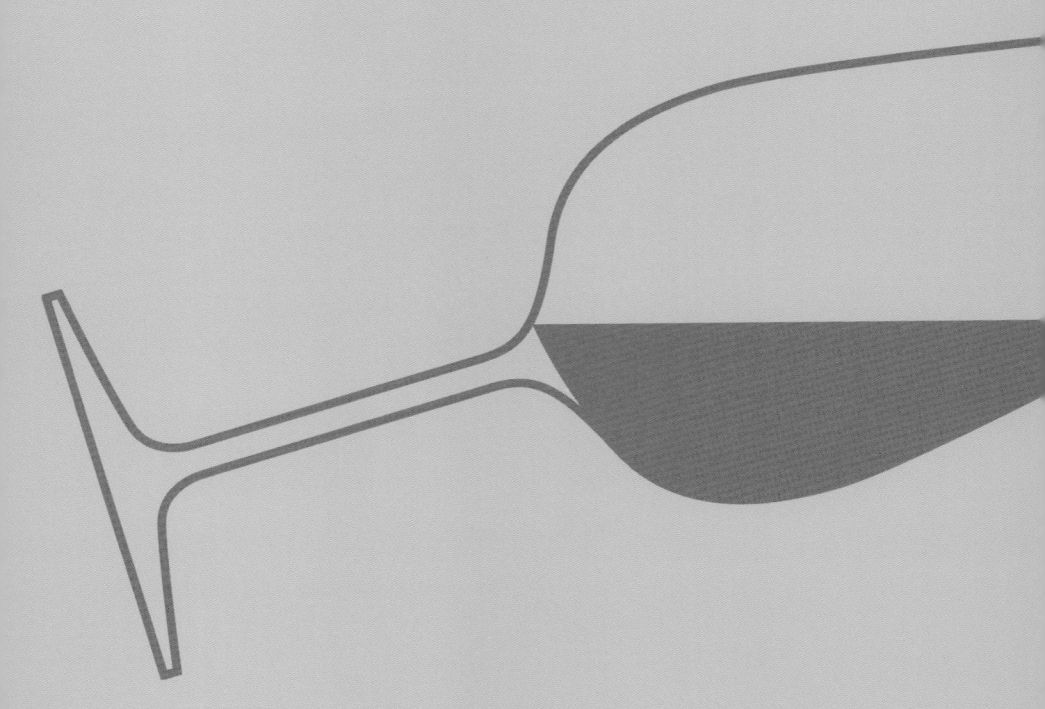

味わいのとらえ方

味わいをみる

自分の味の感じ方 クセ、パターンを知っておこう

　テイスティングの最終段階、味わいをみていきます。この時も、常に同じスタンスでテイスティングできるように、ふたつのことを確認しておきましょう。

　ひとつ目は、**口に入れるワインの量**です。香りのとり方と同様、**常に一定量のワインを口に入れること**が大切です。自分が最も味を感じやすい量を把握し、口に入れるよう心がけましょう。

　ふたつ目は、**自分の味の感じ方の特徴**を知っておきましょう。口の中で味を感じるのが舌です。舌には**味蕾細胞**があり、五味と分類される**甘味、酸味、塩味、苦味、旨味**を感知し、神経細胞を通じて素早く脳に伝達され、味わいとして認識されます。舌の構造や味わいの感じ方についてさまざまな説もありますが、人それぞれ鼻腔の形が違うのと同じで、舌の味蕾細胞の分布も人によって異なります。また味をきき分けられるレベルも人それぞれです。

　食べ物、飲み物を口にする時に、**舌のどこで何を一番感じるか、またどんな味に敏感なのか**を意識しましょう。ほんのわずかに飲み込むと、その味が明確になることもあります。その特徴を理解すると、より細かく味をきき分けることができます。

味わいはその強弱や多少で表現する

　味わいの表現方法は、外観とも香りとも異なります。外観では多くの人と共有できる客観的で正確な情報を集め、香りは人に伝えるのが難しいため、いろいろなものに置き換えて表現しました。味わいでは、**甘味や酸味は度合いで、他の要素では、強弱、多少**などで表現します。テイスティング初心者の中には、香りと味わいを混同して、香りの要素にたとえて表現している人も見かけます。しかし味わいでは香りのように**何かに置き換えて表現することはありません**。

　さて、味わいでみるポイントを確認しましょう。味わいは、ワインを口に入れて吐き出すまでの間に、しかるべきタイミングで確認するべき事柄があります。口に入れた瞬間の印象として**アタック**（→p94）、次に**味覚**（→p94）として最初に感じる**甘味**、わずかな時間差で感じる**酸味**、赤ワインではこの後に**タンニン**（渋み、→p96）、そしてだんだんとワイン全体の味わいがわかってきたところで**ボディ**（→p97）、そして吐き出した後に**余韻**（アフター、→p100）の順でみていきます。慣れるまでは、手順を書いたメモや、テイスティングシートの項目を見ながら進めましょう。

最終段階の「味わい」をとらえていきましょう。
まずは、自分の味わいの感じ方と手順を知ることから始めます。

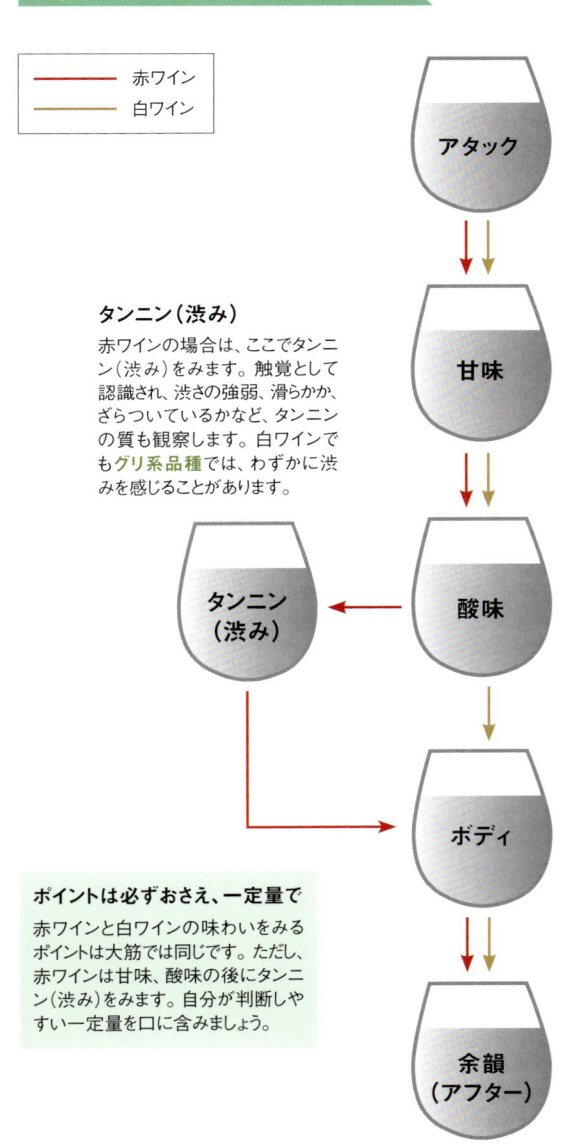

味わいをみるポイント

― 赤ワイン
― 白ワイン

アタック
第一印象。口に入った時の佇まいや感触を確認します。さらさらしている、ねっとりしている、インパクトの強い味わい、ぼんやりした印象、爽快感があるなど、素直に感じ取ったことを印象として記憶しておきます。

タンニン（渋み）
赤ワインの場合は、ここでタンニン（渋み）をみます。触覚として認識され、渋さの強弱、滑らかか、ざらついているかなど、タンニンの質も観察します。白ワインでも**グリ系品種**では、わずかに渋みを感じることがあります。

甘味と酸味
口に含んだ瞬間に、アタックとともに甘味もしっかりおさえておきましょう。最初に甘かったことを確認できていれば、後から酸の影響を受けて辛口にイメージが転じても、その事実から酸も強いという結論が導けます。ぼんやりみていると、ただの辛口と誤解するので要注意！です。

ボディ
ワインの構造が大きいか小さいかをボディという言葉を使って表現します。構成する要素が全般的に大きければフルボディ、小さければライトボディ、またその中間で見分けます。

ポイントは必ずおさえ、一定量で
赤ワインと白ワインの味わいをみるポイントは大筋では同じです。ただし、赤ワインは甘味、酸味の後にタンニン（渋み）をみます。自分が判断しやすい一定量を口に含みましょう。

余韻（アフター）
美味しさが持続する余韻の長さを確認します。すっと味わいが消えれば短い、5秒以上持続するようなら長い、またその中間と、3段階程度で確認します。

アタック／味覚

味わいをみる

アタック＝第一印象。口に入れた瞬間に意識を集中

ワインを口に入れた時に、最初に感じた第一印象のことをアタックといいます。アタックは、何か基準となるポイントや軸があるわけではなく、さまざまな要素が絡み合って評価します。よって、感じたままの事柄をアタックとしてとらえましょう。とはいっても、自分が感じたことを自由に表現していいということではありません。あくまでも口に入った瞬間のワインの佇まいや感触を意識してとらえて、下記の共通言語などを使って表現します。

たとえ第一印象でタンニンの渋さを感じた気がしても、それはアタックとして評価することではありません。

影響し合う甘味と酸味

ワインを口に入れて、アタックとほぼ同時に感じるものが甘味、わずかな時間差で感じるのが酸味です。この時間差はそれぞれの味覚の応答速度の違いによって生まれます。また、甘味と酸味は、お互いに強く影響し合っています。そのため、甘味が強ければ酸は弱く、酸が強ければ甘味は弱く感じます。

実際に、甘味と酸味の影響を体感してみましょう。同じワインに糖を足したもの、酸を足したもの、そのままのもの（原酒）を3つ用意します。まずは原酒と糖を足したもので酸を比較してみます。そうすると後者の方が酸味が低く感じます。次に、原酒と酸を足したもので糖を比較すると後者が辛口に感じます。本来なら同じ量の酸または糖であるはずなのに感じ方が違っているのは、甘味と酸味が影響し合って、人間の味覚に錯覚を起こさせているからなのです。このことをよく理解し、感知した情報を脳内でうまく整理しながら、ワインの真実の姿を探っていきましょう。

【テイスティング用語】

瑞々しいアタック	滑らかなアタック	甘味が弱い
濃厚なアタック	荒々しいアタック	まろやかな甘味
ねっとりとしたアタック	インパクトのあるアタック	豊かな甘味

口の中で、ワインの佇まいや感触、味覚を確認します。
素直に感じたことを、共通言語で表現しましょう。

アタック／味覚

残糖とグリセリンを見分け、甘口・辛口を判断

甘味でもうひとつ見分けたいことが**残糖とグリセリン**です。**残糖はブドウ糖や果糖などの単糖類**です。また**グリセリンは3価のアルコールで、アルコール発酵によって生成**されます。甘口・辛口を判断する際には、**甘味が残糖によるものだと自分の舌で判断できるかどうか**が、重要なポイントです。では残糖とグリセリンはどのように違いを探せばいいのでしょうか。残糖は砂糖と味が共通するので、1ℓあたり10g程度の薄い砂糖水を作り、その味を覚えておくと、グリセリンとの見極めに役立ちます。

タイプと量を見極め酸を的確に表現

酸にはタイプがあり、**非常に酸っぱく感じ、攻撃的で尖った印象の酸**と、**穏やかで柔らかく感じる酸**があります。ワインに含まれる成分のうち、前者は**リンゴ酸**が筆頭で、**クエン酸**も含まれます。後者の代表格は**乳酸**。そしてその中間に位置するのが**酒石酸**です。酸を表現するのに、それぞれのタイプを取り上げて表現しませんが、全体を見極めるには、**タイプと量のふたつの軸で見ていく必要があります**。テイスティングのテクニックとしては難しいことのひとつですので、まずはそれぞれの特徴を意識してテイスティングしていきましょう。

苦味はあるか？ミネラルも苦味として現れる

五味として感じる**苦味**は植物由来が主体で、苦味成分の代表格にキニーネなどがあります。もともとは植物が、動物から身を守るために生成していたのが苦味成分です。動物同様、人間にとっても本来は受け入れがたい味ですが、**学習していくと美味しく、心地よい味わいに転じてくるのが特徴**です。山菜やビールなどの味を大人になって好きになるのと同じです。ワインには多少の苦味があります。それは苦味が出やすい品種やミネラル、樽から出ます。

【テイスティング用語】

残糖がある	はっきりとした酸味	丸みのある酸味
シャープな酸味	なめらかな酸味	柔かな酸味
爽やかな酸味	きめ細かい酸味	やさしい酸味

味わいをみる

タンニンの質と量

タンニンは赤ワインに含まれる重要な要素です。
時間の経過とともにどのように変化するのか確認しましょう。

タンニンは量と質で表現し、熟成度を推察できる

タンニンは赤ワインに含まれる渋み成分で、その量と質で表現します。タンニンの量をポリフェノール値として測ることも可能です。

渋みは、舌で味を感知する五味には含まれず、歯茎を含む粘膜など口の中全体で感じ、味わいというよりも触覚として認知されます。この時の感覚は、渋柿をかじったような、歯茎にまとわりつく渋さです。これを収斂性といい、渋みを収斂性の強さで表現することもあります。

かつて、粗くざらついたタンニンが重合し、澱となって沈殿してまろやかになると説明されていましたが、ワイン程度のphでは重合は起こらず、逆に切断されて短くなります。また、重合し分子量の多いタンニンのほうが、渋みが強いことがわかっています。現在は、タンニンの熟度分析を果実の段階からできるようになりました。若いワインでもしっかりタンニンがありながら、すでに熟成したような柔らかさや滑らかさを感じるワインが造られるようになっています。

タンニンの質による品種分け

タンニンが強い／豊かな品種
カベルネ・ソーヴィニヨン
シラー（シラーズ）
ネッビオーロ　など

タンニンが弱い／控えめな品種
ピノ・ノワール
ガメ
マスカット・ベーリーA　など

【テイスティング用語】

刺すような	力強い	サラサラとした
ざらついた	キメ細かな	ヴィロードのような
粗い	緻密な	シルキーな

ボディ

よく耳にするボディという言葉。何を表現している言葉なのでしょうか？

さまざまな要素を総合的に評価したもの

ボディは一般に知られているワイン用語です。フルボディやライトボディという言葉がワインを説明する裏ラベルなどに記載されているからかもしれません。認知されているにもかかわらず、本来何を意味するのかわかりにくい言葉です。

ボディはワインの構造の大きさを表現しています。タンニン量やアルコール感、コクや凝縮感などが構造を測る主な要素で、それらを総合的に評価したのがボディです。総合的にその構造が大きければフルボディ、小さければライトボディと表現します。ただし、決まった数値にあてはめるわけではないので、評価する人の感覚でフル、ミディアム、ライトの境界線がひかれ、かなりグレーゾーンも含まれます。また、味わいを構成する要素として酸がありますが、このボリュームが大きいとスリムに感じるため、ライトボディの判断材料になります。

ボディはもともと、赤ワイン用の表現で多く使われていましたが、白ワインの表現としても使用します。

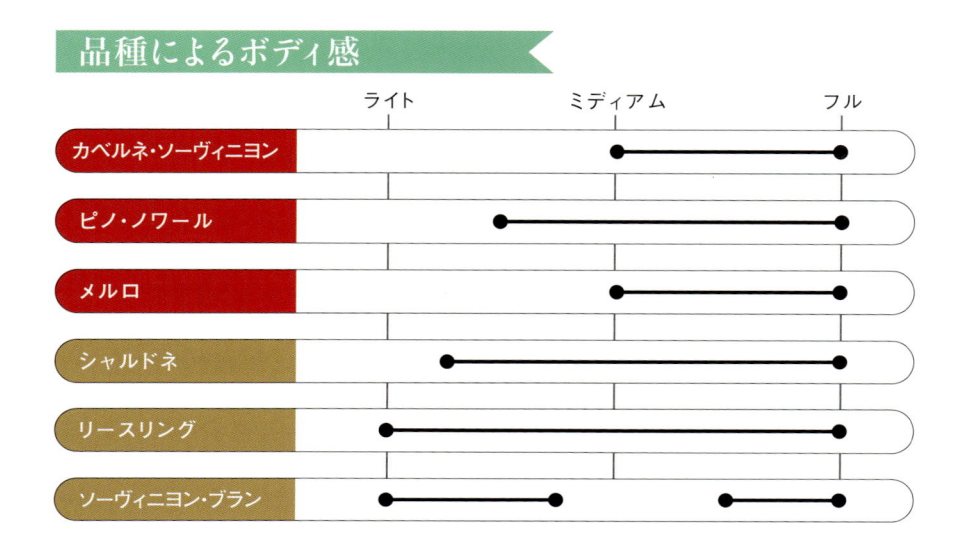

品種によるボディ感

品種	ライト	ミディアム	フル
カベルネ・ソーヴィニヨン		●━━━━━━━●
ピノ・ノワール		●━━━━━━●	
メルロ		●━━━━━━━●
シャルドネ	●━━━━━━━━●	
リースリング	●━━━━━━●		
ソーヴィニヨン・ブラン	●━━━━━● ●━━●	

Part 4 タンニンの質と量／ボディ

味わいをみる

複雑さ

複雑なワインとシンプルなワイン。
それらの違いから複雑さを考えてみましょう。

複雑さを理解するには、五味と収斂性以外の要素を探ろう

ワインには**複雑なワイン、シンプルなワイン**があります。複雑さは**ボディ**と同じように、言葉の意味はわかっても、何をどう測って複雑とするか、シンプルとするか、とてもわかりにくいポイントです。実際には、**味覚の五味**と**収斂性**で表現しきれない部分を、複雑さという言葉で表現しています。

たとえば、鉄分を多く含む土壌で育ったピノ・ノワールで造られたワイン。このワインから五味と収斂性以外に、鉄っぽさ、さまざまなミネラル、凝縮した果実感なども感じたとすると、複雑であると判断します。

一方で、フランス、ボジョレーのワインで五味と収斂性以外に、はつらつとした果実感があったとしても、これひとつだけでは複雑なワインとは言いません。

このように**複数のさまざまな要素が絡み合うこと**で、複雑さは生まれてきます。

また、**五味と収斂性以外の要素があればあるほど、複雑さは増していきます**。ですので、**複雑なワインは偉大なワインと評価され、価格にも反映されます**。

複雑さを生む要素

熟成
・樽発酵
・熟成による成分変化　など

土壌
・ミネラル感
・鉄っぽさ　など

複雑さ

五味ではない味わい
・果実感
・フローラルさ
・スパイシー感　など
↓
これらの複数の要素

バランス

赤・白ワインで異なるバランスの軸と調和のとり方。
ワインを構成する要素の調和は、ワインの善し悪しをみるポイントになります。

白ワインは甘味と酸味の2軸

テイスティングを進めてきた終盤戦では、これまで集めてきた情報をもとに、ワインのバランスを総合評価しましょう。バランスとは、ワインを構成する要素が調和しているかどうかをみるもので、一般的には、ワインの善し悪しを評価するポイントになります。

白ワインにおいては、バランスを酸味と甘味の2軸でくらべます。これは酸味と甘味が常にバランスがとれていないといけないという意味ではありません。酸が非常に多くて甘味が少ない場合は、キリッとした辛口のバランス。甘味が強くて酸が低い場合は、甘口のバランス。両者が多い場合は甘酸っぱくて豊かなバランスになります。甘味も酸味も少ない場合は、水っぽくて平板なワインになります。また、ワインはそのふたつの要素だけで構成されているわけではないので、そのふたつのバランスが悪くても、他の要素が補って美味しさが増す場合もあります。

赤ワインはタンニンを加えた3軸

一方、赤ワインの場合は、白ワイン同様甘味と酸味のバランスに、タンニンが加わり、3軸でバランスをみます。バランスの見方が3軸なので、白ワインより複雑で難しくなりますが、タンニンの調和は、赤ワインにとって重要な要素です。

タンニンが突出して多ければバランスを欠いてしまい、少なければ物足りなさを感じます。

テイスティングでは、総合評価としてバランスをコメントすればいいのですが、ワインを楽しむ場合は、飲む状況も考慮してバランスをみる必要が出てきます。

たとえば、夜、赤ワインだけを飲む時などは、タンニンは控えめで豊醇なタイプのワインがいいでしょう。また、料理のパートナーとして食中に飲むなら、ワイン単体ではタンニンが強すぎると思うようなワインの方が料理と出会った時に力が発揮できることがあります。特に、脂のある肉を食べた時に赤ワインを飲むと、タンニンの渋みと動物性脂肪が出会って甘味に転換します。赤ワインのバランスは、そういった一面もあるということを理解して、バランスをみていくように心がけましょう。

久保のワインこぼれ話　美味しいワインを造るワイン産地には必ず美味しいレストランがあります。

余韻（アフター）

味わいをみる

ワインの価値を決める余韻。
余韻が重要とされる理由とは？

余韻の重要性は、フランス料理のマナーに起因

ワインの美味しさ感の持続を余韻、もしくはアフターといいます。テイスティングでは、ワインを吐き出した後に、**余韻がどのくらい続くかを計り、長い方が高く評価**されます。

そもそも、美味しさをみるポイントのひとつに余韻があるのはなぜでしょうか？　その理由は、フランスをはじめヨーロッパの食文化にあります。

日本では、食事をする時、口の中に食べ物が残っていても、お酒や飲み物を口にする人が多くみられます。食べ物を飲み物で流し込む感覚です。これはフランス料理のマナーとしてはNG。口にした食べ物をすべて飲み込んでから、ワインを口にすることが良しとされています。

このフランス料理のマナーに従い、食べ物を飲み込んだ後に、ワインを口にすると、食べ物の味わいと、ワインの味わいが出会い、**マリアージュ**が起こります。食べ物とワインのすばらしい調和が広がることを、人々は体感し、楽しんでいたのです。このように、ヨーロッパでは、**余韻の長さにもワインとしての価値を求められていた**ことが原点となっています。

ブドウのポテンシャルで決まる余韻の長さ

余韻には、力強く長く続くものもあれば、細く長くたなびくように続くものもあります。余韻は持続力で、もともとブドウが持つ**ポテンシャルによって、持続力が決まります**。また、いろいろな要素のボリュームが大きいフルボディのワインだからといって、余韻が長いとも限りません。ライトボディや繊細なワインでも、余韻の長いものがあることを覚えておきましょう。

美味しさ感

Part 4 余韻（アフター）美味しさ感

ワインの"美味しさ"とはどのように評価するのでしょうか。

アミノ酸由来の旨味と美味しさの合わせ技

美味しさ感もまた、数値や度合では測りにくい抽象的な要素です。好みも左右するので、他人との共有は難しい項目でもあります。その美味しさ感にはふたつの方向性があります。ひとつは、**五味の中の旨味成分由来**。これは、酵母が分解してできるアミノ酸による美味しさで、醸造工程の中で生まれてきます。たとえば、白ワインの発酵後に沈殿した澱を抜かずに、しばらくワインと触れさせておく**シュール・リー**や、樽やタンク内の澱を撹拌してワインと触れさせる**バトナージュ**など。赤ワインでも澱との接触を意識して造るケースもあります。もうひとつは、**味わいのバランスや複雑さの合わせ技**で、美味しさ感が生まれます。

さて、ここまでテイスティングを通してさまざまな情報を集め、分析をしてきたのは、自分自身で「美味しさ感」を評価する尺度を総合的に作っていくためです。これからは、旨味だけでなく、味わいのバランスや複雑さの合わせ技もふまえて、その尺度が作っていけるよう、さまざまな味わいのトレーニングを続けていきましょう。

味わいへの理解が進んでいくと、「**ものすごく美味しい！**」と感じるワインに出会う**機会が徐々に増えていきます**。その美味しさを、一流のソムリエやワイン好きな方たちと共有することができれば、これまで養ってきたテイスティング力を確認、実感できるはずです。

美味しさ感の方向性

旨味成分由来
- 🍷（白）シュール・リー／バトナージュ／瓶内二次発酵で澱とともに熟成をさせる方法　など
- 🍷（赤）澱との接触を意識して造っているケース　など

味わいのバランス＋複雑さ

久保のワインこぼれ話：マスカット・ベーリーAという日本品種があるが、ベーリーB、ベーリーCもあった！

味わいについてのQ&A

味わいをみる

Q 「チャーミング」という表現はどんな時に使うのですか?

A 文字通り可愛らしいワインの時に使います。
ボディが小柄で、香りも控えめ、でもどこか心魅かれるワインの時に私は「チャーミング」を使います。

Q 「きれいなワイン」とはどんな時に使うのでしょうか?

A 欠点がないワインの時に使います。
ブドウが健全で病気になったり傷ついた粒がひとつもない。発酵管理が完璧で野生酵母やブレタノミセスなどの好ましくない酵母や菌が繁殖していない。タンクや樽の洗浄が完璧できれいな状態で醸されたワインを指します。面白みがないワインとおっしゃる方もいますが私は好きです。

Q ミネラルがどんな味かわかりません。トレーニングする方法はありますか?

A ミネラルの多い硬水をいくつか試して特有の味わいを理解しましょう。
ミネラルのさまざまな要素が多いものとしては「コントレックス」。カルシウムだけが多いものだとイタリア ウンブリア「サンジェミニ」で試してみるのがおすすめです。同じ銘柄でも泉源が変わるとミネラル成分も変わるので、ラベルの成分表示を確認してください。

Q 適切な言葉が見つからない場合はどうしたらよいでしょうか?

A 何度も何度も表現する努力をすることです。
一生懸命伝える言葉を探せば、なにか答えが出てくるものです。それでも出てこない時は他の人のテイスティングコメントを聞きましょう。お! こういう風に言えばいいんだ!! と目からうろこが落ちることもあります。また、アロマホイールを眺めるとよいかもしれません。

情報のファイリング

テイスティングをひと通り学んだところで
情報の整理をしましょう。

ブラインド時に遡ることを考えて情報のファイリングをしていこう

　ワインの外観をながめ、香りを調べ、味わいをみることで情報を得て分析し、総合評価をしてきました。ここで得た情報は、今後ワインテイスティングを続けていくうえで、とても大事なデータとなり、自分のテイスティング力をさらに向上させる糧となります。

　テイスティングを通して得た情報は、**頭の中のファイルフォルダに収めますが**、**ブラインドテイスティング**を行う際に、断片的な情報からでも遡っていけるよう、ファイルフォルダに**タグ付け**をしておきましょう。難しいことではなく、本書で学んだテイスティングの手順でポイントとなったこと、たとえば色合いや色調、香りの要素、味覚やボディなどの項目で、タグ付けしていけばいいのです。また、ファイルフォルダに収める際は、その軸となる基準を設定しておきましょう。南北感を意識することはもちろん、時間軸や色調の軸など、その設定にルールはありません。**自分で引き出しやすい軸を考えて設定**します。

　最初は、ファイルフォルダの数も少なく、ほんのわずかなファイルへの書き込みからのスタートです。ファイルや棚の整理をしながら、情報やタグ付けをどんどん増やしていきましょう！　増やせば増やすほど、テイスティングだけでなく、ワインの会話も楽しくなるはずです。

ファイリングの方法の例

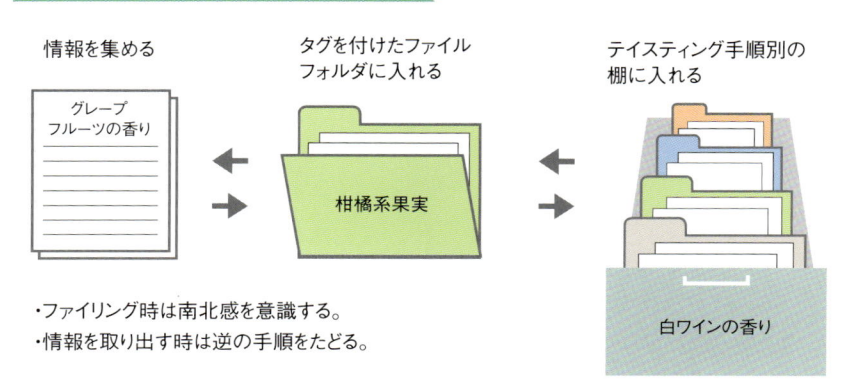

情報を集める → タグを付けたファイルフォルダに入れる → テイスティング手順別の棚に入れる

グレープフルーツの香り → 柑橘系果実 → 白ワインの香り

・ファイリング時は南北感を意識する。
・情報を取り出す時は逆の手順をたどる。

Column 5
レストランでワインを、うまくオーダーするコツは？

　ワインを勉強して、ワイン選びにも自信を持っている方なら、なんの心配もありませんが、少々肩肘張るようなレストランに入った時には、ワインリストを見るだけで知らないワインの羅列に緊張感がマックスになってしまうかもしれません。その時は、ぜひソムリエに頼りましょう。多くのレストランにはソムリエが在籍しています。レストランでのワイン選びは、ソムリエを最大限に活用するのが一番です。

　そのためには、自分が好きなワイン、もしくは飲みたいワインを的確に伝えることが大切。上手に探ってくれるソムリエもいますが、好みをうまく伝えないと、自分の飲みたいものではないワインが出てきて困惑することにも。ソムリエが上手に選んでくれるように情報をどんどん出しましょう。具体名までは言わないとしても、「白なら酸が多いワインはダメ」とか「樽がきいているのは好き！」などの大まかな方向性でも大丈夫。以前に飲んで気に入ったワインや美味しかったワインの写真を携帯で撮っておいて、それを見せるのも、手っ取り早く的確に伝えるテクニックです。

　同時に、価格帯もさりげなく伝えることも必要。割り勘にする時などは、同席者に希望の価格が聞こえても問題ありませんが、聞かれたくない相手が一緒の時には、ワインリストの中の該当する"値段"を指さしながら、「こんな感じのワイン」と言えば、それに見合ったワインを提案してくれるでしょう。

　ソムリエの仕事は、お客様に最適なワインを提案すること。彼らにとって、役立つ情報をくれるお客様は最高のお客様なのです。

Part 5
知っておきたい品種

品種別のテイスティングコメントです。
実際にそのワインをテイスティングしていると
想像しながらお読みください。

Part5の使い方

ブドウの品種名
ブドウの品種名です。

ブドウの特徴
そのブドウの特徴を解説しています。

主な産地
その品種の栽培が行われている主な産地です。

ワインの特徴
その品種から造られるワインの特徴を掲載しています。

ワイン名
ワイン名、造り手の順に表記しています。そのため、実際に販売されている商品名と異なる場合があります。

産地
そのワインが造られた産地を明記しています。

テイスティングコメント
久保氏によるテイスティングコメントです。そのワインの特徴としてとらえたい部分は色文字にしています。

黒ブドウの王様
カベルネ・ソーヴィニヨン
Cabernet Sauvignon

最上のワインになりうる品種のひとつ。栽培自体はさほど難しくないが、水はけのよい砂礫質（されき）の土壌と、比較的温暖な気候を好み、冷涼なところでは完熟できない。葉は楕円様で片葉は5つ、切れ込みは深く濃い緑。房もブドウの粒も小さめで、濃い黒色をしている。

■主な産地
フランス ボルドー地方
他、世界各地

■ワインの特徴
持って生まれた色素とタンニン量が多く、通常は色が濃く構成力の大きなワインになる。樽との親和性が高く、樽熟成を行う生産者が多い品種。タンニンが多いがゆえに、熟成に時間がかかったが、タンニン熟度分析の技術が進み、早くからも飲みうるワインも造られるようになった。

1. シャトー ラグランジュ
【フランス ボルドー サンジュリアン】

　少し濃く、暗さを持ったガーネット色。グラスを傾けた中心部で文字がなんとか読める。
　カシス、ブラックチェリーなどの色の濃い生き生きとしたベリーの香り。植物的なところや、スパイシーさもわずかにある。
　力のあるアタック、酸は柔らかく、穏やか。タンニンは多いがキメが細かい。構造の大きさを感じる。〈ファインズ〉

**2. シャトー ラグランジュ
　（1より9年古いヴィンテージ）**
【フランス ボルドー サンジュリアン】

　オレンジから褐色のニュアンスが多めで、紫も少しある。
　注いだままの状態で香りの量は多く、**熟成感**がある。干した肉やクローブ、ナツメグなどのスパイス。チョコレートや**ラムレーズン、干した果物**も感じられる。
　口の中の構造は大きい。柔らかみのある熟成感と同時に、これからまだ長熟できるポテンシャルを感じる。〈ファインズ〉

カベルネ・ソーヴィニヨン

3. シャトー デュアール・ミロン・ロートシルト
【フランス ボルドー ポーイヤック】

　香りの量は多い。カシス、ブラックチェリー、ラグランジュ（1、2）ではほとんど感じなかった西洋杉がわずかにある。スワリングすると甘い果実の充実感が増す。樽香も複雑で既に表現している（ヴィンテージは1と同じ。テイスティング時より3年古いもの）。
　タンニンの量は多く、カベルネ主体らしい堅い構造。〈ファインズ〉

5. ロス ヴァスコス グランド レゼルブ
【チリ】

　かなり濃く、暗さを持ったガーネット色。グラスを傾けた中心部で文字が読めない。
　カシスやブラックチェリーなどの、色の濃い若々しいベリーの香り、ユーカリ由来のミントタッチ。
　力のあるアタック。酸は量が多く、たっぷりとした凝縮感とのコントラストがチリらしい。
〈サントリーワインインターナショナル〉

4. ボンテッラ カベルネ・ソーヴィニヨン
ボンテッラ
【アメリカ カリフォルニア】

　少し濃く、カベルネ・ソーヴィニヨンにしては明るい印象。
　香りの量は多く、柔らかく甘やかな香り。赤フサスグリのコンポート、すいかずら。スワリングすると少しひなびたニュアンス、酪酸のタッチもある。
　自然な凝縮感と柔らかみのあるワイン。
〈ファインズ、サントリーワインインターナショナル〉

6. サントリー登美の丘ワイナリー 登美 赤
【日本 山梨】

　やや明るめのガーネット色。
　香りはカシスやブラックベリーなどの黒い果実が中心。胡椒、タバコ、杉の新芽、スパイスなども。
　凝縮感はあるが他のボルドーワイン（1、2、3）より、やや細身でしなやか、端正で骨格がしっかりとしている。樽のニュアンスは控えめで力強さとまだ熟成するポテンシャルを感じる。
〈サントリーワインインターナショナル〉

107

7. BIN 407
   カベルネ・ソーヴィニヨン
   ペンフォールズ【オーストラリア】

　かなり濃く、暗さを持ったガーネット色。グラスを傾けた中心部で文字が読めない。
　ユーカリ由来のミントタッチがかなり強い。カシスやブラックチェリーなどの色の濃いベリーと**ラムレーズン**、甘苦系スパイスも。
　力のあるアタック、酸は穏やかで柔らか。口の中で**ブラックチェリーをすりつぶしたような濃厚さ**がある。〈ファインズ〉

8. カセドラル・セラー
   カベルネ・ソーヴィニヨン 赤
   KWV【南アフリカ】

　やや濃く、少し明るさを含んだガーネット色。グラスを傾けた中心部で文字が読める。
　香りの量はかなり多く、ブルーベリー、ブラックチェリー、西洋杉、ゼラニウム、スパイス。
　柔らかながら重量感のあるアタック。力のあるワインでタンニンの量はかなり多く、構造はやや大きく力強さがある。〈国分〉

黒ブドウの女王
ピノ・ノワール
Pinot Noir

世界中の生産者が育てようとしているが、なかなか上手く育たない難易度の高い品種。しかし、土壌との相性により、最適地で育てられると、最上のワインになりうる品種でもある。冷涼な気候と、水はけのいい石灰質土壌を好む。葉は楕円様で切り込みは浅く、片葉は3つ。房は小さめだが、果粒が密着しているのが特徴。果粒は小さめで、果皮は薄め、深い紫から青みがかった黒色をしている。

■**主な産地**
フランス ブルゴーニュ、
シャンパーニュ地方
アメリカ
スイス
オーストラリア
ニュージーランド

■**ワインの特徴**
持って生まれた色素量が少ないため、通常、ワインの色も濃くない。香りにも味わいにもベリー系の持ち味があるワインに仕上がる。

9. ブルゴーニュ ピノ・ノワール ラ ヴィニェ
ブシャール ペール エ フィス
【フランス ブルゴーニュ】

　赤ワインの中でかなり薄いルビー色。グラスを傾けた中心部で文字がはっきり読める。
　ピンク色のさくらんぼ、イチゴなどの赤いベリーの香りや鰹節的な香ばしい香りもある。
　軽やかでフルーティな味わい。少しキレを感じる酸、ボリュームはしっかりある。フレッシュで瑞々しい印象とほどよい複雑さがあるワイン。〈ファインズ、サントリーワインインターナショナル〉

11. ピノ ノワール
イーラス
【アメリカ オレゴン】

　香りの量は多く、アメリカンチェリー、ブルーベリー、ベリーを鍋に入れて少し加熱した印象。赤い花、スパイスのニュアンスもある。スワリングすると、少し動物的なニュアンスも現れる。
　凝縮感のあるアタックで、甘味を感じる。おだやかな酸、量はほどほど。充実した果実味のオレゴンらしいピノ・ノワール。
〈ファインズ〉

10. サヴィニー レ ボーヌ オー グラン リアール
シモン ビーズ
【フランス ブルゴーニュ サヴィニー・レ・ボーヌ】

　畑名付き村名ワイン。
　赤ワインの中では薄く、ピノ・ノワールとしては平均的な濃さ。
　軽快で上に上がる香りが豊か。アメリカンチェリー、プラムの印象。
　力強さのあるアタック、完熟による甘さを感じる。構造は自然で、大きくはないのだが筋肉質に引き締まり、しなやか。しみじみとした旨さのあるワイン。〈ラック・コーポレーション〉

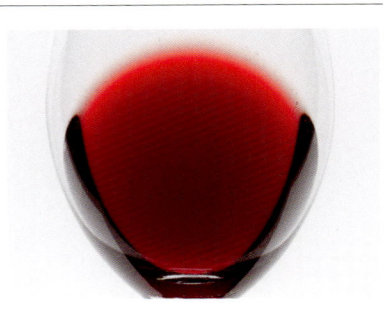

12. ウィリアムス ヴィンヤード ピノ・ノワール
コヤマ・ワイパラワインズ 【ニュージーランド】

　他のピノ・ノワールよりも明らかに濃い。
　香りの量はかなり多く、アメリカンチェリー、ブラックチェリー、鉛筆の芯など、黒を連想させるものが多い。スパイシーさも強めに出ている。
　力のあるアタック、タンニンの量はやや多い。自然な甘味もあり、充実した素直な果実味があるワイン。〈ヴィレッジ・セラーズ〉

13. ボーヌ グレーヴ ヴィーニュ ド ランファン ジェズュ
ドメーヌ ブシャール ペール エ フィス
【フランス ブルゴーニュ コート ド ボーヌ】

ブシャール ペール エ フィスのボーヌ村でのトップキュヴェ。9とランクが大きく異なるが色の濃さはあまり差がない。

ブラックチェリー、ブルーベリー、野バラ、スパイシーさ、**鉄っぽさ**がある。

複雑で厚みがあり、凝縮感のあるワイン。**構造の大きさ、奥行きの広がり**を感じる。
〈ファインズ〉

15. ブロイヤー ルージュ
ゲオルグ・ブロイヤー
【ドイツ ラインガウ】

かなり淡いルビー色。

香りの量は多く、さくらんぼ、イチゴ、プラム、小さい赤い花など、可愛らしく魅力的。杏仁豆腐のニュアンスもある。

味わいは、軽やかでフルーティー。タンニンの量は控えめで、ドイツのピノ・ノワールらしい**キレのある美しい酸**を持つワイン。
〈ヘレンベルガー・ホーフ〉

14. ジュヴレ・シャンベルタン
ドメーヌ ユベール リニエ
【フランス ブルゴーニュ ジュヴレ・シャンベルタン】

他のコートドールのワイン（9、10、13）とくらべて最も明るい。

香りの量はかなり多く、グリオット（欧州の香りの強いさくらんぼ）、赤い花、バニラ、スパイシーさ、それにジュヴレ・シャンベルタンによく出てくる**リコリスが明確にある**。

柔和で甘やかだが、一本筋がピシッとはいった芯がしっかりとした構造で、凝縮感のあるワイン。〈ラック・コーポレーション〉

16. ローラン・ペリエ ロゼ
【フランス シャンパーニュ】

スティルワインではないが、ピノ・ノワールを語る上でははずせないワイン。ピノ100％をマセラシオン法にこだわり醸造した美しいサーモンピンク色のロゼ シャンパン。

フレッシュなベリーの香り立ち、口に含むと佐藤錦のようなピンクの**さくらんぼや赤フサスグリ、プラムなどをぎゅっと噛締めたような**新鮮さがある。
〈サントリーワインインターナショナル〉

カベルネ・ソーヴィニヨンの親
カベルネ・フラン
Cabernet Franc

カベルネ・ソーヴィニヨンの親である品種。ボルドーでは名脇役だが、ロワール河の中流域では主役で多く栽培されている。比較的、冷涼であったり、湿潤なところでもよく育ち、病気には強い。

18. シャトー ドーゲ
【フランス ボルドー サンテミリオン】

カベルネ・フランが一番多い割合ではないが、ボルドーの中では最も使用比率※の高いワイン(17より19年、19より18年古い)。
かなり淡く、褐色からレンガ色。
香りは甘く華やか。干した果物、ココア、西洋杉、クローブが少し。
熟成し、しなやかでエレガントなワイン。
〈ファインズ〉
※メルロ50%、カベルネ・フラン40%、カベルネ・ソーヴィニヨン10%

17. シノン クロ ド テュルプネイ
シャトー ド クーレーヌ
【フランス ロワール】

中くらいからやや濃く、紫は多め。
香りの量は多く、ブルーベリー、紫色の花、コンフィにしたさくらんぼのイメージ、西洋杉などのフレッシュハーブ。
フレッシュなアタックで、しっかりとした酸の骨格のあるワイン。スリムで引き締まった、細く筋肉質な印象。心地よい余韻も楽しめる。
〈ファインズ〉

19. メティス
ドメーヌ デ カール
【フランス ロワール】

中くらいからやや濃く、暗いタッチがあり、紫が少し多く、褐色のトーンも少しある。
香りは甘く華やか。コンフィしたさくらんぼ、赤くて小さな花、西洋杉などのフレッシュハーブ、クローブが少し。
キレがあるエレガントな酸、引き締まったイメージ。中くらいの量のタンニン、かなりドライ。軽やかで果実味のあるワイン。〈ファインズ〉

主役にも脇役にもなる
メルロ
Merlot

環境順応能力が高く、栽培面積も多い。ペトリュスなど超高級ワインを生み出すなど、量質ともに世界最高水準の品種。比較的温暖な気候と保水力の高い粘土質を含む土壌を好む。葉は特徴的な楔形で、切り込みが深く片葉は5つ、色は深い緑色。房は長めで密度は粗く、果粒は小〜中程度の大きさ。果皮も中程度の厚さ、色は青みがかった黒色。

■ **主な産地**
フランス各地、特にボルドー地方
イタリア
アメリカ
チリ など

■ **ワインの特徴**
豊かな果実味があり、ふくよかなボディ。カベルネ・ソーヴィニヨンよりもタンニンはおだやかで、柔らかい口当たりのワインに仕上がる。

20. シャトー ムーラン デュ カデ
【フランス ボルドー サンテミリオン】

少し濃く、暗さを持ったガーネット色。グラスを傾けた中心部で文字がなんとか読める。
香りの量は多く、優しい果実の凝縮、スグリのコンポート、熟成感のある香り。
口の中の構造の大きさは中ぐらいで、熟成感を感じる。アタックは丸く、柔らかみのあるボディ。堅い構造になりがちなカベルネとの違いに注意。〈ファインズ〉

21. メルロ ソノマ カウンティー
シャトー セント ジーン
【アメリカ カリフォルニア ソノマ カウンティー】

かなり濃い。グラスを傾けた中心部で文字がなんとか読める。
香りの量は多く、ブルーベリー、ブラックチェリー、カシス、スパイス、ミント。スワリングすると甘くたっぷりとした香り立ちで、華やか。
タンニンの量はかなり多いが、丸みのある優しいタンニン。構造がやや大きく、凝縮感を感じるワイン。〈ファインズ〉

22. サンタ カロリーナ メルロ グラン レセルヴァ
サンタ カロリーナ【チリ】

かなり濃く、暗さを持ったガーネット色。グラスを傾けた中心部で文字が読めない。

香りの量は多く、ブラックチェリー、カシス、生ではなく加熱した印象、**黒胡椒**やクローブなどのスパイス、樽香も豊か。

丸くたっぷりとした大きなワイン。極めて高い凝縮感を感じる。ビターチョコレートをなめた時のような余韻がある。
〈サントリーワインインターナショナル〉

24. コロンビア ヴァレー メルロ
シャトー サン ミッシェル
【アメリカ ワシントン】

少し濃く、グラスを傾けた中心部で文字が読める。

香りの量は中くらいで、**赤いベリーの印象**が強め。スグリ、ブルーベリー、スパイシーさもある。スワリングすると**赤いベリーがぐっと強まり**、スパイスも明確になってきて、胡椒、クローブ、ナツメグなどが現れる。

果実の素直な充実感が魅力的で、チャーミングなワイン。〈ファインズ〉

23. ホブノブ メルロ
ジョルジュ デュブッフ
【フランス ペイドック】

香りの量は多く、**圧倒的果実感**、少し**加熱した印象**、チョコレート、**ラムレーズン**。スワリングすると甘いタッチ、アーモンドグリエ、バニラ、リコリス。

丸みを感じ、たっぷりとしたアタック。タンニンの量はかなり多いが、甘さと果実味の充実感があるので気にならない。すりつぶしたカシスのような後口がある。
〈サントリーワインインターナショナル〉

25. ジャンパンプレミアム 塩尻メルロ
サントリー塩尻ワイナリー
【日本 長野】

少し濃く、紫がやや多く、オレンジもやや多めにある。

香りの量は多く、ブルーベリーやアメリカンチェリーなどの甘い香り立ち、赤い花。スワリングすると塩尻のメルロらしい**茹でたような小豆、シダのような植物的**なところも。

優しさを感じるアタック。タンニンの量は中くらいから、やや多い。控えめで清楚。
〈サントリーワインインターナショナル〉

野性的にも、力強くも
シラー、シラーズ
Syrah, Shiraz

フランス ローヌ地方北部でシラーとして有名。オーストラリアに伝えられ、シラーズとして独自に進化、新世界各国に広がっていった。近年栽培面積もぐっと増加した。比較的温暖で乾燥した気候、褐色の砂礫(されき)土壌を好む。葉は円形で切れ込みは深く、片葉は5つで濃い緑色。ブドウの房は中程度の大きさで、果粒は小さく、青みがかった深い黒色をしている。

■主な産地
フランス南部
オーストラリア
アルゼンチン
南アフリカ
アメリカ など

■ワインの特徴
多くは色が濃く、パワフルでスパイシーなワインとなり、長い寿命を持つ、高級ワインをも生み出す品種である。

26. クローズ エルミタージュ クロ レ コルニレ
ファヨール フィス エ フィーユ
【フランス コート・デュ・ローヌ】

　濃く、グラスを傾けた中心部で文字が読みづらい。
　香りの量は多く、ブルーベリーのコンポート、甘い香り立ち、血、動物的な香り、スパイシーさ、甘苦系スパイス、黒胡椒。
　力強さを感じるアタック。芯のしっかりとした酸、量はほどほど。口の中をティッシュでぬぐったような収斂性のあるタンニン。
〈ファインズ〉

**27. ビニャ マイポ
　　レゼルバ ビトラル シラー**
【チリ】

　香りの量は多く、ユーカリ由来のミントタッチ、色の濃いベリーを少し加熱したような甘い香り。スワリングするとフルーツリッチで甘く、胡椒、クローブ、ナツメグなどのスパイスが現れる。
　チリのワイナリーはカベルネやカルメネールをトップに据えることが多いが、この造り手はシラーにこだわる。
〈サントリーワインインターナショナル〉

28. BIN 28 カリムナ シラーズ
ペンフォールズ
【オーストラリア】

　かなり濃く、暗さのあるガーネット色。グラスを傾けた中心部で文字が読めない。
ユーカリ由来のミントタッチ、ブラックベリーやカシスを煮詰めてジャムになる少し手前(コンフィチュール)、**黒オリーブ**、スパイス。濃密さとミント系の爽やかさが特徴。
　濃密さで、がつんと力強さを感じるアタック。口の中に黒胡椒を思わせるスパイシーさが残る。〈ファインズ〉

29. カセドラル・セラー シラーズ 赤
KWV【南アフリカ】

　やや濃いガーネット色。グラスを傾けた中心部で文字がなんとか読める。
　香りの量はかなり多く、**干したプラム**、少ししおれた赤いバラ、スパイシーさ、黒胡椒、ココア、ベリーを鍋に入れて加熱した感じ。
　柔らかながら重量感のあるアタック。柔らかみと滑らかさ感じる酸。果実の充実感と濃さのあるワイン。〈国分〉

Column

飲み残しのワイン、どうしよう?

◆

　ワインを開けたら全部飲みきらなければいけないと思っていませんか? 確かに、栓を抜いたら、ワインは徐々に酸化していきます。しかし、そんなに焦ることはありません。例えばワインを間違って開けたとしても、すぐに栓をしておけば、1カ月くらい保存しても酸化という意味では、味わいは低下しません。ただし、抜栓時に、カビなどの菌が入る恐れもあるので、保存は冷蔵庫などで行いましょう。また、飲みきれずに残ってしまったワインでも、同様の保存方法で2〜5日くらいは楽しむことができます。日常生活では、躊躇しないでワインを開けて、その時々に楽しんでほしいですね。

イタリアの雄
ネッビオーロ
Nebbiolo

北イタリア ピエモンテ州が原産。日当たりと土壌のより好みが激しく、栽培が難しい品種。石灰岩土壌を好む。房は大きめ、果粒は中程度で濃い紫色。超長熟で偉大なワインを造りうる品種である。

31. ミラフィオーレ ランゲ ネッビオーロ
フォンタナフレッダ
【イタリア ピエモンテ】

中くらいから少し淡く、少し暗さもある。グラスを傾けた中心部で文字が読める。
　香りの量は多く、ブルーベリー、プラム、甘い香り立ち、スパイシーさ、クローブなどの甘苦系スパイス。
　芯のしっかりとした酸、量はやや多い。収斂性のあるタンニン。**構造がやや大きく**、凝縮感を感じるワイン。〈モンテ物産〉

30. バローロ
チェレット
【イタリア ピエモンテ】

かなり淡い、ガーネット色。グラスを傾けた中心部で文字がはっきり読める。
　香りの量は多く、アイリス、プルーン、乾燥イチジク、クローブ、ナツメグなど。スワリングすると**白檀**、ビーフジャーキー、**モカやココア**も現れる。
　タンニンの量はかなり多い。構造が大きく、バローロの典型的な味わいが感じられるワイン。〈ファインズ〉

32. "ヴァレイラーノ"バルバレスコ
ラ・スピネッタ
【イタリア ピエモンテ】

赤ワインの中で中くらいから少し淡い。
　香りの量は多く、ブルーベリーのコンポート、甘い香り立ち、ハーブやスパイシーさもある。スワリングするとアイリス、リコリス、バラがより力強く現れる。
　鉄っぽさ。ぎっちりと詰まったタンニンの量が多く、**口の中をぎゅっと絞ったような収斂性**。凝縮感を感じる偉大なワイン。〈モンテ物産〉

かわいらしさを持つ
ガメ
Gamay

ブルゴーニュ原産で、ピノ・ノワールの変異種である。ボジョレーの花崗岩土壌とは相性がよく、冷涼な気候のロワールの花崗岩土壌も適地。収量が多く、果粒が大きめなのが特徴。

34. ジョルジュ デュブッフ フルーリー
【フランス ボジョレー フルーリー】

中くらいよりやや濃い、ルビー色。
　香りの量は多く、赤いベリー、アメリカンチェリー、赤い花やボタン、スミレ、アイリスなど花の要素が多い。スワリングすると、甘い香り、蜜っぽさが現れる。
　少しキレを感じる酸、量はほどほど。軽やかながら、素直な凝縮感のあるワイン。
〈サントリーワインインターナショナル〉

33. ジョルジュ デュブッフ ボジョレー
【フランス ボジョレー】

中くらいより淡く、明るさを持ったルビー色。
　香りの量は多く、赤いベリー、イチゴ、赤いさくらんぼ、バナナ、キャンディのような甘いニュアンスもある。スワリングすると変化するのではなく、等身大で広がる感じ。
　フレッシュで瑞々しいアタック。フルーティーで軽やか、チャーミングな赤ワイン。余韻は短め。〈サントリーワインインターナショナル〉

35. ジョルジュ デュブッフ ムーラン・ナ・ヴァン
【フランス ボジョレー ムーラン・ナ・ヴァン】

中くらいよりやや濃い、ルビー色。34と同じヴィンテージながら、熟成を感じる。
　香りの量は多く、アメリカンチェリー、ブルーベリー、赤い花、野バラ、スパイシーさ、シナモン、生姜のニュアンス。スワリングすると複雑さ、ほんの少し樽香が現れる。
　少しキレを感じる酸。複雑で、しっかりとした構造と凝縮感のあるワイン。
〈サントリーワインインターナショナル〉

変幻自在
サンジョヴェーゼ
Sangiovese

イタリアのほぼ全域で栽培され、イタリア最大の栽培面積を持つ品種である。ピノ・ノワールと同様で突然変異が多く、クローンが多い。葉の色は濃い緑、果粒は中程度で、紫がかった黒色。

37. タヴェルネッロ サンジョヴェーゼ ディ ロマーニャ D.O.C
カヴィロ【イタリア エミリア ロマーニャ】

中くらいから少し淡い。
香りの量は中からやや多く、さくらんぼ、プラム、甘い香り立ち。スワリングすると甘いスパイス、クローブ、ナツメグなどが強くなる。コーヒーのタッチもある。
少し丸みのあるアタック。酸は穏やか。**軽やか**で、飲み心地のよいワイン。余韻は中程度からやや短い。
〈サントリーワインインターナショナル〉

36. カステッロ フォンテルートリ キャンティ クラシコ
マッツェイ【イタリア トスカーナ】

中くらいから少し濃い。
香りの量は多く、さくらんぼのコンポートなどの甘い香り立ち、**黒オリーブ**、スパイシーさ、グローブなどの甘苦系スパイス。スワリングするとキャンティの典型的な香り立ちのパターン。ベリー系とスミレ、**黒オリーブ**、樽、甘いスパイスなどが素直に広がる。
芯のしっかりとした酸。構造がやや大きく、凝縮感を感じるワイン。〈ファインズ〉

38. ブルネッロ・ディ・モンタルチーノ
バンフィ
【イタリア トスカーナ】

少し淡い、熟成感のあるルビー色。
香りの量は多く、ブラックチェリー、カシス、甘い香り立ち、**赤い肉**、スパイシーさ、クローブなどの甘苦系スパイス。スワリングするとクローブ、ナツメグなどの甘いスパイスの香りがより力強く現れる。熟成による広がりも。
穏やかな酸、量は中ぐらい。**構造が大きく**、凝縮感を感じるワイン。〈モンテ物産〉

甘い誘惑
グルナッシュ、ガルナッチャ
Grenache, Garnacha

スペイン アラゴン原産。かつては栽培面積世界第2位を誇っていたが、現在は減少傾向。温暖で乾燥した土地を好む品種で、房は大きく、果粒は中程度の紫がかった黒色である。

40. モランダ 赤
モランダ
【スペイン プリオラート】

ガルナッチャとカリニェナを半々で使用。少し濃い。

香りは甘く熟した香り立ち、プラムやブラックベリーなど熟した黒い果実、プルーンやシソもあり、複雑。

口の中の構造は大きい。完熟による甘やかさを感じられる。旨味がたっぷりあり、濃さはあるが、滑らか。長い余韻がある。
〈サントリーワインインターナショナル〉

39. シャトーヌフ・デュ・パプ ルージュ
ドメーヌ デ セネショー
【フランス コート・デュ・ローヌ】

中くらいから少し濃く、ルビー色だが少し暗いニュアンスもある。

香りの量は多く、干した果物、プルーン、ドライいちじく、甘苦系スパイス、動物的なところもある。

たっぷりとしたアタック。果実がよく熟した、ゆったりとした甘さを感じる。酸は柔らかく、量は控えめ。たっぷりとして柔らかく、ボリューム感のあるワイン。〈ファインズ〉

41. タペーニャ ガルナッチャ
フレシネ
【スペイン】

赤ワインの中では中くらいの濃さ。

香りの量は多く、ブラックチェリーやプルーンなどの甘くよく熟したベリー系の香り立ち、クローブや胡椒などのスパイス。

完熟による甘さがあり、少し加熱して濃度が出た甘さをイメージさせる。酸は柔らかく、量はほどほど。ほどよいボディがあり、甘やかさを感じさせる。余韻の長さは中くらい。
〈サントリーワインインターナショナル〉

スペインの雄
テンプラニーリョ
Tempranillo

スペインのナバーラ地方原産。リオハでは長熟規定があるため、色の薄いイメージがあるが、本来は果皮が分厚く、色の濃い品種である。

43. バルデュボン クリアンサ
ボデガス バルデュボン
【スペイン リベラ デル デュエロ】

赤ワインの中ではやや濃く、紫が少し。
熟成による華やかさが出ている。少し甘い感じ。香りの量は多く、ブラックチェリー、ブルーベリー、それらに少し火が入った感じも。ハーブのニュアンス、ラムレーズン、鉛筆の芯を連想させる香りもある。
複雑さと柔らかみのあるアタック。前半は柔らかく中盤以降に力強さが出てくる。
〈サントリーワインインターナショナル〉

42. ソラール ビエホ クリアンサ
ボデガス ソラール ビエホ
【スペイン リオハ】

赤ワインの中では中くらいの濃さ。グラスを傾けた中心部で文字がはっきり読める。
香りはイチゴやフランボワーズを思わせる赤い果実、アメリカンオークの甘い樽香がはっきりと現れている。スミレ、ブルーベリーなど紫のニュアンスがある香りも。
タンニンは控えめ。フルーツリッチで、甘やかさを感じさせる。少し冷やしめで飲みたい。
〈サントリーワインインターナショナル〉

44. ソラール ビエホ レセルバ
ボデガス ソラール ビエホ
【スペイン リオハ】

42より少し濃く、深みと暗さがあり、オレンジ系もある。
香りはベリー系が少し、スパイスや裏革、バルサミコなど複雑で奥行きがある。バニラやキャラメルなどアメリカンオーク由来と考えられる香りもある。
丸みがあるアタック、甘やかさや柔らかみがあるワイン。複雑な味わいで、余韻は長い。
〈サントリーワインインターナショナル〉

漆黒の魅力
マルベック
Malbec

かつてボルドーでも大規模に栽培されていた品種だが、カオールで「黒いワイン」と呼ばれたり、現在ではアルゼンチンで大成功を収めている。果実は色素が豊富で、長期熟成の可能性も秘めている。

46. カテナ マルベック
カテナ
【アルゼンチン メンドーサ】

かなり濃く、かなり暗さを持った赤。グラスを傾けた中心部で文字が読めない。

香りの量は多く、ブラックチェリー、カシス、黒胡椒やクローブなどのスパイス。スワリングすると**焦げたニュアンス**がかなりはっきりと現れる。**鉛筆の芯**を連想させる香り。

果実の凝縮による力強さと甘味。構造が大きく凝縮感があるワイン。〈ファインズ〉

---

45. マチュー コス ソリス
ドメーヌ コス メゾンヌーヴ
【フランス カオール】

かなり濃い、ガーネット色。グラスを傾けた中心部で文字が読めない。

注いでそのままの状態で香りの量はかなり多く、スパイシーさ、甘苦系スパイス、ブルーベリー、スミレ、アイリス、シソ、ベリーを鍋にいれて加熱した感じ、**赤身肉**も。

緻密で詰まった、果実の充実感のあるワイン。構造の大きさは中くらい。〈飯田〉

---

47. カロ アルマ マルベック
ボデガス カロ
【アルゼンチン メンドーサ】

少し濃く、少し暗さを持った赤。グラスを傾けた中心部で文字がなんとか読める。

香りの量は多く、ブルーベリーのコンポート、甘い香り立ち、植物的な要素、スパイシーさ。スワリングすると優しく、**ニュアンスに富んだ夜の雰囲気**、シソ。

柔らかく、やさしい印象。余韻はやや長め。〈サントリーワインインターナショナル〉

アメリカのマッチョ
ジンファンデル、プリミティーヴォ
Zinfandel, Primitivo

アメリカで多く栽培されているが、クロアチア原産で、イタリアのプリミティーヴォとは同一品種。温暖な気候、水はけのよい土地を好み、果実が熟すまでに時間のかかる品種である。

49. "フェウド モナチ" プリミティーヴォ サレント ロッソ
カステッロ・モナチ【イタリア プーリア】

中くらいから少し濃い。
　香りの量は中くらいからやや多く、干した果物のニュアンス、スパイス。スワリングすると甘さとスパイスが強まり、干したイチジク、ラムレーズン、シナモン、ウコン、リコリス、クローブ、チョコレート。
　濃密さを感じるアタック、かなりリッチな甘味がある。柔らかい酸、量はやや少ない。
〈モンテ物産〉

48. ジンファンデル ドライ・クリーク・ヴァレー フランシス・フォード・コッポラ ディレクターズ・カット【アメリカ カリフォルニア】

少し濃く、暗さを持ったルビー色。グラスを傾けた中心部で文字がなんとか読める。
　濃厚な香り立ち、色の濃いベリーのコンポート、クローブやシナモンなどスパイスが強め。スワリングすると、スパイスのニュアンスがさらに強まり、リコリスなども。
　たっぷりとしたアタック、かなり甘味がある。タンニンの量はやや多い。
〈ワイン・イン・スタイル〉

50. ボンテッラ ジンファンデル
ボンテッラ
【アメリカ カリフォルニア】

中くらいから少し濃く、48より明るい。
　香りの量は多く、甘い香り立ち、少し加熱感のある甘い香り。
　かなり甘味がある。柔らかみのある酸、量はやや少ない。果実の充実感が高いので、多めのタンニンが気にならない。豊かなワイン。後口にビターチョコレートをなめた時のような印象もある。〈ファインズ、サントリーワインインターナショナル〉

チリの星
カルメネール
Carmenere

ボルドー原産で、フィロキセラという害虫が侵入する以前はボルドーで最も多く栽培されていた。現在は、チリで大成功を収めている品種である。

52. サンタ カロリーナ カルメネール レセルヴァ
サンタ カロリーナ【チリ】

少し濃い、ガーネット色。グラスを傾けた中心部で文字が読みづらい。

香りの量は多く、ブラックチェリー、カシス、甘い香り立ち、**ラムレーズンのような甘さ**やベリーを鍋に入れて**少し加熱した甘いニュアンス**がある。わずかにスパイスも。

甘味があり、柔らかみのある酸。凝縮感を感じるリッチなワイン。
〈サントリーワインインターナショナル〉

51. ビニャ マイポ カルメネール
ビニャ マイポ
【チリ】

中くらいからわずかに濃い。グラスを傾けた中心部で文字が読める。

香りの量は多く、赤いベリー、スグリ、赤いさくらんぼ、少し火の入った印象もある。スワリングすると、クローブやナツメグなどの甘辛系スパイス、植物的な緑のニュアンスも現れる。

しっかりとした酸、果実味の豊かなワイン。
〈サントリーワインインターナショナル〉

53. ロス ヴァスコス カルメネール グランド レゼルブ
ロス ヴァスコス【チリ】

少し濃い、ガーネット色。

香りの量は多く、ブルーベリー、ブラックチェリー、甘い香り立ち。スワリングするとベリー系の凝縮した香りがより力強く現れる。甘苦系スパイス、ユーカリ由来のミントタッチも。

力強く、丸みや、少しとろみのあるアタック。柔らかみのある酸、量は多い。構造の大きさ、凝縮感を感じる。〈ファインズ〉

日本生まれの
マスカット・ベーリーA
Muscat Bailey A

1927年、「日本のワインブドウの父」と称される川上善兵衛がベーリー種とマスカット・ハンブルグ種の交配に成功して誕生した品種。多雨多湿の日本の気候に適した品種である。

55. サントリー ジャパンプレミアム 塩尻マスカット・ベーリーA
サントリー塩尻ワイナリー【日本 長野】

中くらいよりわずかに濃い、明るさを持ったルビー色。
　香りの量は多く、赤いベリー、アメリカンチェリー。充実した果実香。
　少し丸みのあるアタック。果実の凝縮による甘さがある。柔らかでしっかりと量を感じる酸。タンニンの量はあまり多くない。軽やかさと果実の充実感のバランスよいワイン。
〈サントリーワインインターナショナル〉

54. マスカット・ベーリーA 2010
岩の原葡萄園【日本 新潟】

赤ワインの中では中くらいよりわずかに濃い、少し暗さを持ったルビー色。
　香りの量は中くらい、赤いベリー、イチゴ、菖蒲。スワリングすると甘い香り立ち、赤いフレッシュな果実が強まる。
　軽やかで瑞々しさを感じさせるアタック。涼やかな酸、タンニンの量はあまり多くない。ピュアな果実の充実と軽やかさとのバランスのよいワイン。〈岩の原葡萄園〉

56. サントリー ジャパンプレミアム マスカット・ベーリーA
登美の丘ワイナリー【日本 山梨、長野】

淡く、明るさを持ったルビー色。
　香りの量は多く、赤いベリー、イチゴ、赤いさくらんぼ、綿菓子のような甘いニュアンスもある。スワリングすると植物的なシダを思わせるようなニュアンスも現れる。
　フレッシュで瑞々しいアタック。タンニンの量は少ない。軽やかでチャーミングなワイン。
〈サントリーワインインターナショナル〉

力強いワインを造る
アリアニコ
Aglianico

イタリア南部で多く栽培される。火山性の土壌を好み、黒みを感じるほど色が濃い。香りは量（ボリューム）があり、タンニンが豊富、そして力強いワインを造る品種である。

57. タウラージ
フェウディ ディ サン グレゴリオ
【イタリア カンパーニャ】

少し濃い。やや厚めのディスク。
　香りの量は多く、モレノチェリー（酸味のきいたチェリー）やプルーンなどの色の濃い果物。スワリングするとチェリーコンポート、スパイシーさ、リコリス、クローブ、火山土壌特有の灰っぽいミネラル感が現れる。
　力強さを感じるアタック、タンニンの量はかなり多い。大きな構造を持った、南イタリアを代表する銘醸。〈モンテ物産〉

独特のスパイシー感
カリニャン
Carignan

スペイン・アラゴン地方の原産で、別名はカリニェーニャ。フランス、特にラングドック・ルーション地方で多く栽培されていた。多産が可能。収量制限すると、酸、タンニン、色が豊富なワインに。

58. サンタ カロリーナ スペシャリティーズ カリニャン
サンタ カロリーナ【チリ】

赤ワインの中ではかなり濃い、暗さを持ったガーネット色。紫は多い。
　ユーカリ由来のミントタッチ、フレッシュハーブ、ブラックベリー、カシス、ほおずき、少し加熱した感じ、スパイス。スワリングすると次第にスミレやアイリスなどの青から紫系の花の印象。
　濃密さを感じるアタック。収斂性がきわめて高いタンニン。**堅い構造を持ち、濃厚。**
〈サントリーワインインターナショナル〉

Part 5　マスカット・ベーリーA／アリアニコ／カリニャン

北イタリアで愛され続ける
バルベーラ
Barbera

イタリア北部のピエモンテ州から、アメリカなどへも広がりをみせる。酸が豊かでタンニンは柔らか。同じエリアで多く栽培されるドルチェットと好対照の品種である。

59. "パパゲーナ"
バルベーラ・ダルバ・スペリオーレ
フォンタナフレッダ【イタリア ピエモンテ】

中くらいから少し淡い、ルビー色。
少し干した果物、プルーンなど色の濃い果物がよく熟した香り。スワリングするとスミレ、アイリス、黒オリーブ、樽、クローブ。
酸は少しとがった印象で、量は多い。充実した果実感とキレのある酸、ドルチェット（60）と比較することで、バルベーラの美しい酸が際立つ。〈モンテ物産〉

バルベーラとくらべたい
ドルチェット
Dolcetto

主に北イタリアで栽培されている品種。果実味が豊かで控えめな酸が特徴的。同じ北イタリアで栽培されるバルベーラと対比すると、その特徴がよく理解できる。

60. "ラ レプレ"
ドルチェット ディアーノ ダルバ
フォンタナフレッダ【イタリア ピエモンテ】

少し濃く、かなり暗さを持ったガーネット色。グラスを傾けた中心部で文字が読みづらい。
カシス、ブルーベリー、クローブなどの香り。
柔らかい酸、量はやや多い。以前のべたっとして酸の低いドルチェット像とは少し違う。濃厚な果実感。フィニッシュにかけてすりつぶしたカシスのような後口。〈モンテ物産〉

南アフリカの交配品種
ピノタージュ
Pinotage

南アフリカでピノ・ノワールとサンソーの交配で誕生した独自品種である。独特で個性的な香りを持ち、とても魅力的な味わいのワインを生み出す。

61. カセドラル・セラー ピノタージュ
KWV【南アフリカ】

やや濃く、明るさを持ったガーネット色。
　香りの量は多く、赤いベリー、アメリカンチェリー、スパイシーさも。スワリングするとぐっと香り立ち、ブラックベリー、クローブなどの甘苦系スパイス、生肉、**ピノタージュ独特の土臭さはかなり少ない**。
　柔らかみと滑らかさ感じる酸。柔らかな果実の充実感、濃さのあるワイン。〈国分〉

イタリア中部で多く栽培
ランブルスコ
Lambrusco

エミリア ロマーニャ州界隈のイタリア中部で、赤の微発泡ワイン「ランブルスコ」を造るために多く栽培されている品種。60以上の亜種があり、多くは軽やかで飲みやすいワインに仕上がる。

62. タヴェルネッロ ランブルスコ ロッソ
カヴィロ【イタリア エミリア ロマーニャ】

やや淡い、明るさを持ったルビー色。
　香りの量はやや少なく、赤いベリー、イチゴ、野イチゴ、甘いニュアンスもある。スワリングすると甘い香り立ち、クコの実。
　軽やかでフレッシュな瑞々しいアタック。残糖の甘味が明確にある。タンニンの量はそれほど多くない。フレッシュで飲みやすい。
〈サントリーワインインターナショナル〉

白の帝王
シャルドネ
Chardonnay

シャルドネは、最上のワインになりうる品種のひとつ。比較的冷涼な石灰質土壌を好むが、世界中のいろいろな場所で育てられており、栽培自体はあまり難しくない。ブドウの房は円筒形で、粒は小さめ。果皮の色は琥珀がかった黄色。

■ **主な産地**
フランス ブルゴーニュ地方、
シャンパーニュ地方
アメリカ
オーストラリア
イタリア
南アフリカ など

■ **ワインの特徴**
持って生まれた際立った個性は少ないのが特徴だが、逆に樽熟成やバトナージュなど技法により、さまざまな個性を持ったワインになる。また、樽との親和性が高く、樽熟成をする生産者が多い品種。

63. ブルゴーニュ シャルドネ ラ ヴィニエ
ブシャール ペール エ フィス
【フランス ブルゴーニュ】

　少し濃く、淡い黄色が主体で緑も少しある。
　香りの量は中くらいから控えめで、蜜入りリンゴ、白い花。スワリングすると甘い香りが広がる。
　爽やかで、少し丸みのあるアタック。柔らかさのある酸、量はしっかりとある。ほどよい厚みがあり、ブドウの熟した旨味と酸のバランスがよいワイン。〈ファインズ、サントリーワインインターナショナル〉

64. プイィ フュイッセ キュベ アンペロプシス
ドメーヌ ソメーズ ミシュラン
【フランス ブルゴーニュ プイィ フュイ】

　白ワインの中でほんの少し濃く、黄色が主体で金色のトーンがある。
　香りの量は豊かで、蜜入りリンゴ、スイカズラ、アカシア、蜂蜜。スワリングすると、ノウゼンカズラ、**大ぶりの白い花**、パングリエ。
　最初に甘さを感じ、残糖ではない完熟した甘味がある。ボディは豊か。キレのある酸、複雑さと豊かなミネラルを持ったワイン。
〈ファインズ〉

65. カリア シャルドネ
スタッグス リープ ワイン セラーズ
【アメリカ カリフォルニア ナパ ヴァレー】

　シャブリ(67)とくらべて、少し淡く、緑が多い。昔のような樽からの色が付いたシャルドネがカリフォルニアのシャルドネと誤解してはいけない典型的パターン。
　香りの量は多く、バニラ、バター、複雑で甘やかな香り。
　たっぷり熟したブドウのリッチさと酸とのバランスがよい。複雑さと余韻の長さのあるワイン。
〈ファインズ〉

67. ウィリアム フェーブル シャブリ
ウィリアム フェーブル
【フランス ブルゴーニュ シャブリ】

　少し淡く、黄色が主体で緑が少し多い。
　香りの量は控えめ、**レモンやライムなどの涼しさを連想する柑橘系の香り、青リンゴ**。スワリングしてもそんなに広がらず、シャブリらしい石灰質のミネラルの香りが出てくる。
　ボディは細身、キレのある酸があり、エレガント。ミネラルもしっかりと感じられる。
〈ファインズ、サントリーワインインターナショナル〉

66. サントリー ジャパンプレミアム 高山村シャルドネ
サントリー 塩尻ワイナリー【日本 長野】

　中庸。黄色が主体で緑が少しある。
　香りの量はやや控えめ、熟したリンゴ、白い花、バニラ。スワリングすると香りが広がり、フレンチオークのニュアンス、**パンドミ**。
　爽やかなアタック。酸は落ち着きと溌剌感がある。ミディアムボディだが引き締まって筋肉質。ブドウが持つ素直な凝縮感と樽の風味のバランスがよいワイン。
〈サントリーワインインターナショナル〉

68. ムルソー ジュヌヴリエール
ドメーヌ ブシャール ペール エ フィス
【フランス ブルゴーニュ コート ド ボーヌ】

　少し濃く、黄色が主体で緑も少しある。
　香りの量は豊かで複雑。蜜入りのリンゴ、アカシア。
　柔らかみとエレガントさのある酸、量はかなり多い。**大きな構造を持ち、複雑で旨味をたっぷりと持っている**。エレガントな酸とのバランスがよく、しっかりしたミネラル感を伴った長い長い余韻が続く。〈ファインズ〉

69. カテナ シャルドネ
カテナ
【アルゼンチン メンドーサ】

　白ワインの中で中くらいから少し濃く、黄色が主体で金色のトーン。
　香りの量は中くらい。アーモンドグリエ、バニラ、蜜入りリンゴ、**ゴムっぽさ**。
　ふっくらとしたボディ。丸みがあり、たっぷりとした**やや低めの酸**とあいまって、豊満でリッチな**印象**。〈ファインズ〉

70. ブラン ド ブラン
アンリオ
【フランス シャンパーニュ】

　スティルワインではないが、シャルドネを語る上でシャンパンのブラン ド ブランは忘れてはならない。
　レモンやライムなどの涼しさを連想する柑橘系の香り、青リンゴの爽やかさ。時間の経過とともにパングリエの香ばしさと石灰質のミネラルの香りや甘い蜜のタッチも出てくる。
　キレのある酸があり、エレガントなワイン。〈ファインズ〉

Column

家での保存は
温度変化の少ない場所で

◆

家でワインを長期保存する場合、どういう場所が最適なのでしょうか。ワインの一番の大敵は温度変化です。ワインセラーがない場合は、その影響が少ない場所を探しましょう。場所探しのポイントは、
①振動の少ない生活スペースから離れた場所
②陽が当たらない
③温度変化が少ない
④適度な湿気がある
です。一軒家であれば床下収納や土蔵がおすすめ。北向きの部屋の収納スペースや押し入れ（布団の間に挟んでおくとなおよい）、陽の当たらない物置に置いておくのもよいでしょう。また、冷蔵庫の野菜室を少し高めの温度に設定しておけば、ワインセラーの代用となりますよ。

黄金の輝き
ソーヴィニヨン・ブラン
Sauvignon Blanc

冷涼から温暖まで広い地域で育つ品種だが、土壌は石灰質を好む。葉は小さめで片葉は5つ、切り込みはやや深く、明るい緑色をしている。ブドウの房は逆さにした円錐形で、粒は小さめ、完熟すると黄金色になる。

■ **主な産地**
フランス ボルドー地方、ロワール地方
ニュージーランド
チリ
オーストラリア
アメリカ など

■ **ワインの特徴**
香りにはメトキシピラジンという物質があり、カシスの新芽のような緑のニュアンスが出る。その香りが他の要素と重なると、柑橘系やハーブのニュアンスになる。

71. サンセール ブラン
ドメーヌ デュ ノゼ
【フランス ロワール サンセール】

白ワインの中で少し淡く、緑がやや多め。クリアで輝きがある。ガスもほんの少しあり。
　香りの量はやや控えめ、柑橘系、青リンゴを思わせる爽やかな香り立ち。スワリングすると甘い香りに変化し、リンゴも赤いリンゴの印象に変わってくる。
　フレッシュなアタック。爽やかで涼やかな酸、量はやや多め。石灰的なミネラルの印象。
〈ファインズ〉

72. シャトー カルボニュー
シャトー カルボニュー
【フランス ボルドー ペサック・レオニャン】

白ワインの中でかなり濃く、**金色のトーン**が少しと、緑もほんの少しある。
　香りの量は多く、甘いニュアンス、**バニラ**、スパイシーさ。スワリングすると**樽香**がぐっと立ち、**アーモンドの香ばしい感じ**や洋梨も。
　丸くたっぷりとしたアタック。柔らかみのある酸、量はやや少なめ。飲みこんだ後、口の中にパングリエが戻ってくる。
〈ファインズ〉

73. サントリー ジャパンプレミアム 安曇野ソーヴィニヨン・ブラン
サントリー 塩尻ワイナリー【日本 長野】

　白ワインの中でかなり淡く、黄色もかなり少ない。緑がほんの少しある。
　香りの量はかなり多く、柑橘系がやや多い。緑のニュアンスが少しあり、爽やかさを感じさせる。青リンゴも少しある。
　フレッシュで軽やかなアタック。キレのある辛口で、緊張感もあるエレガントなワイン。〈サントリーワインインターナショナル〉

75. フュメ ブラン ソノマ カウンティ
シャトー セント ジーン
【アメリカ カリフォルニア】

　白ワインの中で中くらいの濃さ、黄色が主体で緑がわずかにある。
　香りの量は中くらい、完熟リンゴを思わせる甘いタッチ。スワリングすると甘い香りが強まり、梨や柑橘系のマルメロも少し。以前のような焦げたタッチのフュメ ブランではないことに注意。〈ファインズ〉

74. ソーヴィニヨン・ブラン
ドック ポイント ヴィンヤード
【ニュージーランド マールボロ】

　注いだ状態で香りの量はかなり多い。柑橘系やカシスの新芽など緑のニュアンス。ソーヴィニヨン・ブランの緑系の香りを主張する典型的タイプ。爽やかさとよく熟したニュアンスとを両方併せ持っている。
　キレのある酸、量は多い。ミネラルは控えめで、後口にわずかにほろ苦味を感じる。〈ジェロボーム〉

76. ロス ヴァスコス ソーヴィニヨン・ブラン
ロス ヴァスコス【チリ】

　白ワインの中でかなり淡いが73よりは大分濃く、緑が少し多め。
　香りの量はかなり多く、カシスの新芽などの緑色の印象が強い。柑橘系もある。
　キレのある心地よい酸。酸の量はかなり多め。引き締まった酸。後口にわずかにほろ苦味を感じる。〈サントリーワインインターナショナル〉

北の高貴品種
リースリング
Riesling

白用の品種の中でも、最上のワインになりうる品種のひとつ。粘板岩土壌と冷涼な気候を好むが、温暖な場所でも育つ。葉は中程度の大きさで、片葉は3つまたは5つ、切り込みは浅く、ほぼ円形、色は濃い緑。ブドウの粒は小さめで明るい緑から黄金色をしている。

■主な産地
ドイツ
フランス アルザス地方
オーストラリア など

■ワインの特徴
品種の独特の香りとしてはペトロールと呼ばれる植物性の揮発精油分と白桃から黄桃の香りがある。ガスを残して、若々しさを保つ造り手が多く、今回試飲した6アイテムはいずれもガスがみられた。

77. リースリング トロッケン
ロバート ヴァイル
【ドイツ ラインガウ】

　白ワインの中で中くらいからやや淡く、黄色が主体で緑が少し。クリアで輝くような清澄度。ガスはかなりある。
　香りの量は中くらい、蜜入りリンゴ、白桃など。味わい表示はトロッケン（辛口）だがわずかな残糖を感じる。酸はキレがあり、量はかなり多い。堅い印象で峻厳なワイン。ミネラルを感じるきれいな余韻が続く。〈ファインズ〉

78. リースリング キュベ テオ
ドメーヌ ヴァインバック
【フランス アルザス】

　少し濃い。ディスクは少し厚め。
　注いだ状態で香りの量はかなり多く、白桃、ほんの少しペトロール。スワリングするとジワリとふくらみ、複雑さを増す。白桃から黄桃のイメージに変化する。
　丸みのあるアタック、最初にわずかに甘さを感じる。酸は柔らかで量はかなり多い。大きな構造を持つワイン。〈ファインズ〉

79. リースリング ヴァグラム
フリッチ
【オーストリア】

白ワインの中で中くらいから少し濃い。黄色が主体で緑がほんのわずか。

注いだ状態で香りの量はかなり多く、ペトロール、涼やかな柑橘系、スイカズラ。スワリングをすると甘いタッチ、蜜やアカシヤが増える。

キレを感じる酸、量はかなり多い。堅い鉱物質なニュアンスを持ったワイン。〈飯田〉

81. BIN51 イーデン ヴァレー リースリング
ペンフォールズ【オーストラリア】

白ワインの中で少し濃い。

香りの量はかなり多く、鮮やかなペトロール、**パングリエやスパイシーさ、特に白胡椒の印象**。スワリングするとコンポートした洋梨、蜜、スイカズラなども。

構造が大きく、スケール感のあるワイン。リースリングらしさである堅い鉱物質なニュアンスがある。後口にミネラルの苦味を感じる。〈ファインズ〉

80. ベルンカステラー ドクター リースリング カビネット
ドクター ターニッシュ【ドイツ モーゼル】

香りの量は少し多く、白桃のニュアンスが強い。**白いバラやユリ、マリーゴールドなどの黄色い花**もある。スワリングしてしばらくするとペトロールの片鱗が姿を現す。

最初にしっかりとした甘さを感じ、キレのある酸との「酸と甘味」のバランスがとれたリースリングのお手本のような構造。〈ファインズ〉

82. コールド クリーク リースリング
シャトー サン ミッシェル
【アメリカ ワシントン】

香りの量は控えめ、白桃、黄色いリンゴ、カスミソウ。スワリングをすると甘い香りが少し強くなり、タルトタタンの印象もある。しばらく時間が経つと少しペトロールが現れる。

残糖を感じる。酸はキレのあるタイプで量もしっかりある。充実した酸と甘味のバランスがよいワイン。〈ファインズ〉

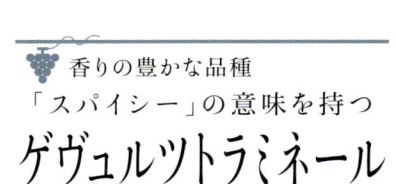

香りの豊かな品種
「スパイシー」の意味を持つ
ゲヴュルツトラミネール
Gewürztraminer

比較的冷涼な気候と粘土質土壌を好む。葉は深い緑色、ブドウの粒は小さめで、完熟するとピンクから薄紫の果皮に変化する。それにより、青い花の印象を持つことも。貴腐に仕立てられることも多々ある。

■ **主な産地**
フランス アルザス地方
イタリア北部
アメリカ
オーストラリア など

■ **ワインの特徴**
ゲヴュルツ＝スパイシーな、という意味。その名のとおり香りが豊かで個性的である。白いユリ、白いバラ、白胡椒、ライチ、マスカット香なども感じられる。

83. ゲヴュルツトラミネール キュベ テオ
ドメーヌ ヴァインバック
【フランス アルザス】

白ワインの中でかなり濃く、金色のトーンが少し。ディスクはかなり厚め。
香りの量はかなり多く、蜂蜜などの甘いニュアンス、華やかさ、スパイシーさ。スワリングするとライチの香りが現れる。白いバラ、蜂蜜、ジャスミンの花、白檀、白胡椒。
丸く、たっぷりとしたアタック。柔らかみのある酸、量はほどほどからやや低め。〈ファインズ〉

84. "サンクト・ヴァレンティン" アルト・アディジェ・ゲヴュルツトラミネール
サン ミケーレ アッピアーノ【イタリア トレンティーノ アルト アディジェ】

かなり濃い。ディスクはやや厚め。
注いだ状態で香りの量はかなり多く、最初からライチが現れている。白い花、蜜柑の花、華やかさ、スパイシーさ。
丸くたっぷりとしたアタック。辛口ではあるが最初に甘さを感じる。柔らかみのある酸、量は少ない。余韻にほろ苦さが感じられる。〈モンテ物産〉

香りの豊かな品種
金に輝くアルゼンチンのスター
トロンテス
Torrontes

マルベックと肩を並べるアルゼンチンの代表品種で、アルゼンチンの銘酒を生み出す。葉も房も大ぶりで、ブドウの粒は黄色がかった緑色をしており、完熟すると金色に輝く。

■ **主な産地**
アルゼンチン

■ **ワインの特徴**
ブドウの段階で力強い香りがあり、ワインになっても豊かな香り。白いユリ、白いバラ、蜂蜜、ライチ、リンゴ、ジャスミン、黄桃、マスカット香もある。

85. カテナ アラモス トロンテス
カテナ
【アルゼンチン】

やや濃く、黄色が支配的だが緑も多くある。
注いだままの状態で香りの量はかなり多く、白いバラ、甘い印象。スワリングすると蜂蜜、華やかさ、火の入ったリンゴ、**スパイシーさ**、ライチのようなニュアンスも。
柔らかみのある酸、量はやや低め。厚みがあり、力強さのあるワイン。〈ファインズ〉

86. トリブ トロンテス
トリヴェント
【アルゼンチン メンドーサ】

白ワインの中でかなり淡く、緑が少し多い。
香りの量は多く、黄色い桃、ライチのようなニュアンスもある。スワリングすると蜜のタッチが増し、ジャスミンを思わせる香りも。
アタックは軽やかさと力強さの両方を併せ持っている。丸みと軽快さを兼ね備えたほどよい厚みのワイン。
〈サントリーワインインターナショナル〉

香りの豊かな品種
食用でもおなじみの
マスカット
Muscat

古い品種で原産地の特定はできない。麝香（ムスク）が名前の由来といわれている。主に黄緑か黄金色の白ブドウであるが、黒ブドウも多数存在する品種。房も粒もさまざまなサイズがある。

■ **主な産地**
イタリア
フランス南部
スペイン
ギリシャをはじめ世界各地

■ **ワインの特徴**
香りの量はやや多め。ブドウ自体が持つ、とても特徴的なマスカット香がワインでも感じられるためわかりやすい。また、黄色い花、黄桃、白い花のニュアンスも。色調は、明るく緑のニュアンスが多く入る。

87. ミュスカ レゼルヴ
F.E.トリンバック
【フランス アルザス】

かなり薄く、緑が少し多め。
　香りの量はやや多く、甘い印象、黄色い花、黄桃のコンポート、ライチ。スワリングするとライチのトーンが強まる。
　かなり丸みのある、たっぷりとしたアタック。キレのある酸、酸の量はかなり多め。果実由来の甘さ感はあるがエレガントな酸とのバランスで辛口に感じるワイン。〈日本リカー〉

88. チェレット モスカート ダスティ
チェレット
【イタリア ピエモンテ】

やや濃く、黄色が主体で緑も少し多め。マスカットのストレートな香りがポンと立っている。しばらく時間が経つと甘さが立ち、華やかさ、白い花、**梨のコンポート**。
　かなり甘さを感じる。たっぷりとした充実感のある甘さ。後口はマスカットの皮を噛んだ時の軽い渋みがある。〈ファインズ、サントリーワインインターナショナル〉

香りの豊かな品種
お日さま好きな
ヴィオニエ
Viognier

フランス ローヌ地方の原産といわれ、ローヌでは白の銘酒を生み出す。アメリカやオーストラリアでの生産が増加している。収量が少なく、完璧な日照がないと完熟できない。栽培の難しい品種である。

■ **主な産地**
フランス ローヌ地方
アメリカ
オーストラリア など

■ **ワインの特徴**
香りが豊かで、ジャスミンや白い花、蜜っぽさや白いスパイスのニュアンスも。厚みがあり、余韻も長いワインになる。酸味が少なく感じられる。温暖なところで栽培されるため、粘性は強めのものもある。

89. コンドリュー
E.ギガル
【フランス コート・デュ・ローヌ】

少し濃く、黄色と緑が少しある。
香りの量は多く、洋梨のコンポート、花梨や黄桃などの黄色い果実。スワリングすると香りが強まり、華やかさ、燻した感じ、よく熟したニュアンス、蜜っぽさ、トロピカルフルーツ、白いスパイス。
力のあるアタック。酸のボリュームはやや低め。滑らかで、たっぷりとしたボリューム感と厚みのあるワイン。〈ラック・コーポレーション〉

90. ボンテッラ ヴィオニエ
ボンテッラ
【アメリカ カリフォルニア】

少し濃く、黄色が主体で金色のトーンが入る。
香りの量はやや多く、白い花、白桃、花梨、フェンネル。スワリングすると等身大で広がる。ぽってりとしたイメージ。
柔らかみがあり、丸み、とろみのあるアタック。最初にかなりの甘さを感じる。柔らかみのある酸、量は控えめ。後口にかなり苦さを感じる。〈ファインズ、サントリーワインインターナショナル〉

香りの量が中庸な品種
温かみのあるニュアンス
ピノ・グリ、ピノ・グリージョ
Pinot Gris, Pinot Grigio

葉は深い緑色、ブドウの房は小さいが長めで、ブドウの粒は熟すとピンクから薄紫の果皮になるグリ系。完熟したブドウを使うとその色がワインに移行する場合もある。

■主な産地
イタリア
ドイツ
フランス アルザス地方
ルーマニア
ハンガリー など

■ワインの特徴
黄色い果物、アプリコット、黄桃、白から黄色い花、蜂蜜のニュアンス。厚みのある柔らかなタイプに仕上げられることが多いが、若摘みをすると爽やかな柑橘系を感じるフレッシュなワインにもなる。

91. "サンクト・ヴァレンティン" アルト・アディジェ・ピノ・グリージオ
サン ミケーレ アッピアーノ［イタリア トレンティーノ アルト アディジェ］

やや濃く、黄色が主体で緑が少し。
黄色いリンゴ、白い花。スワリングするとリンゴに少し火の入った甘い感じから**タルトタタン**。パンドミなど酵母の要素も感じる。
口に入れると最初にやや甘さを感じ、熟した果物の印象がある。酸の量はやや少なめ。後口にあまり甘くないマーマレード的なほろ苦さを感じる。〈モンテ物産〉

92. ピノ グリ レゼルヴ パルティ キュリエール
ドメーヌ ヴァインバック【フランス アルザス】

かなり濃く、肌色から少し赤みを感じる。新品の十円玉の銅のニュアンス。
香りの量はやや多く、アカシアの蜜、黄桃、パイナップル、**マルメロ**。まるくたっぷりとしたアタック。最初かなり甘さを感じる。柔らかみのある酸、量は控えめ。構造の大きなワイン。〈ファインズ〉

香りの量が中庸な品種
黄色いニュアンス
シュナン・ブラン
Chenin Blanc

フランス ロワール地方で多く栽培されている品種。南アフリカやカリフォルニアでも成功している。房が大きく、果梗(かこう)が太く、果皮が固い。果粒には水分を多く含むのが特徴である。

93. ヴーヴレイ
マルク ブレディフ
【フランス ロワール ヴーヴレイ】

　白ワインの中でやや薄く、緑もある。
　香りは涼しいエリアの柑橘系、花梨、黄色いリンゴ、白い花。スワリングするとマンゴーのようなトロピカルフルーツのイメージも現れる。
　最初にやや甘さを感じ、わずかに残糖もあるが、キレのある酸の影響で辛口に変わる。全体として辛口の印象だが、口に入った瞬間の糖由来の甘さをキャッチしたい。
〈ブリストル・ジャポン〉

94. ヴーヴレイ リッチ
マルク ブレディフ
【フランス ロワール ヴーヴレイ】

　やや濃く、黄色が主体で緑も少し。
　蜂蜜、黄桃のコンポート、パイナップル。スワリングすると、柔らかくよく熟した印象、花梨やマーマレード、香ばしさもあり、タルトタタンのイメージも現れる。
　かなり丸みのあるたっぷりとしたアタック。キレのある酸。甘いだけでなくエレガントな酸があるので、バランスがよい。
〈ブリストル・ジャポン〉

95. シュナン・ブラン 白
KWV
【南アフリカ】

　白ワインの中で淡く、黄色が主体で少し肌色がある。緑も少し。
　香りの量は多く、花梨などの黄色い果実。スワリングすると香りの量が増し、蜜っぽさ、トロピカルフルーツのニュアンス、白い果肉、**スパイス**。
　心地よく**丸みのある酸**。甘さと酸のバランスのとれたほどよいボリュームのワイン。〈国分〉

香りの量が中庸な品種
厚みとコクと貴腐
セミヨン
Sémillon

冷涼から温暖まで、また砂利交じりの粘土質から石灰質土壌まで、比較的幅広く育つ品種。房もブドウの粒も中程度の大きさで、果皮は黄金色から完熟するとピンク色になる。

97. シングルヴィンヤード スティーブンス ハンターセミヨン
ティレルズ ワインズ【オーストラリア】

白ワインの中で中くらいから少し薄い。
焼いたゴム、樹脂系の香りが強い、黄桃、桃のコンポート。オーストラリアのセミヨンらしい香り。
少し丸みのあるアタック。**柔らかい酸だが量はかなり多い**。少し残糖があるが、量の多い酸の影響でしっかりとした辛口の印象に変わる。〈飯田〉

96. R ド リューセック
シャトー リューセック
【フランス ボルドー】

中くらいから少し濃い。黄色が主体で金色のトーンがあり、緑も少しある。
香りの量はやや多く、甘い香り、完熟した柑橘系、蜜柑の花。スワリングすると甘い香りが広がり、スイカズラ、蜜柑の花。**昔の辛口仕立ての貴腐ワインによくあった石鹸香はあまり感じられない**。
最初に甘さを感じるが残糖ではない。辛口で重心の低さのあるワイン。〈ファインズ〉

98. カルム ド リューセック
シャトー リューセック
【フランス ボルドー ソーテルヌ】

セミヨン80%、残りがソーヴィニヨン・ブランとミュスカデル。
色は濃く、金色のトーンを帯びている。
香りの量はやや多く、黄桃などの甘い香り、スイカズラ。スワリングすると甘い香りが広がる。アカシアの蜂蜜、樽香、香ばしいニュアンス、白胡椒。
リッチなアタック、酸の量はほどほど。
〈ファインズ〉

香りの量が中庸な品種
大西洋岸の涼し気な品種
アルバリーニョ
Albariño

スペインからポルトガルにかけて栽培されており、特にリアス バイシャスが有名。房は小ぶりで、粒は中程度、皮が厚く、腐敗に強い品種である。香り豊かなワインに仕上がる。

99. ビオンタ アルバリーニョ
ボデガス ビオンタ
【スペイン リアス バイシャス】

　やや濃く、淡い黄色に緑が少し。リアス バイシャスのアルバリーニョの平均より濃い。
　青リンゴから黄色いリンゴを思わせる香り。時間が経ち、温度が上がると、蜜を思わせるタッチも。桃や梨、白い花を連想させる香りもある。
　温度が上がると、柔らかみも出てくるが、基本はキレとエレガンスのワイン。
〈サントリーワインインターナショナル〉

香りが控えめな品種
軽やかで爽やかな
ミュスカデ
Muscadet

別名ムロン ド ブルゴーニュの名のとおり、ブルゴーニュ原産。フランス ロワール渓谷地方で主に栽培される品種で、耐寒性がある。葉は丸みがあり、房は中程度。ブドウの粒は小さめで果皮は厚め。

100. ミュスカデ セーヴル エ メーヌ
キュヴェ セレクション デ コニェット
ドメーヌ デ コニェット【フランス ロワール】

　白ワインの中でやや淡いが、この造り手は長熟型のミュスカデを目指しているので通常のミュスカデよりも少し色が濃い。緑も少し。
　香りは控えめで、青リンゴ、レモン、ライムなどの爽やかな柑橘系。スワリングするとパンドミのような酵母由来の香りも少し。
　極めて辛口。キレがあり、心地よい酸。余韻はやや短め。〈ファインズ〉

香りが控えめな品種
リッチな味わい
ピノ・ブラン
Pinot Blanc

ピノ・ノワールの変異種で、中央ヨーロッパ、フランス アルザス地方、ドイツ、イタリア、東欧などで多く栽培されている。香りに際立った個性はない。

101. ピノ ブラン レゼルヴ
ドメーヌ ヴァインバック
【フランス アルザス】

　白ワインの中で中くらいからやや淡く、黄色が主体で少し金色のトーンがある。
　香りの量は中くらい、熟した果物、白桃。スワリングすると甘い香りが強まり、アカシアなどの蜂蜜っぽさが現れる。
　丸みがあり、たっぷりとしたアタック。最初に甘さを感じる。残糖がやや多い。柔らかみがあり、程よいボディ。心地よい酸のワイン。
〈ファインズ〉

香りが控えめな品種
森の守護神の名前を持つ
シルヴァーナー
Sylvaner

ドイツから東欧、フランス アルザス地方などで栽培されている。特にドイツのフランケンが優れている。男性的な辛口タイプが有名だが、甘口タイプも造られている。

102. ヴュルツブルガー アブツライテ シルヴァーナー トロッケン
ビュルガーシュピタール【ドイツ フランケン】

　かなり淡く、緑がかなり多くある。
　香りの量は多く、熟した柑橘系、ミネラル。スワリングするとアプリコットのコンポート、金柑の砂糖漬け、マンゴー。
　辛口だが最初にわずかに甘さを感じる。極めてキレのよい酸、量はかなり多い。後口のミネラル由来の苦味が味わいを引き締める。
〈ファインズ〉

香りが控えめな品種
親しみやすいカジュアル感
トレッビアーノ
Trebbiano

フランスではユニ・ブランやサンテミリオンと呼ばれ、フランス、イタリアともに白ブドウ栽培面積1位の品種である。コニャックの主原料としても使われる品種である。

■主な産地
フランス コニャック地方、アルマニャック地方
イタリア など

■ワインの特徴
軽やかでカジュアルなワイン。柑橘系の香りで、酸の量は控えめ。イタリアでは各地で亜種が栽培され、さまざまな個性を持つワインがある。またフランスでは蒸留酒用として使用される。

103. ソーマ トレビアーノ ダブルッツォ
キューザ グランデ【イタリア アブルッツォ】

白ワインの中で中くらいから少し淡い。
　香りの量は中くらいで、レモンなどの爽やかな柑橘系。スワリングしてもそんなに複雑にはならない。
　辛口だが最初にわずかに甘さを感じる。柔らかみのある酸、量は控えめ。軽やかな口あたりで、ブドウの熟した丸みと柔らかみのあるバランスのよいワイン。〈ファインズ〉

104. "オーロヴィーテ" モリーゼ・トレッビアーノ
テッレサクレ【イタリア モリーゼ】

白ワインの中で少し濃く、黄色が支配的で、少し金色のトーンが入る。
　香りの量は中くらいで、よく熟した印象、柑橘系。スワリングすると花梨などが強く現れる。次第に甘い印象が強くなり、洋梨のコンポート、蜜、スイカズラ。
　辛口だが最初にわずかに甘さを感じる。柔らかみのある酸、量は103よりさらに控えめ。〈モンテ物産〉

香りが控えめな品種
日本を代表する品種
甲州
Kosyu

日本で1000年くらい栽培されているヴィティス・ヴィニフェラ系の品種。完熟するとピンクから薄紫の果皮になるグリ系で、完熟したブドウを使うとその色がワインに移行する場合もある。

106. グレイス グリド 甲州
中央葡萄酒 グレイスワイン
【日本 山梨】

白ワインの中で淡い。105や107とくらべると明らかにピンクで、肌色を感じる。
　爽やかな柑橘系の香り、楚々とした控えめな印象。
　フレッシュなアタック、辛口で軽やか。穏やかで心地よい酸、量はほどほど。後口にグリらしいほろ苦味を感じるワイン。
〈中央葡萄酒 グレイスワイン〉

105. サントリー ジャパンプレミアム 甲州
登美の丘ワイナリー【日本 山梨】

かなり淡く、黄色も緑も少ない。
　香りの量は控えめで、爽やかさを感じさせる柑橘系、青リンゴ、シダなど。スワリングしても香りの量はあまり変化しない。綿菓子を連想させるような香り。
　さらさらしたアタック、ボディは軽やか。辛口で爽やかなワイン。後口にわずかにほろ苦味を感じる。〈サントリーワインインターナショナル〉

107. サントリー 登美の丘ワイナリー 登美の丘 甲州
【日本 山梨】

淡い。105より黄色が強く、わずかに肌色もある。樽熟成をしたためか暗いトーンも。
　甘いニュアンス、熟した赤いリンゴ、柑橘系、バニラ。
　丸みを感じるアタック、105より明らかに圧力が強く、力強さがある。甲州らしいすっきりしたところと、ぎりぎりまで遅摘みをした凝縮感がよいバランスを作っている。
〈サントリーワインインターナショナル〉

香りが控えめな品種
酸が豊富な
アリゴテ
Aligoté

ピノ・ノワールからの変異種で、ブルゴーニュ原産ながら、栽培は本家フランスよりも東欧の面積が広く、国別ではモルドヴァが1位。香りや味わいに際立った個性があるわけではないが、酸が豊かで軽い白ワインになる。

■ **主な産地**
フランス ブルゴーニュ地方
ルーマニア
モルドヴァ など

■ **ワインの特徴**
冷涼な地域では柑橘系、果実味があり、すっきりと上品な酸味が目立つ。温暖な地域では甘い香りの果実味で酸味が穏やか。樽熟成によりナッツやバターの香りが現れる。

108. ブルゴーニュ・アリゴテ
ラブレ・ロワ
【フランス ブルゴーニュ】

　白ワインの中でやや濃く、**黄色がやや多く**、緑がほんの少し。**109**より2年古く、熟成を経ているので**色が濃い**。
　香りの量は控えめ。黄色いリンゴ、洋梨、グレープフルーツなどの柑橘系も。スワリングすると少し香りの量が増え、杏仁、ナッツ系。
　キレのある酸、量は多い。軽やかで心地よい辛口のワイン。〈サッポロビール〉

109. ブーズロン
ドメーヌ ド ヴィレーヌ
【フランス ブルゴーニュ】

　やや薄く、黄色がやや多く、緑が少し。
　香りの量は控えめで、黄色いリンゴ、柑橘系。スワリングすると少し甘い香り、スイカズラ、じわじわと蜂蜜のタッチも現れる。
　フレッシュなアタックだが**108**よりは丸みがある。キレを感じさせる酸、量は多い。軽やかながら**充実感**がある。後口にグレープフルーツのような苦味がある。〈ファインズ〉

Column 6

シャンパンを発明したのはドン・ペリニヨンさんではなかった!?

　シャンパンが造られておよそ350年。スティルワインにくらべ、スパークリングワインの歴史が意外と浅いのは、ガスを密閉する方法がなかったことと、ガス圧に耐えられる強度のガラスがなかったからです。

　それが現在のような正真正銘のスパークリングワインになったのは、実はフランスではなく、イギリスでした。当時、イギリスは産業革命がはじまり、石炭を使って、ガス圧に耐えうる丈夫なガラスを作る技術を持っていました。また、イギリスではエールビールの栓にコルクを使っていたので、ガスを閉じ込める技術もありました。当時は小氷河期で、川や運河が凍るほどに寒かったので、発酵が途中で止まり、終わっていない白ワインが樽でロンドンに運ばれ、それを瓶詰めして密封したところ、瓶内二次発酵が起こり、泡の立つワインができてしまったというわけです。それを発明したのは、イギリスでワイン商を営む、フランス生まれのサン・エヴェルモン。1660年には、彼が泡の立つ白ワインを売ったという記録が残っています。

　その後、イギリス王室などでもそのスパークリングワインは愛飲され、それを聞きつけたフランス王室の要望でフランスへ逆輸入。それがきっかけで、シャンパーニュ地方でも本格的に現代へつながるシャンパン造りがスタートしました。シャンパンの父として名高いかのドン・ペリニヨンの名前が歴史に登場するのが1668年。しかし、当初命じられた仕事は泡の排除でした。後に泡の立つワイン造りを命じられるのですが、残念ならシャンパン第一号の作者ではなかったようです。

Column 7
インポーターの
ワイン選び

　インポーター（ワインの輸入会社）には、多くのサンプルが、いろいろな提携先や、提携先になりたいと希望しているワイン生産者から送られてきます。さまざまな候補があるワインの中で、インポーターとしてのワイン選びの第一段階は、欠点のあるものを見つけて、除外していくことです。発酵管理がうまくいっていないと感じたもの、樽の感じが強く果実味が弱い造りをする生産者のものなど、この段階で多くのワインを除外します。またワインの輸入では、基本的に生産者単位で提携をするので、その生産者のラインナップの中のほとんど、あるいは複数のアイテムを輸入します。ところが、ひとつの生産者から送られたもののうち、赤ワインはよいけれど白ワインはちょっと……などという場合判断が難しく、赤ワインの素晴らしさに負けて、売り難い白ワインも買ってしまうこともあります。

　次に行うのは、第三者によるテイスティングです。買い付けを決定するバイヤーの好みで選んでしまっては、商品構成が偏ってしまいます。例えば、ワイン初心者だけとか、女子社員だけなどでテイスティングしてもらい、生の声を聞くなど、いろいろなアプローチで客観的な意見を集め、それを分析してワインを選んでいきます。

　最終的な絞り込みは担当責任者が行い、その後には品質や生産現場の審査をします。サンプルが送られてくる段階では、品質に万全の自信を持っている生産者がほとんどです。しかし中には、日本で許可されていない食品添加物が使われていたり、ガラス片が混入している場合もあります。サントリーグループでは、国内ラボで厳しい品質検査を行い、また提携時には現地の生産現場を訪れ、生産ラインやその環境をチェックします。この段階で提携が白紙に戻ることさえあるのです。

Part 6
品種の原点地図と醸造法

世界に広がる品種の原点を地図で見ていきます。
また、ワインの醸造法も学びましょう。

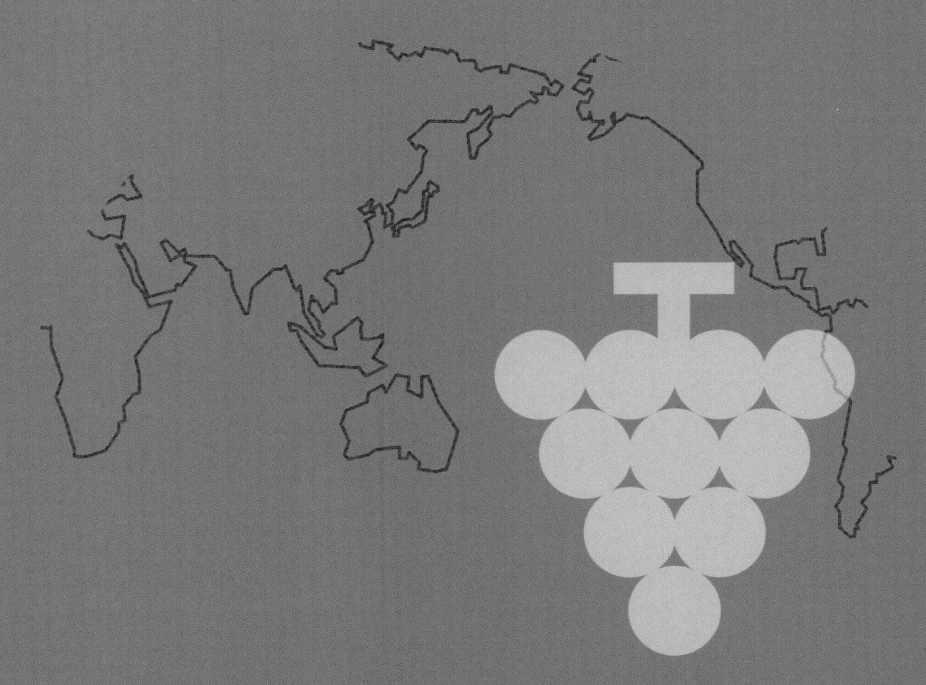

品種の原点地図と醸造法

世界の広がり

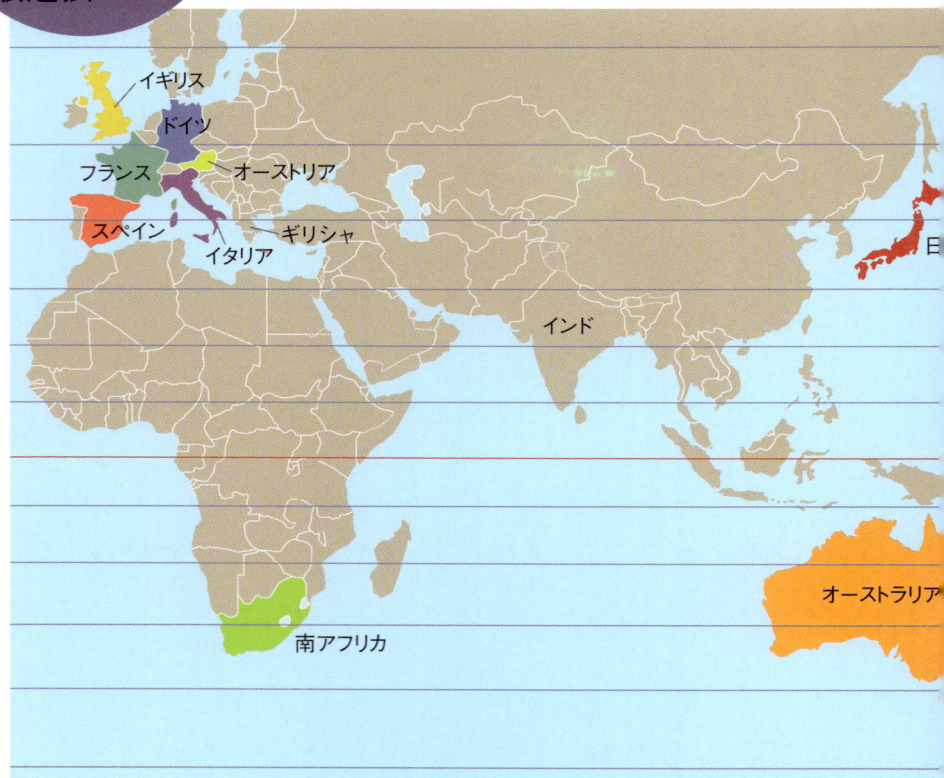

（地図：イギリス、ドイツ、フランス、オーストリア、スペイン、イタリア、ギリシャ、日本、インド、南アフリカ、オーストラリア）

● ヨーロッパから新世界へ広がったワインとブドウ

　ワインやブドウの発祥については諸説ありますが、現代につながるワインの歴史は**ギリシャを原点としたヨーロッパでの伝播から**始まります。ローマ帝国の領土拡大とともに、フランス、ドイツ、スペインと、ヨーロッパ各地へワイン造りは伝えられ、宗教や王室との関わりを持ちながら、その土地ごとに、ワイン造りと文化が花開いていきました。

　その後17世紀以降、ヨーロッパから世界へと、本格的なワイン造りが伝えられます。その先駆けが南アフリカ、続いてオーストラリア、ニュージーランド、そしてチリやアルゼンチンなどの南米大陸へ。いまや生産も消費もワイン大国のアメリカですが、本格

ますます広がるワイン造りとワイン文化。ここから先は、国際品種の伝播から土着品種まで、品種を軸にして、世界のワイン産地を見ていきましょう。

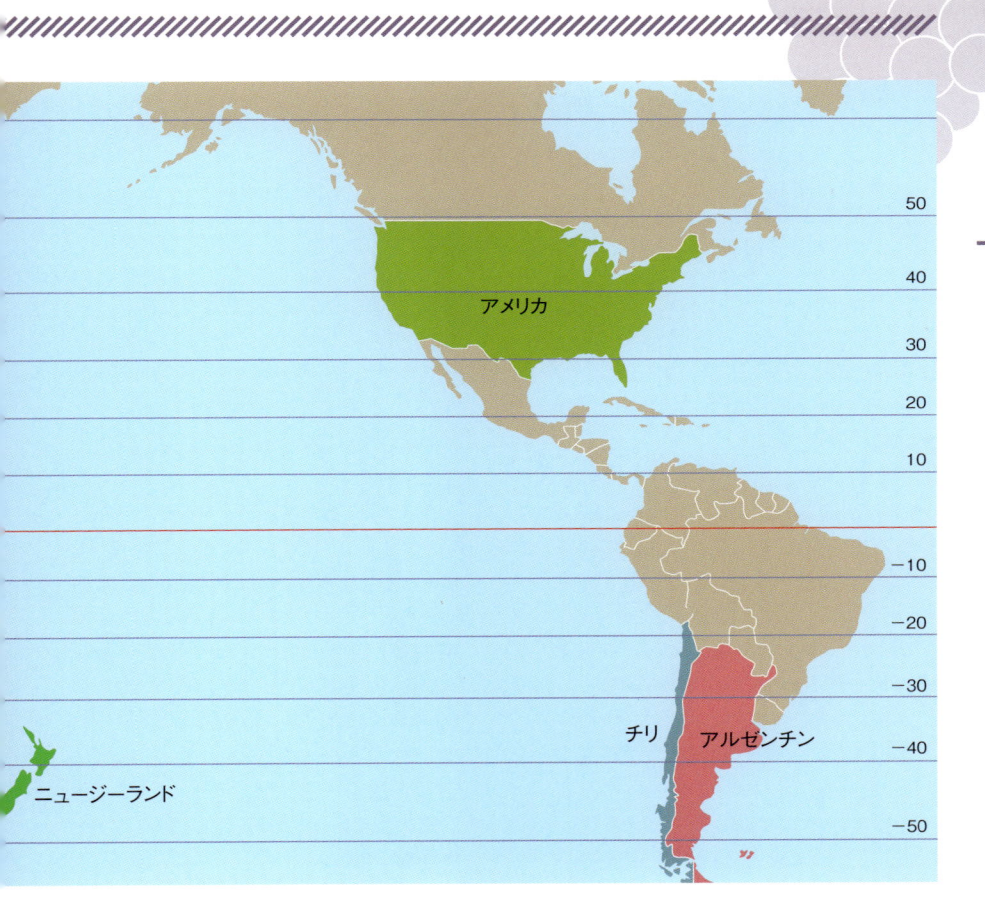

世界の広がり

的な商業用ワインの生産は禁酒法後の20世紀と、非常に遅れてのスタートでした。
　ブドウの栽培は、**北緯南緯ともに30～50度**の範囲（**ワインベルト**）が生育に適した地域とされ、主要なワイン生産国はその範囲内に属しています。しかし栽培・醸造技術も発達し、また気候環境の変化などに伴い、これまでワインを生産していなかった国々でも生産するようになりました。**2013年、ソムリエ世界大会でも出題されたインド**のワイン、また温暖化の影響か、**高品質のスパークリングワインを生産し始めたイギリス**などは特にこれから注目したい産地です。

品種の原点地図と醸造法

フランス

ワインの多くの原点はフランスにあり

　ワイン大国フランスは、**ボルドー**、**ブルゴーニュ**の両横綱を軸に、各地に有名産地が点在します。

　ボルドーは、歴史的にイギリスとの関係が非常に深く、ロンドンへの輸出によって発展してきました。一方でブルゴーニュは、かの**ロマネ・コンティ**がルイ14世の薬として処方されたことでもわかるように、フランス王室やブルゴーニュ公国との関わりが深く、シャブリのエリアなどは船でセーヌ川に沿ってパリへ運搬できるという好条件のもと、国内マーケットを中心に発展しました。

　同様にマルヌ川でパリに運ぶことができたシャンパーニュも赤ワインの大生産地でした。高級赤ワインでは、ブルゴーニュに権力闘争の中で敗れ去ってしまいましたが、しかし、「**シャンパン(泡)**」という新たな分野で復活を遂げます。

　他にもフランス国内には、アルザスやコート・デュ・ローヌ、プロヴァンス、ラングドックルーション、ロワールなどの生産地があり、**その土地に根付いた特徴のあるワインを造り**、発展していったのです。

　すべてのワインの原点は、フランスの有名産地で栽培されたさまざまな品種のブドウたちです。これらのブドウたちは**その土地を原点**とし、質、量ともにフランスが世界のワインの王座へと上り詰めていく中で、フランス流のワイン造りとともに世界に広がっていきました。

　さて今日、私たちが日々楽しんでいるワインの多くは、世界中のあちらこちらで栽培されている**国際品種**と呼ばれる品種で造られたワインです。その品種には、カベルネ・ソーヴィニヨン、ピノ・ノワール、メルロ、シラー、シャルドネ、リースリング、ソーヴィニヨン・ブランなどたくさんあります。ボルドーで、ブルゴーニュで、またシャンパーニュで成功した品種であり、この成功があったからこそ、国際的な品種として導かれたと言っても過言ではありません。

　ここからは、フランスで造られるワインの国際品種を中心に、またそれ以外のメジャーな品種も合わせて紹介していきます。地図を見ながら南北感をつかみ、その品種が好む土壌や気候、原点となった産地、どのように伝わっていったのか、またどのように成功をおさめたのかを見ていきましょう。

フランス各地で生まれた個性的なワインたち。
その原点となった品種の産地を見ていきましょう。

Part 6 フランス

シャンパーニュ
パリ
アルザス
ロワール
ブルゴーニュ
🍇 ピノ・ノワール
🍀 シャルドネ
ボジョレー 🍇 ガメ
ボルドー
カベルネ・ソーヴィニヨン
メルロ
🍀 ソーヴィニヨン・ブラン
🍇 シラー
コート・デュ・ローヌ
ラングドック ルーション
プロヴァンス

🍇 黒ブドウの品種の原点
🍀 白ブドウの品種の原点

カベルネ・ソーヴィニヨン×ボルドー左岸

🍇 国際品種の代表格は世界へ

　カベルネ・ソーヴィニヨンは、ボルドー地方左岸を原点とする品種で、非常にスケールが大きく、長熟できるワインを生み出します。病気耐性があり、品種特性の骨格の堅さや長熟による広がりなどの個性を生かす醸造技術の開発により、ボルドーの人々は、次第にカベルネのシェアを拡大していきました。そもそも、カベルネ・ソーヴィニヨンの「ソーヴィニヨン」は、語源がソヴァージュで、「繁茂」するという意味。木として樹勢が強いため、どこに行ってもたくましく育つ品種です。そのため、イタリアやスペイン、新世界にいたってはすべての国といってもいいほどの広がりを見せています。

メルロ×ボルドー右岸

🍇 しなやかに生き抜くメルロ

　ボルドー左岸ではカベルネ・ソーヴィニヨンを和らげる補助品種として使われているメルロ。一方、右岸のポムロールやサンテミリオンではメルロ主体で、ペトリュスなど世界できわめて評価の高いワインを造っています。同じボルドーでも、左岸は砂礫質、右岸は粘土質で、カベルネは砂礫を好み、メルロは粘土質を好みます。メルロも世界のいろいろな場所で造られていますが、強靭さで生き残るカベルネ・ソーヴィニヨンに対し、しなやかにしたたかに生き抜いていくイメージです。多雨多湿の日本でも、ヨーロッパ系品種の中で収穫量はメルロが一番多く、比較的上手に育てられています。

ピノ・ノワール×ブルゴーニュ

🍇 選り好みする難しい品種

　ピノ・ノワールは、カベルネ・ソーヴィニヨンと並ぶ偉大な品種です。両者の大きな違いは、ピノ・ノワールは病虫害に弱く、土壌を選り好みする点と、育てにくく、なかなか美味しいワインを造れない点です。ピノ・ノワールが好む土壌とは**石灰岩質で鉄分を含み、水はけのよいところ**。ブルゴーニュはまさに適地だったため、4世紀にはすでに栽培されていたといわれます。可憐でエレガントなワインを造るピノ・ノワールは**世界的に憧れの品種**で、世界中の多くの生産者がトライしています。しかし、ブルゴーニュのピノ・ノワールに追随する例を聞くことは少なく、他の品種ほど広がりが見られない、というのが実情です。

シャルドネ×ブルゴーニュ

🍇 世界中どこでも育てやすい

　シャルドネは、ブルゴーニュ地方、**マコネのシャルドネ村が原産**といわれています。ピノ・ノワールと同様、ブルゴーニュを代表する品種で、**石灰質土壌を好み**、病害虫への弱さはありますが、**どこでも育てやすいというのが特徴**なので優等生といえます。そのため、フランスだけでなく世界各地で育てられています。しかし、育てることができるといってもそれがすべてよいワインになるとは限りません。ブルゴーニュのムルソーやモンラッシェのような上級ワインを造ろうと思ったら、やはり土壌や気候などさまざまな条件が必要です。

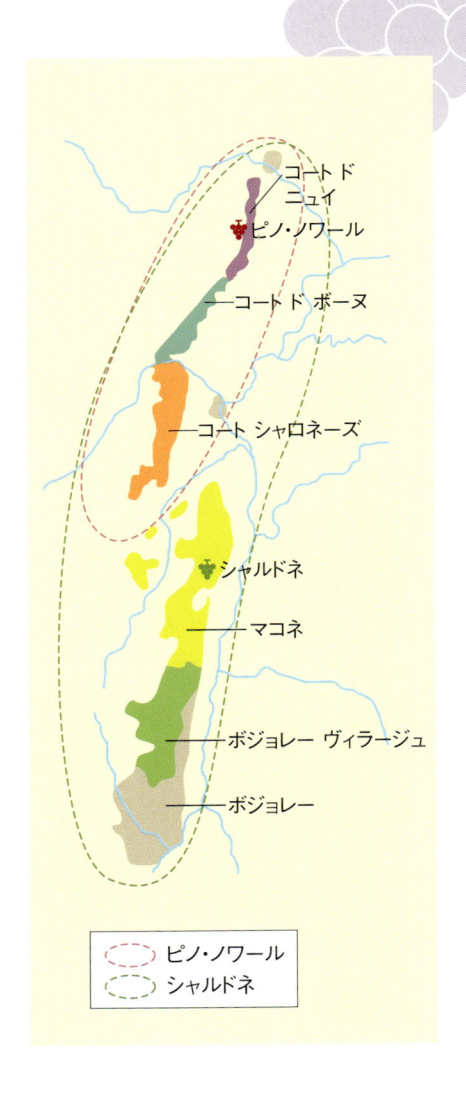

- コート ド ニュイ　ピノ・ノワール
- コート ド ボーヌ
- コート シャロネーズ
- シャルドネ
- マコネ
- ボジョレー ヴィラージュ
- ボジョレー

- ピノ・ノワール
- シャルドネ

カベルネ・フラン×ボルドー/ロワール

🍇 主役にも、脇役にもなる品種

　しっかりした骨格と力強さを持ったカベルネ・フランは、ボルドーで多くの場合、**少量を補助品種として使用**しています。一方でロワール川の中流域に位置するシノンなどでは、カベルネ・フラン100％で、繊細でエレガントな赤ワインを造っています。**原産地はスペイン**ですが、フランスでの原点はカベルネ・フランを主役として造っているという意味で、**ロワール中流域**といってもいいでしょう。世界への広がりを見ると、量は多くないものの、世界各地で造られています。これはやはり**ボルドーのカベルネ・ソーヴィニヨンに対する補助品種と同様の使用目的で栽培されている**と理解していいでしょう。

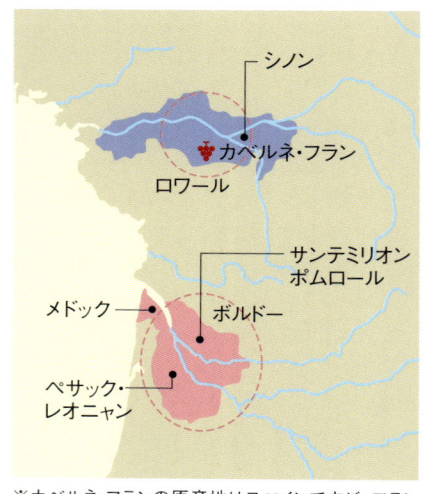

※カベルネ・フランの原産地はスペインですが、フランスの原点という意味で、原点マークをつけています。

シラー×コート・デュ・ローヌ

🍇 ふたつの故郷を持ち、独特の広がりをしたシラー

　シラーはコート・デュ・ローヌ北部を代表する品種です。原産もコート・デュ・ローヌで、**比較的暖かいところを好みます**。力強く、なにより**スパイシーさ**が特徴。また動物的な個性もあります。このシラーが世界中に広がる中で、オーストラリアに伝播すると、品種は同じながら、別の世界観を持つ「**シラーズ**」となり、南オーストラリア州を中心に根付きました。フランス国内では南仏に栽培地が点在し、**グルナッシュなどと混植**されています。新世界では土壌との相性のよさから南アフリカやチリなどで定着。またアメリカの暖かいエリアでも栽培されています。

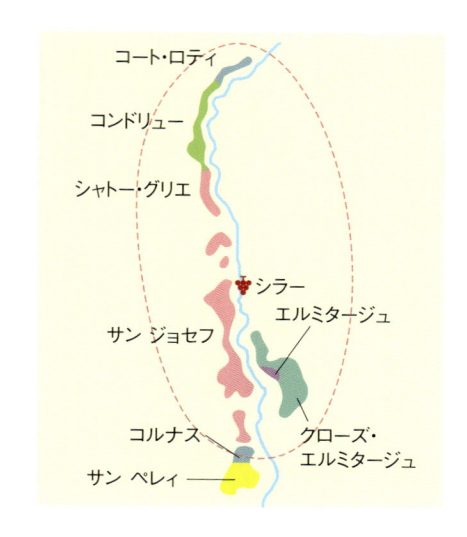

ソーヴィニヨン・ブラン×ボルドー/ロワール

🍇 独自の世界を築きながらヨーロッパから新世界へ

ソーヴィニヨン・ブランはボルドー原産。**とても樹勢が強く、適応能力の高い品種**です。**ペサック・レオニャンとアントル・ドゥ・メールを中心**としたエリアで栽培されています。100%のワインはあまり多くなく、厚みがあり、樽のかかった風味が特徴。一方で、**ロワール川上流のサントル ニヴェルネは、栽培適地**としてクローズアップされており、100%で軽やかなワインを造っています。このふたつの産地を原点に、アメリカやチリ、アルゼンチン、日本など新世界へと広がりました。特に、ニュージーランドのマールボロでは、独自の進化をしており、緑っぽさやはっきりしたグレープフルーツなど、**華やかな香り**を特徴とする世界を築いています。

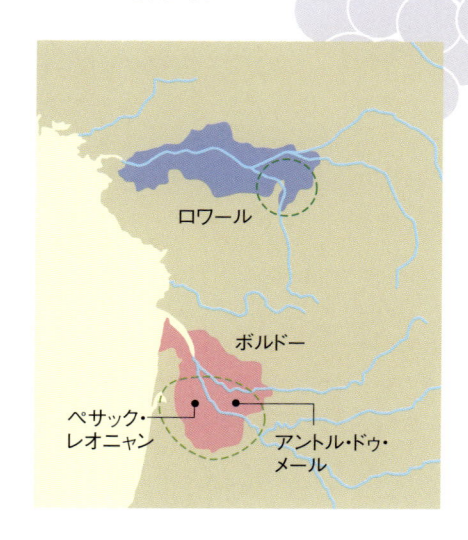

ガメ×ボジョレー

🍇 花崗岩土壌を好む多産な品種

ガメは、ヌーヴォーで名を馳せたボジョレーを代表する品種。ボジョレーはブルゴーニュ地方の南端に広がりますが、ガメはもともとボジョレーよりずっと北のコート ド ボーヌ(→p155)、**ガメ村が原産**だともいわれています。多産な品種で、ピノ・ノワールより果粒が大きく、色素が薄め。**フルーティーで瑞々しいワイン**を生みます。**花崗岩土壌を好み**、その土壌を有するボジョレーより少し北のマコネ、ロワール地方、また隣国スイスでも栽培されています。新世界においては、軽やかで飲みやすいワインととらえられ、他の品種で代用されるので、ガメの栽培が見られることはほとんどありません。

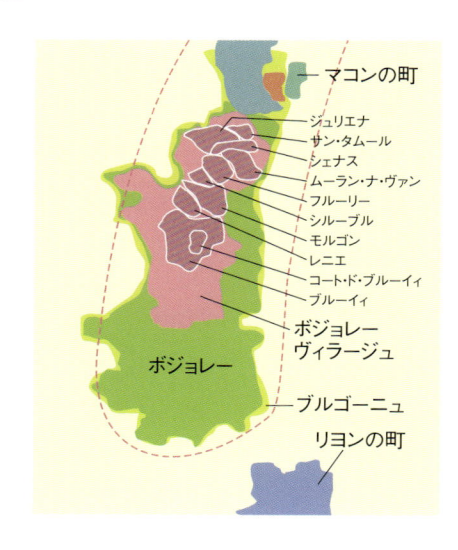

品種の原点地図と醸造法

世界のカベルネ・ソーヴィニヨン、

黒ブドウ品種・カベルネ・ソーヴィニヨン、ピノ・ノワールと、白ブドウ品種シャルドネが世界のどこで造られるのか地図で確認しましょう。

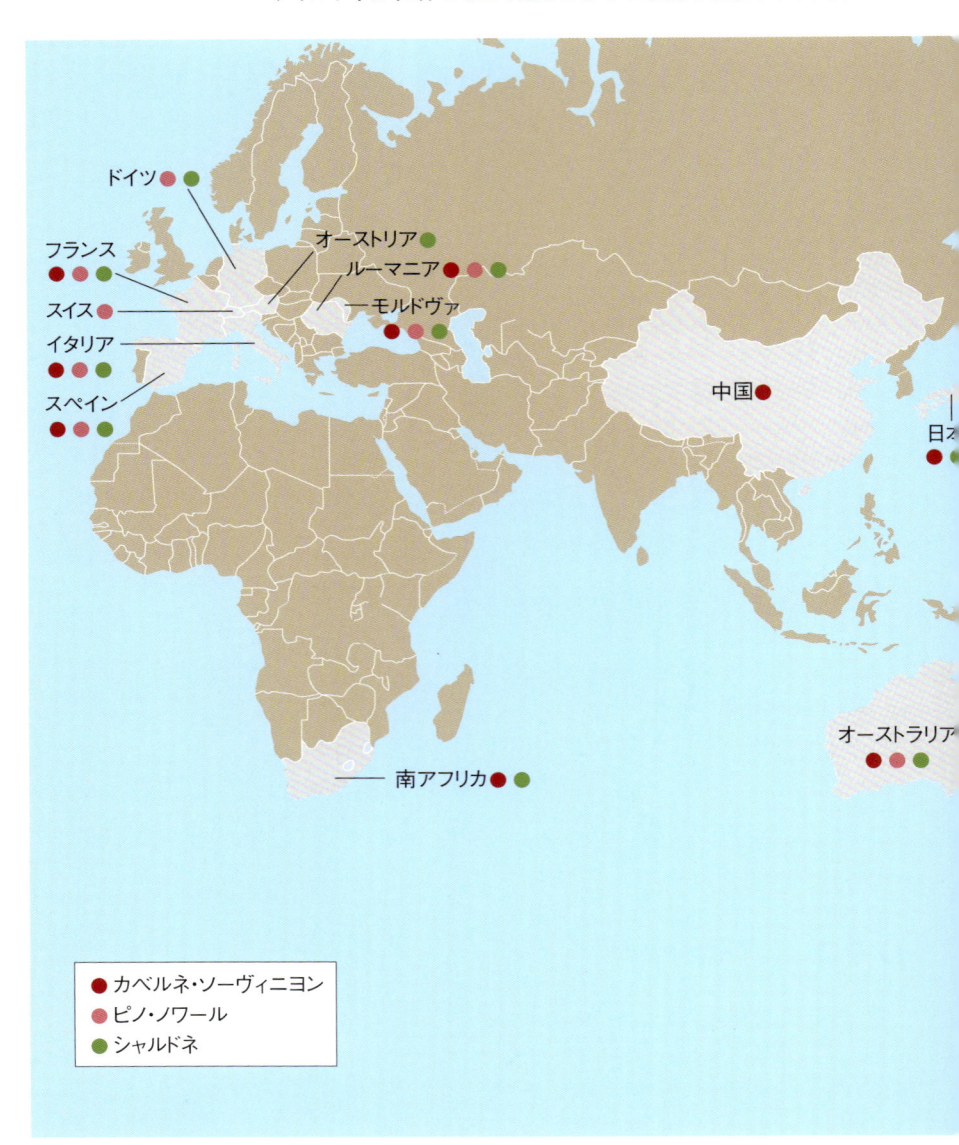

- ドイツ ●
- フランス ● ● ●
- スイス ●
- イタリア ● ● ●
- スペイン ● ●
- オーストリア ●
- ルーマニア ● ●
- モルドヴァ
- 中国 ●
- 日本 ●
- 南アフリカ ● ●
- オーストラリア ● ● ●

凡例:
- ● カベルネ・ソーヴィニヨン
- ● ピノ・ノワール
- ● シャルドネ

ピノ・ノワール、シャルドネ

Part 6 世界のカベルネ・ソーヴィニヨン、ピノ・ノワール、シャルドネ

アメリカ

チリ

アルゼンチン

ニュージーランド

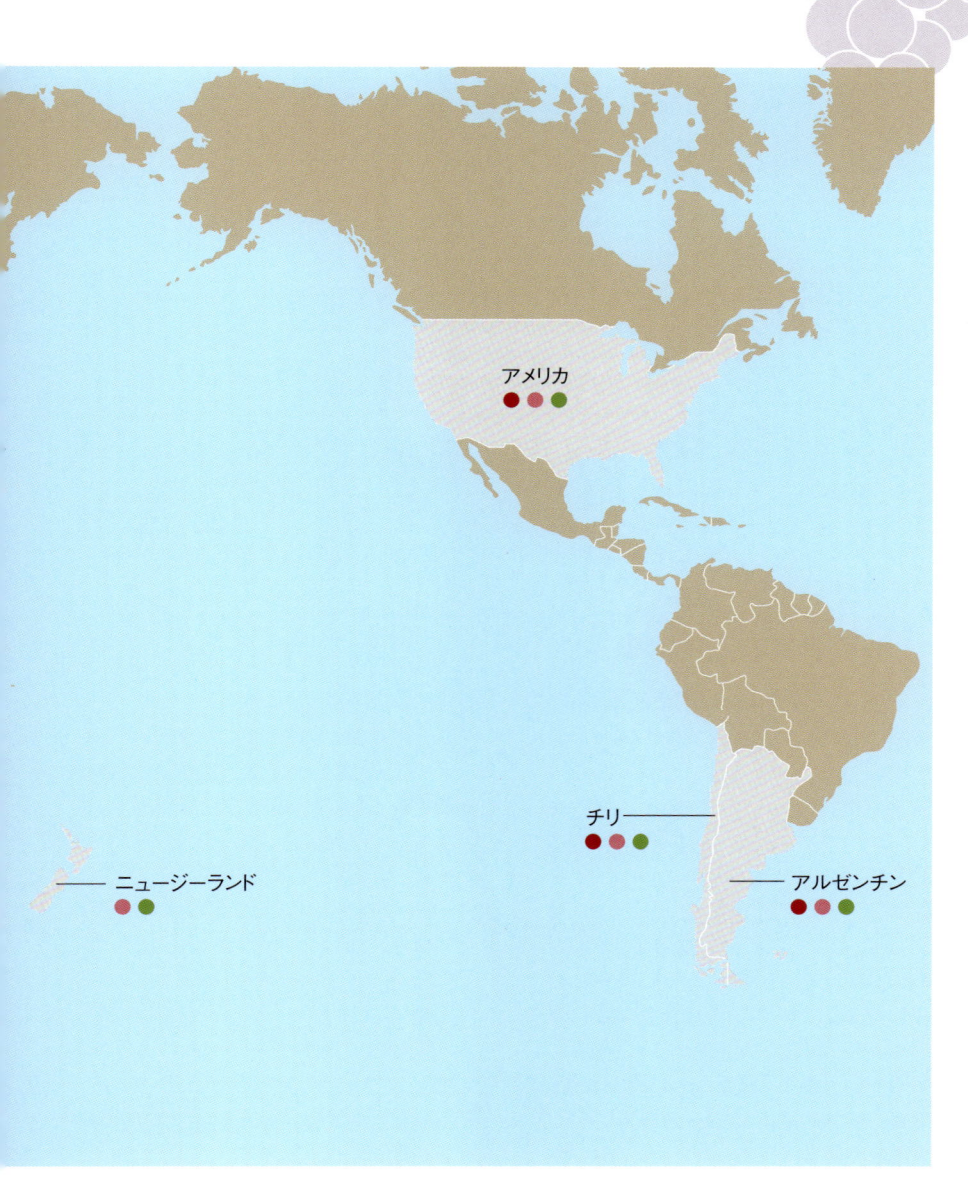

アメリカ

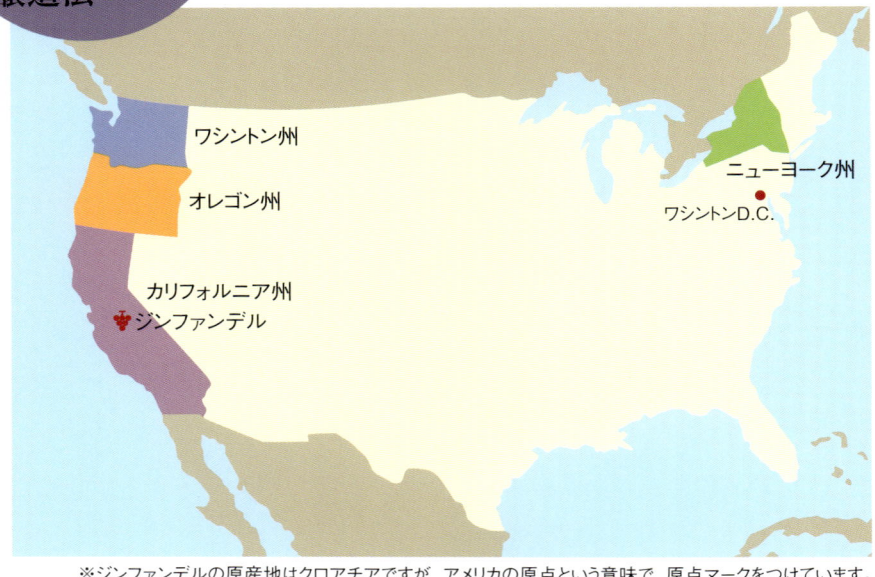

品種の原点地図と醸造法

※ジンファンデルの原産地はクロアチアですが、アメリカの原点という意味で、原点マークをつけています。

ワインの生産量より消費量が上回る国

アメリカは、新世界に分類される国々の中でも、意外にも現在につながる**ワインの歴史が一番浅い国**です。かつて禁酒法（1920年）によってワイン造りが中断していたことが大きな理由で、禁酒法が解けた翌年にはUCデイビス校において産学一体のワイン研究が始まり、アメリカにおけるワインに対する意識が一躍高まりました。また、ワイン文化が根付くヨーロッパからの移民が多いため、ワインの**生産量より消費量が上回る**という現象がワイン発展に拍車をかけました。結果、アメリカは**輸出を意識したワイン造りよりも、消費するアメリカ国民の好みを反映したワイン造り**が主流となります。

アメリカは、全州でワインが造られていますが、生産量でみるとカリフォルニア州が9割です。残りの1割の、その他の州では近年、オレゴン州、ワシントン州、ニューヨーク州などが注目されています。

ブドウの品種構成はフランスと似ており、特にカリフォルニアではカベルネ・ソーヴィニヨンとメルロという**ボルドースタイル**と、シャルドネ、ピノ・ノワールという**ブルゴーニュスタイル**を二大勢力とし、これに独自の品種としてジンファンデルが加わります。

また価格競争力のある大容量のワインも大量に造られています。

ジンファンデル×カリフォルニア

🍇 **クロアチアから来たタンニンフルな品種**

アメリカ、特にカリフォルニアで独自の発展を遂げているジンファンデル。そのルーツはクロアチアのツュリエナック・カシュテランスキ種ですが、イタリアのプリミティーヴォと同一の品種です。**水はけのよい土壌を好み、比較的温暖な土地で育ちやすい**のが特徴です。同じカリフォルニアの高級ワインとされるカベルネ・ソーヴィニヨンやシャルドネを栽培する場所、さらにもっと温暖な土地でも、幅広く栽培されています。抽出が強く、**豊かな果実味とタンニン**があり、アルコール度数も高い、力強いワインになります。

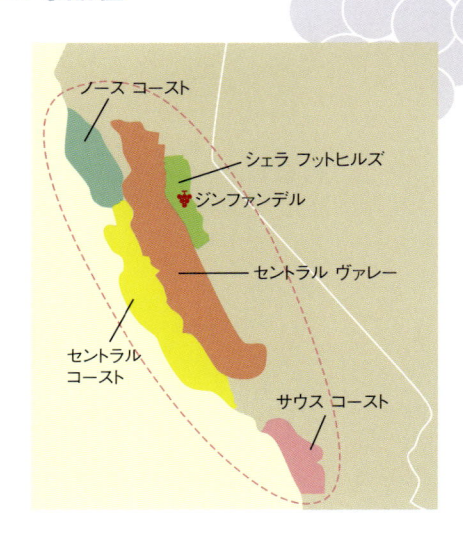

ピノ・ノワール×オレゴン

🍇 **ブルゴーニュと似た環境でピノ・ノワールを栽培**

ピノ・ノワールは、カリフォルニアでもたくさん栽培されていますが、1979年にフランスで行われたブルゴーニュとオレゴンのピノ・ノワールの比較テイスティングで、第2位になったのがきっかけで、カリフォルニア以上に注目されるようになりました。オレゴンは、カリフォルニアの北に位置し、**アメリカではきわめて冷涼な産地**。北緯45度はちょうどブルゴーニュと同じくらいで、気象条件が似通っているため、**ピノ・ノワールやシャルドネ**の適地とされています。カリフォルニア同様、海沿いが冷涼で、ピノ・ノワールはそこで栽培。**果実味も豊かなワイン**を造ります。

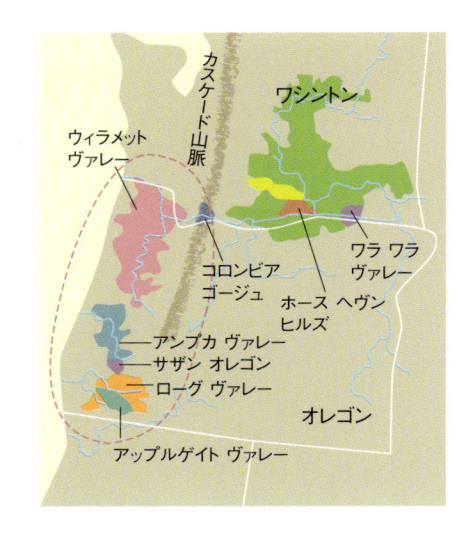

オーストラリア

品種の原点地図と醸造法

オーストラリアの地図：
- 西オーストラリア州
- ノーザンテリトリー
- 南オーストラリア州
- クイーンズランド州
- ニュー サウス ウェールズ州
- ヴィクトリア州
- キャンベラ

シラーズに代表される独自の個性を育んだオーストラリア

広大な国でありながら、ワインが造られているのはほんの一部のエリアです。またアメリカとは逆で、人口が少ないため、**輸出を中心に考えたワイン造り**を行っています。もともとは宗主国のイギリス人が好む味ということで、酒精強化ワインのポートタイプから始まり、**スティルワイン**も色が濃くてパワフルな**独自のスタイルのワイン**を造り、ワイン産業が発展してきました。現在は、世界のワイン消費国の目をとても意識しているため、その時々で**世界的な潮流に沿ったワイン造り**を行っています。

気候的には暑い国ですが、温暖な産地だけでなく、標高の高い場所に畑が作られたり、海岸沿いでは海風の影響で涼しい環境だったりします。また雨が少ないのも特徴です。そのような多様な気候条件から、カベルネ・ソーヴィニヨンやシャルドネ、リースリングなど、さまざまな品種が育てられています。フランスからもたらされた品種の中で、いち早く成功した**シラーズ**は、いまやオーストラリアワインの代名詞といっても過言ではありません。その他の品種のワインは、もちろん単体で造られるものもありますが、ブレンドしたものも多く、**「セミヨン シャルドネ」**や**「シラーズ カベルネ」**など原産国ではあまりブレンドしない品種をブレンドしたものもあり、これもまたオーストラリアの特色です。

シラーズ×南オーストラリア州

🍇 オーストラリア独自の世界を広げた品種

　シラーがフランス、ローヌからもたらされ、いち早く世界的に評価されたワインが、南オーストラリア州バロッサ ヴァレーにあるペンフォールズの「グランジ」。かつてはワイン名に「Hermitage」と入れられていました。シラーはオーストラリアに根付くうちに、シラーズの名称となり、**温暖な気候、好適な土壌**など、最高の環境を得て、**南オーストラリア州にとどまらず、国を代表する品種**と言われるまでになりました。初期の頃は、獣的な香りがあったものの、最近は**濃い凝縮感**、カベルネほど硬さはないものの、**筋肉質で果実味もある**オーストラリアンシラーズの独特の世界が広がりました。

・シラーズ

リースリング、セミヨン×オーストラリア全土

🍇 独自路線を確立したリースリング、セミヨン

　リースリングやセミヨンも、シラーズ同様、原産国からもたらされて以来、オーストラリアらしく独自に進化した品種です。**リースリングは南、西オーストラリア州とヴィクトリア州**での評価が高く、**ヴィンテージ**が新しくても明確に**ペトロールを感じられる**のが特徴です。一方**セミヨンは、ニュー サウス ウェールズ州のハンター**が代表的な産地です。土地を選ばず育てやすい品種のひとつで、ボルドーでは甘口、辛口両方になるのに対し、オーストラリアでは**辛口**で造られることが多いです。収穫は比較的早く、長期熟成を経て、アルコールが低めながらも**蜂蜜や香ばしい香りを持つスタイル**が、ハンター セミヨンとして知られています。

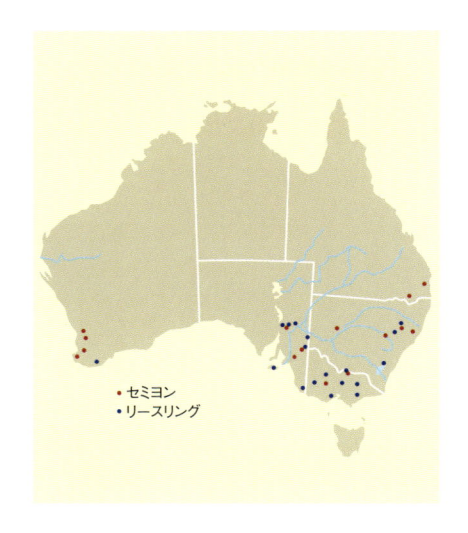

・セミヨン
・リースリング

品種の原点地図と醸造法

ニュージーランド

冷涼な土地で花開いた ソーヴィニヨン・ブランとピノ・ノワール

オーストラリアよりも南に位置し、ふたつの大きな島からなるニュージーランド。南緯35〜46度にあり、海に囲まれた海洋性気候です。真夏でも涼しく一日の中に四季があるといわれるほどの**昼夜の温度差**があります。全体的にとても冷涼な気候のため、**酸味と果実味のバランスがよくエレガント**なワインを生み出すのが特徴です。

ワイン文化とブドウがこの国にもたらされたのは、ヨーロッパから直接ではなく、オーストラリアを経由して伝わりました。白ブドウではシャルドネやソーヴィニヨン・ブラン、リースリングやピノ・グリなど、黒ブドウではメルロ、カベルネ、シラー、マルベックなどのヨーロッパ品種が持ち込まれ、北島を中心にワイン造りが始まりました。それからおよそ200年。長年、国内消費を中心に生産されていましたが、南島の**マールボロ地区でソーヴィニヨン・ブラン**が植樹された1973年以降、その成功が世界に認められ、ワイン生産国ニュージーランドを世界に知らしめました。また近年では、**セントラル オタゴのピノ・ノワール**の評価が高まり、注目を集めています。このふたつの品種が、いまや冷涼なこの国の気候にマッチし、ニュージーランドの二大品種として君臨しています。

※ソーヴィニヨン・ブランは、ボルドーが原産地ですが、そことは異なるスタイルを造り出しているため、原点マークをつけています。

ソーヴィニヨン・ブラン×マールボロ

🍇 明確な個性で短期間で得た世界的評価

　ソーヴィニヨン・ブランがマールボロで初めて植えられたのは、川底だった場所といわれています。当初から**強い香り立ちが特徴**で、同じ品種でも、ロワールで造る青草のニュアンスをできるだけおさえたワインとは正反対ともいえる個性的なワインが現れました。これは土壌や気候によるというよりも、ブドウの個性を生かしたスタイルの違い。それがニュージーランドのみならず、世界に受け入れられ、認知されていったワインです。そして植樹からわずか40年で、**国際的にも品種特性の基準**といわれるまでになりました。

マールボロ
ニュージーランド栽培面積の半分以上を占める。

ピノ・ノワール×セントラル オタゴ

🍇 ブルゴーニュをも脅かす存在

　ピノ・ノワールは、**南島でも北島でも栽培**されていますが、そもそも涼しい国でありながら、その中でもより**涼しいエリア**のセントラル オタゴ、カンタベリー、ワイパラなどで栽培する傾向にあり、そのことによりエレガントなワインを求めているのです。というのも、冷涼な気候でも日照量が多いので色づきがよく、果実味にあふれたワインが生まれます。そもそも栽培適地であったために、素晴らしいピノ・ノワールを造ることができたニュージーランド。まだまだ栽培地としての可能性を秘めているだけに、いまや原点であるブルゴーニュの生産者たちも戦々恐々であるという話を聞くほどです。

セントラル オタゴ
標高が高く、ワイン産地としては世界で最も南に位置する。

カンタベリー&ワイパラ

Part 6 ニュージーランド

品種の原点地図と醸造法

チリ／アルゼンチン

恵まれた環境のもと安価で高品質なワイン造り

16世紀にワイン造りが伝わったのち、1851年、チリのブドウ栽培の父と呼ばれるシルベストーレ・オチャガビアがフランスから高級品種とともに技術者を連れ帰り、近代的なワイン造りが始まりました。**寒流のフンボルト海流の影響を受け、冷涼で晴天が続き、雨が少なく乾燥していて、フィロキセラ（→p123）のいない土壌**です。きわめて健全性の高い恵まれた栽培適地といえます。赤ワインの生産が多く、主な品種は**カベルネ・ソーヴィニヨン**。同じ**フランス伝来のカルメネール**は、ボルドーでは一旦絶滅しましたが、ここチリで生き続け、**独自性を表現できる品種**として期待されています。

凝縮感を求め標高の高い所で栽培

アルゼンチンは、300～2400m（2400mは富士山五合目富士宮口と同じくらい）と**標高の高い場所**でブドウ栽培をするのが特徴。**日差しが強く、凝縮感が高いワイン**ができます。品種では同じフランス伝来品種の中で**マルベック**が非常に多く栽培されています。アルゼンチンのワイン造りは、ほとんどチリと同様の経緯を辿りますが、近年は格段に技術向上し**洗練されたワイン**を造り始めています。

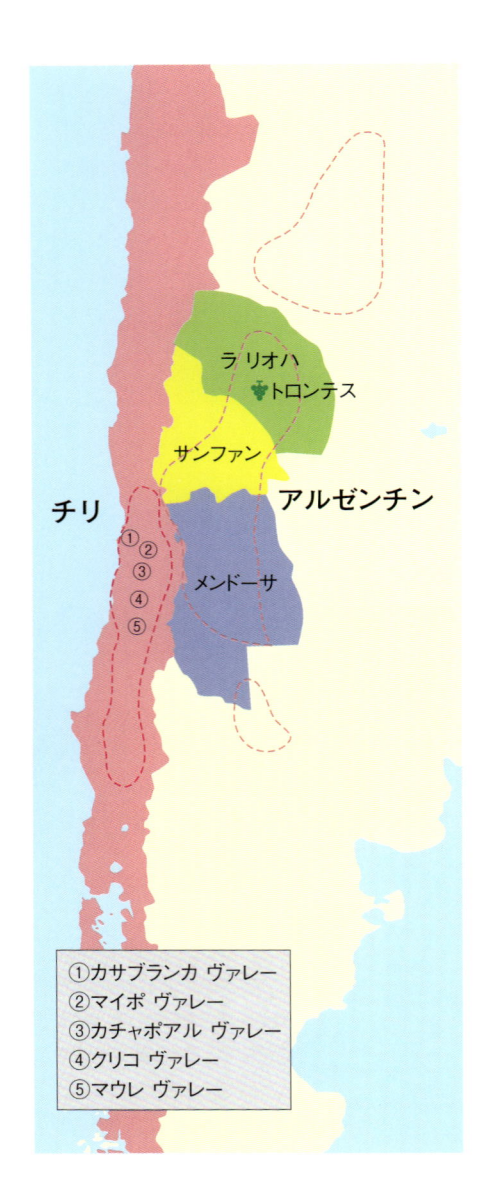

① カサブランカ ヴァレー
② マイポ ヴァレー
③ カチャポアル ヴァレー
④ クリコ ヴァレー
⑤ マウレ ヴァレー

カベルネ・ソーヴィニヨン×チリ

🍇 酸の高さが特徴の
チリの代表的赤ワイン用品種

　日本では「チリカベ」と称され、一世を風靡したチリの**カベルネ・ソーヴィニヨン**。生産量からいっても、知名度からいっても、チリを代表する品種です。黒ブドウ栽培面積第2位の**メルロ**とともに、好環境から、果実味にあふれたボルドータイプのワインを造ります。他の国のカベルネ・ソーヴィニヨンとくらべると、**フンボルト海流の影響**により、冷たい風が吹く環境で栽培されているため、**やや酸が高い印象**を受けるワインになることも多いです。

チリで栽培されているカベルネ・ソーヴィニヨン。

マルベック×アルゼンチン

🍇 今後に期待が集まる
アルゼンチン最大の黒ブドウ

　マルベックはフランス南西地方のカオールの主要品種です。ボルドーやロワールでは補助品種として使われているマルベックですが、**アルゼンチンでは栽培面積最大を誇ります**。主に中央西部地方の**メンドーサ**で栽培されています。

　色素が多く、濃くなる品種なので、カオールは歴史的に「黒ワイン」と呼ばれたこともありました。また、香りの特徴としては、色の濃いベリーに、青から紫の花のニュアンスが入ることによって、赤紫蘇のニュアンスを持つことがよくあります。

チリの栽培環境は日照量が多く、雨が少ない。

アルゼンチンは標高の高いところでブドウ栽培される。そのため、日差しが強い。

品種の原点地図と醸造法

イタリア

多種多様な品種から生まれる地域性と個性豊かなワイン

ワイン大国フランスと並ぶというより、近年はかなりの確率で生産量第1位のワイン帝国、イタリア。フランス系品種も栽培されていますが、イタリアには独自の品種がたくさん存在します。地域ごとにその気候、土壌に適した土着品種が育ち、それぞれのワインが発展しているのが大きな特徴です。メインとなる品種には多くの亜種（クローン）が存在し、土着品種の数は300とも400ともいわれています。例えば、イタリアで最も栽培されている黒ブドウのサンジョヴェーゼには88のクローンがあり、呼び名もたくさんあります。そのため、細かな品種が分布し、ひとつの品種が全域をカバーするということは少なく、白ブドウならトレッビアーノやモスカート、黒ブドウでは亜種をまとめてサンジョヴェーゼくらいです。

また、素朴さとトップモードが同居する国民性が映し出されているのか、ワインの世界でも、伝統製法や知識と最新技術を上手に使い分けてワインを造ります。

このようにして、生産されるワインには地域ごとに多様性や個性が生まれ、勉強する人にとっては大変ですが、愛飲家にとってはとても楽しい生産国です。169ページからの地図を見ながら、イタリアの多彩な品種とその分布感を確認しましょう。

南に位置するカンパーニャ州の海沿いの急斜面の畑。

トレンティーノ アルト アディジェ州はイタリア北部に位置し、岩山に囲まれた涼しいエリア。

ピエモンテ州は、ネッビオーロ、バルベラ、ドルチェットといった品種を栽培。

アルプス山脈
アペニン山脈
● ローマ

①ヴァレ ダオスタ州	⑧エミリア ロマーニャ州	⑮カンパーニャ州
②ピエモンテ州	⑨トスカーナ州	⑯プーリア州
③ロンバルディア州	⑩ラツィオ州	⑰バジリカータ州
④トレンティーノ アルト アディジェ州	⑪ウンブリア州	⑱カラブリア州
⑤ヴェネト州	⑫マルケ州	⑲シチリア州
⑥フリウリ・ヴェネツィア ジューリア州	⑬アブルッツォ州	⑳サルデーニャ州
⑦リグーリア州	⑭モリーゼ州	

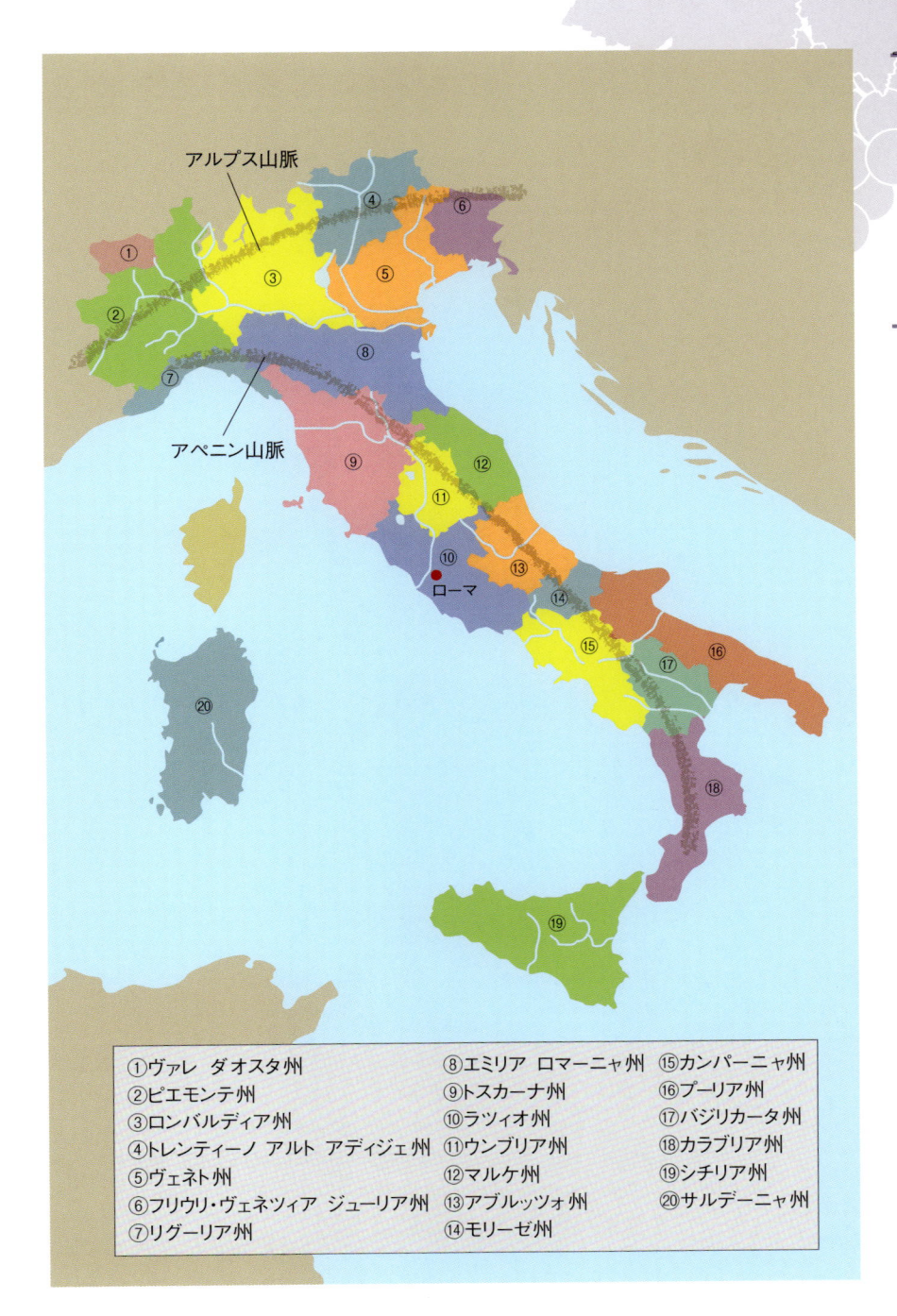

品種の原点地図と醸造法

イタリアの黒ブドウ品種

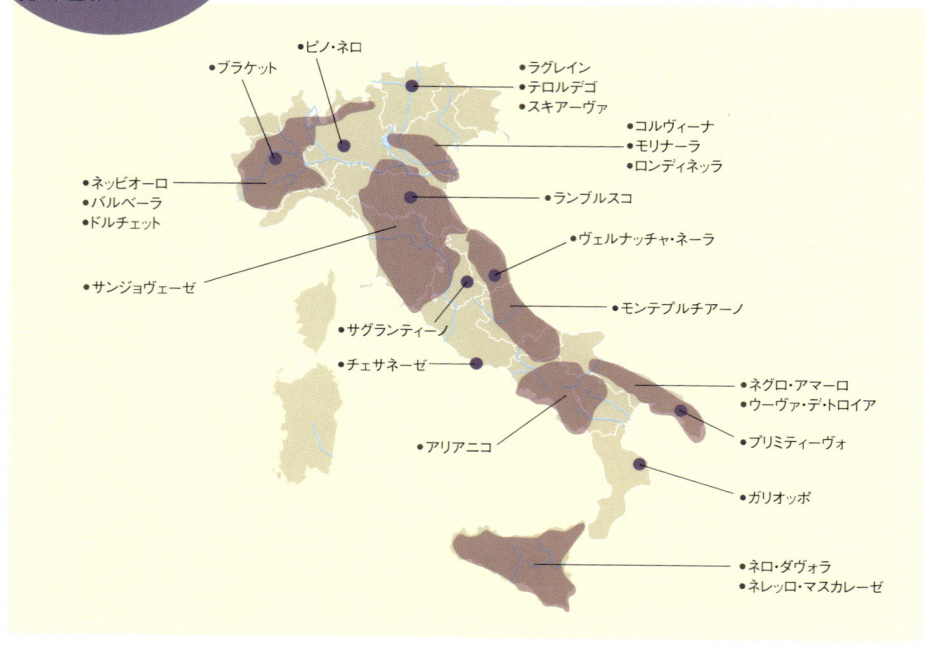

（イタリア地図上の黒ブドウ品種分布）

- ブラケット
- ピノ・ネロ
- ラグレイン
- テロルデゴ
- スキアーヴァ
- コルヴィーナ
- モリナーラ
- ロンディネッラ
- ネッビオーロ
- バルベーラ
- ドルチェット
- ランブルスコ
- ヴェルナッチャ・ネーラ
- サンジョヴェーゼ
- モンテプルチアーノ
- サグランティーノ
- チェサネーゼ
- ネグロ・アマーロ
- ウーヴァ・デ・トロイア
- アリアニコ
- プリミティーヴォ
- ガリオッポ
- ネロ・ダヴォラ
- ネレッロ・マスカレーゼ

ネッビオーロとサンジョヴェーゼはイタリアを理解するための重要品種

品種の栽培面積でみるとサンジョヴェーゼ、モンテプルチアーノ、メルロの順で多く生産されていますが、イタリアの黒ブドウを理解するうえでは、**北イタリアのネッビオーロ**と、**中部イタリアを中心としたサンジョヴェーゼ**が重要です。

ネッビオーロはバローロやバルバレスコに代表される品種で、非常に**構造力があり、雄大**で、長期熟成後は華やかなワインに変化します。他の産地で栽培を試みますが、なかなかうまく育たず、ピノ・ノワールよりも、さらに**世界的な広がりが見られません**。

一方、**サンジョヴェーゼは育てやすい品種**で、イタリア全土に広がりを見せています。亜種を含むサンジョヴェーゼは、その特徴をとらえるのが難しく、ブルネッロ ディ モンタルチーノが最高級とされますが、**キャンティやキャンティ クラシコをイメージするとわかりやすい**でしょう。

近年では、南イタリアのネロ・ダヴォラをはじめとする、**親しみやすいワインを造る品種**も注目されています。品質が向上し、全体的に**果実味の出方がピュア**で美味しさが増しています。

品種の原点地図と醸造法

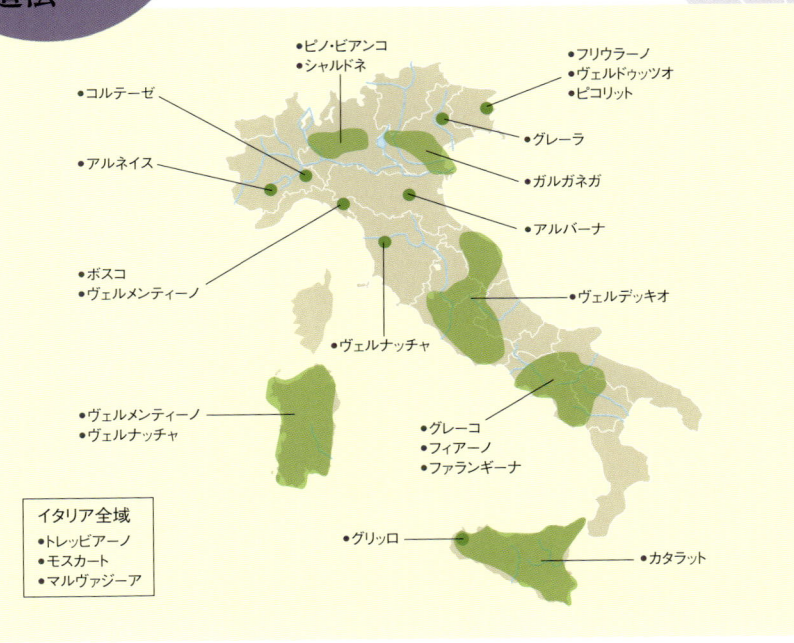

イタリアの白ブドウ品種

イタリアの黒ブドウ品種　イタリアの白ブドウ品種

地図上の品種分布：

- ピノ・ビアンコ
- シャルドネ
- フリウラーノ
- ヴェルドゥッツォ
- ピコリット
- コルテーゼ
- グレーラ
- ガルガネガ
- アルネイス
- アルバーナ
- ボスコ
- ヴェルメンティーノ
- ヴェルデッキオ
- ヴェルナッチャ
- ヴェルメンティーノ
- ヴェルナッチャ
- グレーコ
- フィアーノ
- ファランギーナ
- グリッロ
- カタラット

イタリア全域
- トレッビアーノ
- モスカート
- マルヴァジーア

各地に個性豊かな土着品種が点在する

　白ブドウでは、栽培面積が突出している品種もなく、イタリア全域で栽培されている品種としては、トレッビアーノとモスカートなどがあげられます。それ以外は、個性豊かなブドウが、地域に根付く土着品種として、各地に点在するという分布です。

　イタリアの白ワインは、品種同様、多様なタイプが造られますが、これがイタリアを代表するワイン、**代表する品種としてあげられるものが見当たりません**。その代わり、第二グループに分類できるものがたくさんあります。高級ワインとなる品種としては、カンパーニャ州のグレーコやピエモンテ州のアルネイス。親しみやすいワインとしては、北イタリアに分布するコルテーゼ、ヴェネト州のガルガネガなどがあります。また、ヴェネト州には、イタリア人が大好きな発泡酒プロセッコの原料ブドウであるグレーラもあります。

　また、イタリア全域で栽培されるモスカートは、各地で甘口の白ワインに仕上げられます。特にピエモンテ州の**甘口発泡酒アスティ スプマンテ**、また**微発泡酒のモスカート ダスティ**は日本でも大変人気があります。

品種の原点地図と醸造法

スペイン

（地図）
- リアスバイシャス
- ナバーラ
- リベラ デル ドゥエロ
- リオハ
- カタルーニャ
- バルセロナ
- ガルナッチャ
- カリニェーナ
- カベルネ・フラン
- ペネデス
- マドリッド
- ラ マンチャ
- ヘレス（シェリー）

スペインの品種と産地はゾーンに分けて特徴を整理

　スペインにおける品種と産地は、まずは**産地をゾーンで理解しましょう**。また、**樽熟成を好む国としてそのワイン法を理解する**と情報整理に役立ちます。

　スペインの高級ワインを生み出すエリアは、リオハを含む北部とカタルーニャを含む地中海沿岸北部。**北部の代表的な品種はテンプラニーリョ**です。リオハでは特に長期熟成を尊ぶエリアで、**熟成によって非常になこなれた赤ワインの世界**が形作られていきました。一方、地中海沿岸北部では**3つの品種を使い、洗練されたカヴァを造る**エリアと、**ガルナッチャ（グルナッシュ）などで急速に成長した高級ワインを造るプリオラート**が代表的です。

　マドリッドを含む内陸部は、夏非常に**暑く乾燥したエリア**。多くの品種を栽培しており、**白ワインではアイレン**、黒ブドウではさまざまな品種で安価なワインを大量に造っています。また同じ内陸部でも、リベラ デル ドゥエロ近辺は、マドリッド周辺ほど暑くなく、昔から**リオハを凌駕するほどの赤ワインを産出**しています。

　最後に、大西洋岸の代表産地といえばリアス バイシャス。その代表的品種はアルバリーニョです。ここは雨が多く、日本同様の**棚栽培で病気に強い品種**です。魚介類によく合う白ワインを造ります。

スペインの黒ブドウ

🍇 テンプラニーリョの
　　一人勝ち

　スペインもまた、イタリアほどではありませんが、**土着品種の多い国**です。中でも、**テンプラニーリョ**は急速に栽培面積を伸ばしており、世界全体でも2010年までの10年間で増加面積が1番多い品種です。多くの産地で栽培され、高級ワインの原料ブドウになります。黒ブドウ栽培面積2位は**ボバル**で、バレンシア州で多く栽培されています。また、スペイン アラゴン地方原産の**ガルナッチャ（グルナッシュ）やカリニェーニャ（カリニャン）**も重要品種です。

スペインの白ブドウ

🍇 個性的な品種が
　　たくさん

　単一で使われて、とても個性がある品種としては、リアス バイシャスで使われる**アルバリーニョ**や、チャコリで使われる**オンダリビ・スリ**などが挙げられます。また、大西洋沿岸の**ゴデーリョ**は、今人気の高まりとともに、注目を集めています。その他、白ブドウの重要品種としては、**カヴァに使われるマカベオやチャレッロ、パレリャーダ、マルヴァジア**など、また**シェリーに使われるパロミノ、ペドロ・ヒメネス、モスカテル**も、スペインにとってはとても重要な品種です。

酒精強化酒とシェリー

　代表的な**酒精強化酒**のシェリーやマデイラ、**ポートワイン**や**マルサラ**などに共通するのは、**アルコール度数が高くて丈夫なこと**。これは大航海時代、遠くまで**スティルワイン**を運ぶ際、暑い船内でワインが酸化してしまうため、それなら保存性の高いワインを、とできたワイン。醸造過程で度数の高いアルコールを加え、酵母の働きを抑え、糖の分解を止めることで、保存性を高めています。他の酒精強化酒のほとんどが甘口であるのに対し、シェリーはアルコール添加のタイミングを変えることで、透明でとても**ドライなタイプ**も造ります。そして、液体の表面に産膜酵母を繁殖させて膜を作り、独特の風味をつけるフィノタイプ、その産膜酵母を使わずに琥珀色で優しい味わいに仕上げたオロロソなど、同じシェリーでも異なるタイプを楽しめます。さて、シェリーは長い樽熟成を経て出荷されます。「シェリー樽」という言葉がウイスキーのテイスティング用語としても使われているように、ウイスキーの樽熟成用として使われます。シェリー樽は貴重なので、ウイスキー会社が高価な新樽を無償でシェリー会社に提供することすらあります。

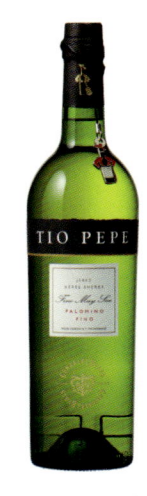

ペペおじさんという意味を持つドライ シェリー「ティオ・ペペ」。パロミノという品種で造られた辛口シェリーです。〈メルシャン〉

品種の原点地図と醸造法

ドイツ

地図ラベル:
- エルベ川
- ベルリン
- ザーレウンストルート
- ザクセン
- ライン川
- ミッテルライン
- アール
- ラインガウ
- モーゼル
- ナーエ
- リースリング
- フランケン
- ラインヘッセン
- ヘシッシェベルクシュトラーセ
- ファルツ
- ヴュルテンベルク
- バーデン

寒さに対抗する努力と品種で高品質ワインを造る

　ヨーロッパの主要なワイン生産国としては最北に位置し、とても**気象条件が厳しい生育環境**でブドウは育てられています。寒さといかに闘い、夏でも低い角度で射してくる陽の光をいかに集めるか。他の国では必要のない**栽培技術や工夫をしながら高品質のワインを造っています**。こういった環境では、**黒ブドウよりも白ブドウが育てやすく**、白ワインの生産量が多いのですが、数字で見ると約60％。日本ではドイツワインは甘いというイメージがありますが、甘口ワインの生産は36％程度しかありません。イメージよりも**赤ワインと辛口ワインが多く生産**されています。品種は白ブドウでは**リースリング**、黒ブドウでは**シュペートブルグンダー（ピノ・ノワール）**などがこの環境で本領を発揮し、多く栽培されています。また、**寒さなどの厳しい環境に対応できる耐寒性の高い品種**を自分たちで作ろうとして、非常に多くの**交配品種**を開発しています。

リースリング

🍇 育てやすさより品質の高さで
認められたリースリング

かつては、育てやすさの点から、自国で開発した交配品種のミュラー・トゥルガウが増加した時期もありました。しかし、**アメリカ**を中心としたリースリングの評価の高まりによって、1990年代後半からリースリングが復活。同時に、増加していた黒ブドウがリースリングに植え替えられ、黒ブドウの伸びがストップしました。**リースリングは、寒い産地で本領発揮**し、ドイツの厳格なワイン法に従って、辛口から甘口まで多様な味わいの上質なワインを造ります。また、繊細で奥行きのある味わいは、**日本食をはじめとする軽めの食事に合います**。

交配品種

🍇 もともとのドイツ品種を使って
気象環境に合う品種に

ドイツワインの特徴のひとつである交配品種は、ドイツ13地域の全部で栽培されています。**リースリングやシルヴァーナーなど、もともとドイツで栽培されていた品種を使ったもの**がほとんどです。中でも**リースリングとマドレーヌ・ロワイヤルをかけ合わせたミュラー・トゥルガウ**の栽培が非常に多く、ドイツの各産地で栽培。他に白ブドウでは、トロリンガーとリースリングを掛け合わせた**ケルナー**、黒ブドウではヘルフェンシュタイナーとヘロルドレーベをかけあわせた**ドルンフェルダー**も多くの産地で栽培されています。

ライン川沿いに広がるブドウ畑。

交配品種のミュラー・トゥルガウ。ドイツのほぼ全域で栽培されている。

黒ブドウの交配品種であるドルンフェルダー。

品種の原点地図と醸造法

日本

北海道
ワイン生産量は日本第3位。寒さに強いドイツ系のブドウを多く栽培。

山形
寒暖の差が大きいという環境を利用し、ワイン造りをしている。

マスカット・ベーリーA

山梨
甲州ブドウ発祥の地。ブドウ栽培面積、ワイン生産量ともに日本一。

甲州

長野
マスカット・ベーリーAやシャルドネ、メルロとさまざまな品種を造っている。

高温多湿な気候の中で選抜されてきた産地と品種

　現在のところ国産ブドウを原料にワインを造っているのは、**北は北海道から南は宮崎県まで**と言われています。日本のワイン造りで有力な産地としては、**山梨、長野、山形、北海道**が挙げられます。これらの産地でワイン用のブドウ栽培が広がったのは、日本は世界の他の産地にくらべて緯度のわりに高温多湿のため、ブドウが病気にかかりやすく、まず最初に**雨の少ない地域**が選ばれたからです。また、ブドウ栽培においては昼夜の寒暖差がないとブドウがうまく色づかないため、産地は内陸に求められ、これらの地域が発展していきました。現在、**温暖化の影響か、北海道が注目**されています。また、栽培されている品種は、**カベルネ・ソーヴィニヨンやメルロ、シャルドネなどの国際品種**のみならず、日本独自である**甲州**や、日本の風土に合わせて開発した**マスカット・ベーリーAなどの交雑品種**も日本のワイン造りで重要な位置を占めています。

甲州

🍇 日本オリジナルとして世界で認められる甲州

　日本オリジナルの品種として一番に挙げられるのが**甲州**です。もともとシルクロード原産で、いつの頃からか日本に入ってきました。日本での起源は二説ありますが、ともに山梨県です。今では山梨県のみならず山形県や大阪府などで栽培されています。また、ヨーロッパ品種と同様のヴィティス・ヴィニフェラ種であることが明らかになり、2010年**O.I.V.に品種登録されました**。**完熟すると果皮がきれいなピンク色**になり、**グリ**系ブドウのような**わずかな渋み**を持っています。シュール・リーした辛口のものから、**樽発酵・樽熟成**させたリッチな味わいのものまで、幅の広いワインに仕上げられます。

甲州の棚栽培の様子。

甲州は完熟すると、果皮が写真のようなピンク色に変化する。

マスカット・ベーリーA

🍇 "日本ワインの父"が開発した品種

　マスカット・ベーリーAは、新潟県岩の原葡萄園の創始者である川上善兵衛がベーリーとマスカット・ハンブルグという品種をかけあわせ、**日本の風土に適するように開発した黒ブドウ**です。本州から九州にかけて広く栽培されており、赤ワイン用品種の中でも最も仕込み量が多いブドウです。ベーリーがヴィティス・ラブルスカ種の血を引いているため、**イチゴを思わせる個性的な香り**があります。甲州に続いて2013年に、**O.I.V.**(国際ブドウ・ワイン機構)に**品種登録されました**。

マスカット・ベーリーAは日本の風土に合わせて開発された。

品種の原点地図と醸造法

ブドウと土壌

高級ワインほど、土壌がその価値を左右する

ワインの知識が深まってくると、いろいろなところで土壌の話題が出てくることに気づきます。たしかに、同じ品種でも、**ブドウが栽培される土壌が違うと味わいが異なります**。

例えば、ブルゴーニュの代名詞といえる品種、ピノ・ノワール。赤いベリー系の香りやとてもエレガントな味わいが特徴の品種です。ブルゴーニュでは広く栽培されていますが、同じ産地の中でも、北部のニュイ・サン・ジョルジュやアロース・コルトン、ポマールの村で造られるワインには、他の村のワインとは明らかに異なる共通の特徴的な味わいがあります。それは、ニュイ・サン・ジョルジュやポマールの畑に鉄分が多く含まれるからです。

また、隣り合わせる畑で同じピノ・ノワールを栽培していても、こちらは数十万円、隣りは数万円という具合に、大きな価格差が生じることがあります。これは、村よりもさらに細かい畑のレベルで土壌が異なり、それが味わいに反映されるからです。超高級ワインと高級ワインの差は、最終的に土壌の違いによって生まれるといわれるほど、**土壌の違いはワインの価値を決める大きな要素**なのです。

土壌情報の入手はテイスティング力を養うコツ

ブドウ品種と土壌のタイプには相性があることも知っておきましょう。ブルゴーニュのピノ・ノワールは、世界中の生産者が育ててみたい品種ですが、いざトライしてみると、なかなかうまくいきません。それは**土壌の選り好みが激しい品種**だからです。

一方、カベルネ・ソーヴィニヨンやメルロは、世界の各地で成功をおさめています。カベルネ・ソーヴィニヨンは、砂や石の多い水はけのいい砂礫質を、メルロは保水力がある粘土質を好み、それぞれの適地で、世界トップのワインが生まれています。

初心者の頃には、品種を見極めることすら難しいのに、そのワインが土壌の影響をどれほど受けているかなどわかるはずもありません。ワインの個性と土壌がどう関係しているか理解できるようになるためには、**生産者などから発信される土壌に関する情報を入手**して、それを念頭におきながらテイスティングする習慣を身につけることが大切です。また、サンセールなどでは、同じ生産者が同じアペラシオンで同じブドウ品種を使って、土壌違いのワインを醸造しているところがあります。このようなワインを飲みくらべると、土壌が味わいに与える影響を学べますよ。

土の特徴はワインの個性として表れます。
それを理解するために、土壌情報を傍らに、テイスティングを進めましょう。

Part 6 ブドウと土壌

トップブランドの畑を見る

ウイリアム フェーヴル×シャブリ×シャルドネ
ウイリアム フェーヴルは、シャブリの第一人者と言われています。この地の特徴は、**キンメリジャン**といわれる牡蠣の化石が含まれたミネラル豊富な土壌。

シャトー ラグランジュ×ボルドー左岸（メドック）×カベルネ・ソーヴィニヨン
シャトー ラグランジュの畑は砂礫質で、非常に水はけのよい土地です。氷河期に洪水によってピレネー山脈などから運ばれてきました。

ペトリュス×ボルドー右岸（ポムロール）×メルロ
メルロが好む、とてもキメの細かい粘土。ふかふかした土質で、雨が降っても水がたまりません。保水力はありながら、水はけもよい土壌です。

ジョルジュ デュブッフ×ムーラン・ナ・ヴァン×ガメ
ボジョレーの10の上級**クリュ**(畑)の一帯は、ガメに最適な花崗岩が崩れた砂地からなる水はけのよい土壌。ここは、その中でも最もよいといわれる畑です。

モランダ×プリオラート×ガルナッチャ、カリニャン
ワイン栽培に向いているといわれるスレート泥岩板。板状の岩のため水はけがよく、ブドウ樹は深く根を張ることができ、少雨でもしっかり実が付きます。

登美の丘ワイナリー×山梨県×カベルネ・ソーヴィニヨン、メルロ、プティ・ヴェルド
火山礫（かざんれき）と火山灰で構成され、水はけもよく、さまざまな品種に適応。日本では火山性土壌の畑が多い中、その代表格として、きわめて良質の畑です。

品種の原点地図と醸造法

赤ワインの醸造法

色素やタンニン、香りの要素の抽出が美味しさのカギを握る

　赤ワインは、原料のブドウ糖が分解されて**アルコール発酵**し、ワインとなります。ただし、「美味しいワイン」を造るためには、生産者の考えのもと、さまざまな**醸造テクニック**が使われます。それではどのように造られるのか、どんなテクニックがあるのか見ていきましょう。

　収穫されたブドウは、熟していないものや原料として不適格なものを取り除きます（**選果**）。近年この工程は重要視されており、優れた機械も登場しています。次に果梗（かこう）を取り除く**除梗**（じょこう）という工程を経て、発酵樽または発酵タンクで**主発酵**が始まります。ブドウ果汁と皮をともに入れ、果皮から色素や**タンニン**、香り成分を抽出する**マセラシオン**と呼ばれる**かもし**を行いながら、アルコール発酵が進んでいきます。さらに、発酵の後半で起こるのが**マロラクティック発酵**（MLF）です。アルコール発酵とマセラシオン、マロラクティック発酵が2つ、または3つ平行して起こる場合があり、主発酵の段階では、これらが複雑に絡み合って進んでいきます。

　この後、皮と種を取り除き、プレスされて、発酵槽から樽に移されます。**熟成**、**澱引き**（おりひき）、**清澄**（せいちょう）、**濾過**（ろか）を経て、**瓶詰め**して出荷されます。

醸造の流れ

▶ 工程内で行われる醸造テクニック

① 収穫
収穫には手摘みと機械摘みの方法がある。

② 選果
熟していないものや原料として不適格なものを取り除く。

③ 破砕・除梗
黒ブドウを潰し（破砕）、果梗を取り除く（除梗）。除梗は行わないこともある。

④ 主発酵・マセラシオン
果醪（③の果汁、果皮、果肉、種子の混合物）を木桶やタンクに入れ、酵母を加えて発酵させる。

⑤ 圧搾
発酵が終わったら、液体の部分（ワイン）を抜き、残った果皮や種子を圧搾機にかける。

⑥ マロラクティック発酵
ワインの中の**リンゴ酸**を乳酸菌の働きで**乳酸**に変化させる。

⑦ 樽・タンク熟成
ワインを樽またはタンクに移し替え、貯蔵庫で熟成させる。

⑧ 澱引き
ワインに含まれる澱を取り除くため、別の容器に移す。

⑨ 清澄・濾過
必要であればワインを清澄、**濾過**する。行わないこともある。

⑩ 瓶詰め
瓶に詰める。すぐに出荷するタイプもあるが、貯蔵庫で熟成させるタイプも。

赤ワインはどうやって造られるのか、
またその醸造テクニックも見ていきましょう。

赤ワインの醸造法

選果

ひとつの房の中でも粒ごとに熟度が異なる場合があります。この写真では手で取り除いていますが、現在では一粒一粒糖度を測定し、風圧でその粒を取り除く機械も登場しています。これによって、より糖度の高いブドウだけを使い、素晴らしいワインを造ることができます。この機械はシャトー ラグランジュでも採用されています。

ルモンタージュとピジャージュ

マセラシオンをする際、ポンプでくみ上げた果汁を上から勢いよくかけるルモンタージュ、櫂（かい）でつついて浮いている皮（果帽（かぼう））などをゆっくりと沈め抽出を促進させるピジャージュを行います。前者はボルドーで、後者はブルゴーニュで行われる方法です。世界の産地では両者のメリットを生かし、マセラシオンを行っています。

マロラクティック発酵（MLF）

マロラクティック発酵により、酸味が和らいでまろやかになり、複雑さや豊潤な香りをつくります。この発酵は、醸造家が目指すワインによって、行う場合も行わない場合もあります。

白ワインの醸造法

品種の原点地図と醸造法

工程と技術次第で個性が生まれる

白ワインの発酵システムと醸造工程も、基本的な流れは赤ワインと同じですが、大きな違いがひとつあります。それは、**果皮から色素やタンニンを抽出する必要がないということ**です。ただし一部の生産者には、果皮のフレッシュな香りを抽出するため、破砕後すぐに圧搾せず、果汁と果皮を接触させる**スキンコンタクト**をする場合もあります。

白ワインの醸造法の流れは、選果、除梗・破砕を経て圧搾され、ブドウから流れ出た果汁を発酵タンクに運びます。そこで**デブルバージュ**が行なわれます。搾りたての濁った果汁を低温でしばらく置くことで、不純物を沈殿させ、澄んだ果汁を使ってアルコール発酵をします。多くはステンレスタンクで発酵しますが、中には樽発酵を好む生産者もおり、他と差別化する高級ワインなどを造るテクニックのひとつです。また、白ワインでは、酸が低いエリアや、爽やかな酸を残したい場合には**マロラクティック発酵**（→p180）を行いません。

白ワインでは、ステンレスタンクからそのまま後処理を終えて出荷するものと、樽熟成を経て出荷するものがあります。工程とテクニックを選ぶことで、個性のある白ワインに仕上げます。

醸造の流れ

･･･▶ 工程内で行われる醸造テクニック

① **収穫**
手摘みか機械摘みで果実を収穫する。

② **選果**
熟していないものや原料として不適格なものを取り除く。

③ **破砕・除梗**
白ブドウ、または黒ブドウを潰し（破砕）、果梗を取り除く（除梗）。除梗は行わないこともある。

④ **圧搾**
速やかに圧搾機にかけ、果汁を抽出する。

⑤ **デブルバージュ・主発酵**
低温で半日ほどおき、不純物を沈殿させ、上澄みの果汁に酵母を加えて発酵させる。

⑥ **マロラクティック発酵**
ワインの中のリンゴ酸を乳酸菌の働きで乳酸に変化させる。行わないこともある。

⑦ **樽・タンク熟成**
ワインを樽またはタンクに移し替え、貯蔵庫で熟成させる。

⑧ **澱引き**
ワインに含まれる澱を取り除くため、別の容器に移す。

⑨ **清澄・濾過**
必要であればワインを清澄、濾過する。行わないこともある。

⑩ **瓶詰め**
瓶に詰める。すぐに出荷するタイプもあるが、貯蔵庫で熟成させるタイプも。

白ワインの醸造法と、
醸造テクニックを見ていきましょう。

白ワインの醸造法

スキンコンタクト

果汁と果皮を接触させます。どちらかというとシンプルでフルーティーな香りを活かしたいワインを造ろうとする場合によく使われるテクニックです。接触時間は、どんなワインにしたいかによって、発酵前に数時間から数日間行われます。果皮に含まれる香りをワインに与え、ブドウの風味、果実味も十分感じ、複雑味もありながら飲みやすいワインに仕上がります。

ステンレス発酵と樽発酵

ステンレスタンクは発酵時の温度管理と、タンクそのものを清潔に保つ管理がしやすいというメリットがあります。木樽を使うと、樽から由来する要素をワインに与えます。わずかずつですが、酸素も供給され変化を促し、複雑さが増します。ブルゴーニュの高級ワインを造る生産者などは、樽発酵を好むところが多くあります。

樽熟成

発酵を終えたワインは、その後に樽熟成を経る場合があります。これは非常に**複雑で、重厚な風味をワインに付与**します。新樽と古樽があり、新樽はより力強く重厚感のあるワインに仕上がります。また、樽ひとつは10～20万円もする高価なものなので、新樽を高い割合で使用するのは、高い価格で販売可能なワインしか許されないといえます。

品種の原点地図と醸造法

ロゼワインの醸造法

ピンク色をしたワインを総称する「ロゼワイン」。
白ワイン風、赤ワイン風、幅広い味わいが魅力です。

黒ブドウを基本にさまざまなロゼが造られる

　ロゼワインには3つの醸造法があります。ひとつ目は、**セニエ法**です。セニエ法は、**黒ブドウを使い、赤ワインと同じ工程で醸造**します。除梗、破砕し、果汁とともに果皮、種子を漬け込みます。ほどよく色がついたら果汁を引き抜き（セニエ）、白ワインのように低温発酵させます。これはマセラシオン法とも呼ばれます。ふたつ目は、**直接圧搾法**です。**黒ブドウを使い、白ワインと同じ造り方**をします。破砕、圧搾した後、果汁のみを発酵させたものです。ブドウに含まれる色素が多いため、圧搾しただけで美しいロゼ色になります。三つ目は、**混醸法**です。セニエ法とほぼ同じように造られます。ただし、セニエ法と違うのは、**黒ブドウと白ブドウの両方を使って発酵させる醸造法**です。ヨーロッパで造られる**スティルワイン**は、ワイン法に基づき、シャンパーニュ以外で赤と白の「ワインを混ぜて」ロゼワインを造ることは禁止されています。

ロゼの3つの造り方

A　セニエ法

黒ブドウを赤ワインと同じ工程で醸造。代表的なワインに、フランス ロワールのタヴェルや、プロヴァンス、コルシカ島のロゼワインがある。

セニエ法主体で造られた「ジャパンプレミアム マスカット・ベーリーA ロゼ」〈サントリーワインインターナショナル〉

B　直接圧搾法

黒ブドウを白ワインと同じ工程で醸造する。破砕、圧搾する時に、果皮から果汁に移る色がロゼとなる。アメリカのブラッシュワインが代表的。

ブラッシュワイン「カリフォルニア・ホワイト・ジンファンデル ベリンジャー・ヴィンヤーズ」〈サッポロビール〉

C　混醸法

黒ブドウと白ブドウが混ざった状態の果醪を発酵させて造る。ドイツのロートリングで用いられる醸造法。

混醸法で造られた「ロートリング ドイッチャー ターフェルヴァイン」〈稲葉〉

スパークリングワインの醸造法

最高級からカジュアルまで、製法によって多様なタイプを造ります。

好対照な風味を生む瓶内二次発酵とシャルマ方式

スパークリングワインには数種類の製造方法があります。その中で主流となっているのが、**瓶内二次発酵**と**シャルマ方式**です。

瓶内二次発酵はシャンパーニュに代表される方法です。ワインに複雑な味わいが生まれ、高級志向の仕上がりになります。この製法を用いて**フランスのシャンパーニュ以外の産地で造られるものはクレマン**と呼ばれます。瓶内二次発酵のワインは世界各地で採用されており、イタリアのフランチャコルタやスペインのカヴァが有名です。

一方、シャルマ方式によるワインは、ピュアでフレッシュ、アロマティックな風味が特徴です。多くのワインはカジュアルに楽しまれています。世界中で広く造られており、代表的なものにイタリアのプロセッコやアスティ スプマンテがあります。

スパークリングワインの主な醸造法

A 瓶内二次発酵（トラディショナル方式）

瓶に一次発酵で造られたスティルワインと糖、酵母を入れ、栓をした後に再度発酵をさせる。瓶の中でアルコール発酵が起こり、炭酸ガスが発生する。その後、澱抜きをし、コルク栓をして出荷される。シャンパーニュやスペインのカヴァなどで用いられる方法。

B シャルマ方式

タンクにスティルワインを入れて二次発酵させる方法。フィルターで澱を取り除き瓶詰めして出荷される。シャルマ方式は、ブドウ品種そのものの香りを生かしたい時に用いられることが多い。

Column 8
試飲会は宝の山！
リーズナブルで貴重な体験に挑もう

　現在、大都市を中心に、一般の方も入場できるさまざまな大規模試飲会が開かれています。何種類も同時に試飲できる試飲会は、ワインを勉強する人にとっては宝の山。テーマが広く、世界各国のワインを取り揃えている試飲会は、ワイン大国のワインはもちろん、日本のショップではなかなか売っているのを目にしないマイナー産地のワインも試飲できます。しかも、入場料や参加料を払えば、その都度ワイン代を払う必要もなく、たくさんのワインをテイスティングできるわけです。

　そのような場所に行く機会に恵まれたら、必ずテーマを持ってテイスティングしましょう。行き当たりばったりでワインを飲んでも混乱するだけで、なにも身につきません。例えば今日はマイナー産地を中心にとか、サンジョヴェーゼを中心に、ニュージーランドだけを飲むなど、テーマにそって情報を蓄積していきましょう。

　また、地方都市では、酒屋やワインショップが主体となって試飲会が開かれたり、レストランが主体になってワイン会が開催されたりしています。顧客サービスを目的にして、リーズナブルな価格で参加できるものも多いので、うまく利用しましょう。

　さて、日本で最も試飲会を開催しているのは、一般社団法人日本ソムリエ協会です。全国の支部ごとにさまざまな試飲会やテイスティングセミナーがあり、その情報は日本ソムリエ協会のホームページで確認できます。日本ソムリエ協会の会員のみを対象とする場合もありますが、参加費を払えば一般の方でも参加できるイベントもたくさんあります。日本ソムリエ協会主催の会では、日本のみならず世界トップレベルのソムリエや生産者が講師として招かれることもあります。テイスティングしながら、そうそう聞けない話も聞ける、貴重な体験となるはずです。

Part 7
ブラインドテイスティングの実践

ワインテイスティングの集大成として、
ブラインドテイスティングをしてみましょう。

ブラインドテイスティング

判断、評価する

初心者は、南北感を意識して仮説と検証を繰り返そう

　Part1〜6を通じて、テイスティングに自信が出てきましたか？ それでは、50ページのコラムでも紹介した**ブラインドテイスティング**に挑戦してみましょう。実力を深め、テイスティングの難しさを知る経験となります。

　ただし、初心者も初心者の人は、脳内のファイルの情報がある程度入ってからではないとまったく答えに近づけず、意味もありませんし、やっている当人がおもしろくありません。情報を貯めてからチャレンジしましょう。

　ブラインドテイスティングをファイルの情報が少ない人が実践すると、結論の導き方がかなり直線的になります。そこで重要なのが、Part1〜4までに読み進めた手順で**仮説を立てること**と、その**チェックを繰り返しながらテイスティングを進める**ことです。ブラインドテイスティングでは答えがわからないため、いろいろなものを想定しなければなりません。そこで絞り込みをする際に念頭におきたいことが「**南北感**」です。外観でも、香りでも、また味わいでも、常に南北感をみていけば、徐々に範囲を狭めていけるはずです。そうすると「収拾がつかない！」なんてことも避けられ、少しずつ答えに近づいていけます。

経験者は、複合的な仮説をたてて確実に結論へ

　中・上級者になると、脳内のファイルにある**それぞれの情報に連動性**があり、ひとつの生産者のファイルにはその生産者の**アペラシオン**（産地）や**ヴィンテージ**情報がたくさん入っていることでしょう。そのため、立てられる仮説の幅が初心者とは大きく異なります。ブラインドテイスティングが難しいのは、複数の可能性がある中から最終的にはひとつの結論を決めなければならないところです。

　例えば、酸の量が中程度で、酸のタイプもある程度柔らかみがあるワインがあるとします。これは南北感で言うところの中間に位置するエリアのワインかもしれませんが、酸の高い北のエリアのワインにマロラクティック発酵などをして酸を柔らげたワインなのかもしれません。これを早い段階から絞り込むよりも、いろいろな条件が絡まりあった状態で仮説を立てることで、いくつもの可能性を検証できます。このように知りすぎているゆえに、深読みし、振り回されることもあるので、よく見極めて進めていきましょう。また、慣れるまでは、190ページから始まるチャートを傍らに置き、仮説から結論までの流れを何度も繰り返しトレーニングするとよいでしょう。

の仕方

いつかブラインドテイスティングでズバリ答えたい……。
そんな夢を実現できるよう、トレーニングしていきましょう。

Part 7 ブラインドテイスティングの仕方

ブラインドテイスティングの判断例

STEP 1 色を見て、香り、味わいの仮説を立てる

外観の色を見ます。例えば色が淡く、グリーンがかっていて、輝きがあるワインだとします。南北感から、涼しい北の産地で造られた、柑橘系の香りがする、酸が強いワインかもしれない、と仮説を立てることができます。

STEP 2 仮説を立てた香りと実際の香りの差をチェック

香りをとります。色の薄い白ワインの**イメージパレット**（→p64）を思い浮かべ、実際の香りを照らし合わせます。例えば柑橘系や植物の青い印象を感じたとすると、品種がソーヴィニヨン・ブランか、ひょっとするとミュスカデ、あるいは甲州かもしれないと絞ることができます。しかし、仮説とギャップがあれば、STEP1に戻ります。

STEP 3 仮説の味わいと実際の味わいの差をチェック

ワインを味わい、STEP1の外観、STEP2の実際の香りからの仮説を照合しながら差を見ます。例えば酸味がかなり強いワインで、カシスの新芽の香りがあるなら、ニュージーランドのソーヴィニヨン・ブランと考えられます。

判断 STEP1、2、3の情報から、品種、産地を導き出します。

酸
バランス
構造

仮説が間違っていたら？

STEP1、2、3を順番関係なく繰り返して仮説を修正し、再度STEP1、2、3をチェックして判断し直します。

久保のワインこぼれ話　ブラインドテイスティングは深読みしすぎるとドツボにはまる危険性あり！

赤ワインの判断チャート

判断、評価する

STEP 1 まず色を見て香り味わいの仮説を立てる、色の南北感もチェック

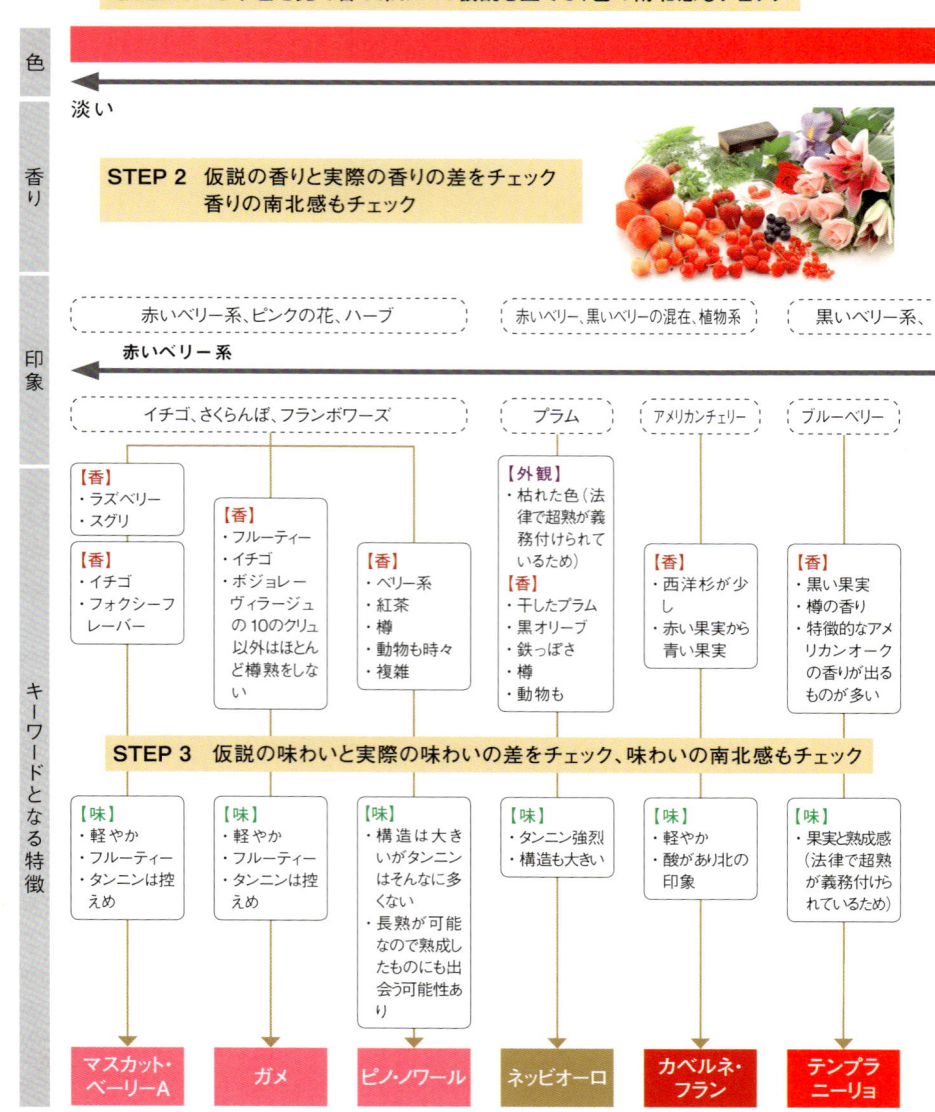

色：淡い ←

STEP 2 仮説の香りと実際の香りの差をチェック 香りの南北感もチェック

香り

印象：
- 赤いベリー系、ピンクの花、ハーブ
- 赤いベリー、黒いベリーの混在、植物系
- 黒いベリー系、

← 赤いベリー系

- イチゴ、さくらんぼ、フランボワーズ
- プラム
- アメリカンチェリー
- ブルーベリー

キーワードとなる特徴

【香】
- ラズベリー
- スグリ

【香】
- イチゴ
- フォクシーフレーバー

【香】
- フルーティー
- イチゴ
- ボジョレーヴィラージュの10のクリュ以外はほとんど樽熟をしない

【香】
- ベリー系
- 紅茶
- 樽
- 動物も時々
- 複雑

【外観】
- 枯れた色（法律で超熟が義務付けられているため）

【香】
- 干したプラム
- 黒オリーブ
- 鉄っぽさ
- 樽
- 動物も

【香】
- 西洋杉が少し
- 赤い果実から青い果実

【香】
- 黒い果実
- 樽の香り
- 特徴的なアメリカンオークの香りが出るものが多い

STEP 3 仮説の味わいと実際の味わいの差をチェック、味わいの南北感もチェック

【味】
- 軽やか
- フルーティー
- タンニンは控えめ

【味】
- 軽やか
- フルーティー
- タンニンは控えめ

【味】
- 構造は大きいがタンニンはそんなに多くない
- 長熟が可能なので熟成したものにも出会う可能性あり

【味】
- タンニン強烈
- 構造も大きい

【味】
- 軽やか
- 酸があり北の印象

【味】
- 果実と熟成感（法律で超熟が義務付けられているため）

→ マスカット・ベーリーA / ガメ / ピノ・ノワール / ネッビオーロ / カベルネ・フラン / テンプラニーリョ

赤ワインの判断チャート

p42で紹介している南北感を常に意識しながら、
赤ワインの品種を考えていきましょう。

濃い →

青いニュアンス｜黒いベリー系、スパイス、乾燥したニュアンス

黒いベリー系 →

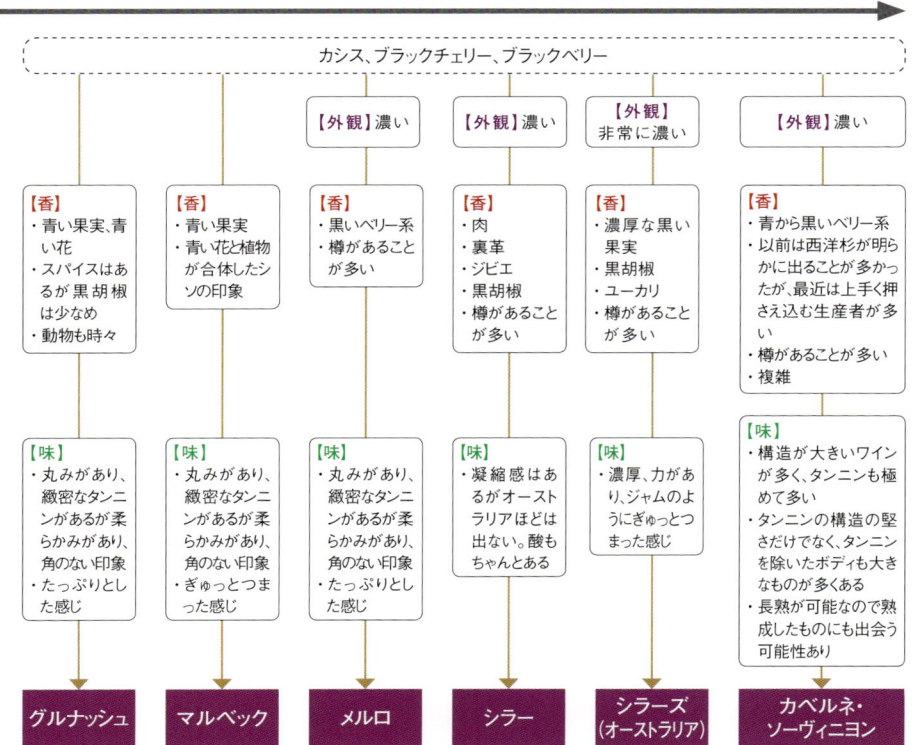

カシス、ブラックチェリー、ブラックベリー

グルナッシュ
- 【香】
  - 青い果実、青い花
  - スパイスはあるが黒胡椒は少なめ
  - 動物も時々
- 【味】
  - 丸みがあり、緻密なタンニンがあるが柔らかみがあり、角のない印象
  - たっぷりとした感じ

マルベック
- 【香】
  - 青い果実
  - 青い花と植物が合体したシソの印象
- 【味】
  - 丸みがあり、緻密なタンニンがあるが柔らかみがあり、ぎゅっとつまった感じ

メルロ
- 【外観】濃い
- 【香】
  - 黒いベリー系
  - 樽があることが多い
- 【味】
  - 丸みがあり、緻密なタンニンがあるが柔らかみがあり、角のない印象
  - たっぷりとした感じ

シラー
- 【外観】濃い
- 【香】
  - 肉
  - 裏革
  - ジビエ
  - 黒胡椒
  - 樽があることが多い
- 【味】
  - 凝縮感はあるがオーストラリアほどは出ない。酸もちゃんとある

シラーズ（オーストラリア）
- 【外観】非常に濃い
- 【香】
  - 濃厚な黒い果実
  - 黒胡椒
  - ユーカリ
  - 樽があることが多い
- 【味】
  - 濃厚、力があり、ジャムのようにぎゅっとつまった感じ

カベルネ・ソーヴィニヨン
- 【外観】濃い
- 【香】
  - 青から黒いベリー系
  - 以前は西洋杉が明らかに出ることが多かったが、最近は上手く押さえ込む生産者が多い
  - 樽があることが多い
  - 複雑
- 【味】
  - 構造が大きいワインが多く、タンニンも極めて多い
  - タンニンの構造の堅さだけでなく、タンニンを除いたボディも大きなものが多くある
  - 長熟が可能なので熟成したものにも出会う可能性あり

白ワインの判断チャート

判断、評価する

STEP 1　まず色を見て香り味わいの仮説を立てる、色の南北感もチェック

色　← 淡い

STEP 2　仮説の香りと実際の香りの差をチェック　香りの南北感もチェック

香り

印象

柑橘系、植物系、ミネラル感　←――――――→　白桃、甘味、ハーブ、白のイメージ

涼しげ、ライム、レモン　｜　リンゴ　｜　グレープフルーツ　｜　白桃、黄桃、アプリコット

- 【香】
  - ・青リンゴ
  - ・ミネラル
- 【香】
  - ・控えめ
  - ・バンドミ

- 【香】控えめ
- 【外観】
  - ・ピンクのトーンが入ることがある
- 【香】
  - ・酒粕のニュアンス、柑橘系

- 【香】グレープフルーツ

- 【香】
  - ・果物はリンゴが主
  - ・涼しげな柑橘もミネラルもよく出てくる

- 【香】控えめ

- 【香】
  - ・白桃～黄桃
  - ・ペトロール

STEP 3　仮説の味わいと実際の味わいの差をチェック、味わいの南北感もチェック

キーワードとなる特徴

- 【味】
  - ・酸は比較的強い
  - ・小さなボディ

- 【味】
  - ・酸は比較的弱い
  - ・比較的小さなボディ

- 【味】軽やかでキレのある酸

- 【味】
  - ・軽やか
  - ・後味に酸

- 【味】
  - ・軽やか
  - ・後味に酸

- 【味】
  - ・エレガント
  - ・骨格のあるものもある
  - ・酸が豊か

→ **ミュスカデ** ｜ **甲州** ｜ **ソーヴィニヨン・ブラン** ｜ **シャルドネ（樽なし）** ｜ **アリゴテ** ｜ **リースリング**

- 【香】カシスの新芽　華やかなグレープフルーツ
- 【味】酸はかなり強い

→ **ソーヴィニヨン・ブラン（NZ）**

- 【香】控えめなホワイトアスパラガス、控えめなグレープフルーツ
- 【味】ミネラル

→ **ソーヴィニヨン・ブラン（ロワール最上流部）**

**南北感を念頭に、
白ワインのブラインドテイスティングをしましょう。**

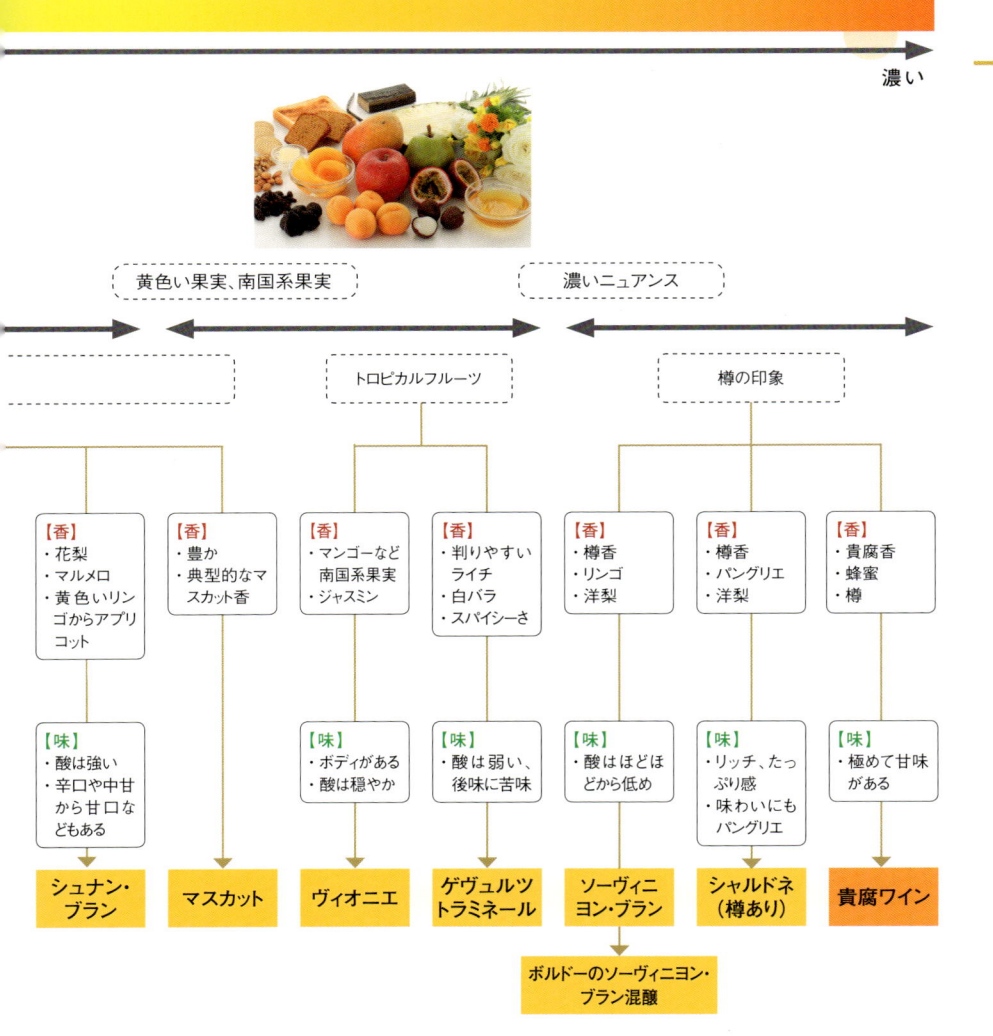

Part 7 白ワインの判断チャート

→ 濃い

黄色い果実、南国系果実 ／ 濃いニュアンス

トロピカルフルーツ ／ 樽の印象

【香】
・花梨
・マルメロ
・黄色いリンゴからアプリコット

【香】
・豊か
・典型的なマスカット香

【香】
・マンゴーなど南国系果実
・ジャスミン

【香】
・判りやすいライチ
・白バラ
・スパイシーさ

【香】
・樽香
・リンゴ
・洋梨

【香】
・樽香
・バングリエ
・洋梨

【香】
・貴腐香
・蜂蜜
・樽

【味】
・酸は強い
・辛口や中甘から甘口などもある

【味】
・ボディがある
・酸は穏やか

【味】
・酸は弱い、後味に苦味

【味】
・酸はほどほどから低め

【味】
・リッチ、たっぷり感
・味わいにもバングリエ

【味】
・極めて甘味がある

→ シュナン・ブラン

→ マスカット

→ ヴィオニエ

→ ゲヴュルツトラミネール

→ ソーヴィニヨン・ブラン → ボルドーのソーヴィニヨン・ブラン混醸

→ シャルドネ（樽あり）

→ 貴腐ワイン

193

用語Index

＊はPart5を除きます。太字のページ数は用語の説明があるページです。

あ

脚（レッグス）……25、29、32、33、**36**、37、46、47、48

アタック＊……29、92、93、**94**

圧搾……**180**、182、184

アペラシオン……178、**188**

アロマホイール……72、**74**、**75**、102

アリアニコ……**125**、170

アリゴテ……**146**、192

アルバリーニョ……**142**、172、173

い

イメージパレット……53、**54**、55、56、58、60、62、64、66、68、70、72、189

インポーター……**22**、26、27、148

う

ヴィオニエ……77、88、**138**、193

ヴィンテージ＊……**16**、17、18、20、26、27、29、49、163、188

え

エッジ……………**32**、33、38

か

カベルネ・ソーヴィニヨン……12、13、16、17、26、38、39、44、46、47、76、81、82、83、96、97、**106**、107、108、111、112、152、153、154、155、156、158、160、161、162、164、166、167、176、178、179、191

カベルネ・フラン……**111**、156、172、190

ガメ……38、46、47、76、96、**117**、153、157、179、190

カリニャン（カリニェーニャ）……**125**、173、179

カルメネール……114、**123**、166

き

貴腐ワイン……41、77、87、88、141、193

共通言語……29、**32**、72、94

キンメリジャン……**179**

く

クエン酸……**95**

クリュ……**179**、190

グリ（グリ系）＊……40、**42**、78、93、177

グリセリン……………36、37、**95**

グルナッシュ（ガルナッチャ）……80、**119**、156、172、173、179、191

クレマン……**185**

け

ゲヴュルツトラミネール……73、77、80、83、**135**、193

健全（健全性）……**32**、33、86、90、102、166

こ

国際品種……**152**、154、176

混醸法……**184**
甲州……48、86、**145**、176、177、189、192

さ

サンジョヴェーゼ……**118**、168、170、186
酸化……39、45、89、115、173
残糖*……36、**95**

し

シェリー……41、63、71、74、75、84、**173**
シャルドネ……15、77、84、85、88、97、**128**、129、130、152、153、155、158、160、161、162、164、171、176、179、192、193
シャルマ方式……**185**
シャンパン……110、130、147、**152**
収斂性*……29、**96**、98
熟成*……16、17、23、29、30、34、38、39、40、41、43、44、45、72、73、79、80、81、82、85、87、88、89、96、98、101、172、180、182、190、191
酒精強化酒……85、**173**
酒石酸……35、**95**
シュナン・ブラン……50、77、**140**、193
主発酵……**180**、182
シュール・リー……73、**101**、177
除梗……**180**、182
シラー(シラーズ)……14、15、38、39、46、47、72、76、79、83、84、87、88、96、**114**、115、152、156、162、163、164、191
シルヴァーナー……83、**143**、175

ジンファンデル(プリミティーヴォ)……76、**122**、160、161、170

す

スキンコンタクト……**182**、183
スティルワイン*……**34**、35、147、162、173、184、**185**
スパークリングワイン……34、147、151、**185**
スワリング*……25、29、30、35、36、37、**52**、53、89

せ

清澄度*……29、32、33、**34**、35、36、46、47、48、
セニエ法……**184**
セパージュ……**13**
セミヨン……48、**141**、163
選果……**180**、181、182

そ

ソーヴィニヨン・ブラン……40、73、77、78、79、81、85、87、97、**131**、132、141、152、153、157、164、165、189、192、193
ソムリエ……22、28、50、53、101、**104**、186

た

第一アロマ……**72**、73、76
第三アロマ……**72**、73、76
第二アロマ……**72**、73、76
樽熟成*……12、40、41、44、46、47、

72、73、79、80、83、84、85、86、87、172、173、177、**182**、183

タンク熟成……**180**、182

タンニン*……10、11、12、13、16、17、18、29、30、39、43、86、92、93、94、**96**、97、99、161、180、182、190、191

ち

直接圧搾法……**184**

て

ディスク*……29、32、33、**36**、37、46、47、48

テイスティングシート……**28**、92

テクニカルシート……26、**27**、28、46

デブルバージュ……**182**

テンプラニーリョ……80、**120**、172、173、190

と

トロンテス……**136**、166

ドルチェット……**126**、168、170

トレッビアーノ……**144**、168、171

に

乳酸……**95**、180、182

ね

ネゴシアン……**20**

ネッビオーロ……88、96、**116**、168、170、190

粘性*……25、29、32、33、**36**、37、40、46、47、48

は

バックヴィンテージ……**27**

発泡性……32、33、**34**、35、36

バトナージュ……44、73、85、**101**、128

バランス*……23、29、30、**99**、101、164

バルベーラ……**126**、170

ハングタイム……**42**、43

ひ

ピジャージュ……**181**

ピノ・グリ（ピノ・グリージョ）……**139**、164

ピノタージュ……**127**

ピノ・ノワール……12、13、26、38、44、46、47、48、76、78、83、88、96、97、98、**108**、109、110、117、118、127、143、146、152、153、155、157、158、159、160、161、164、165、170、174、178、190

ピノ・ブラン……**143**

品種特性……**12**、32、72、154、165

瓶詰め……27、34、35、89、147、**180**、182、185

瓶内二次発酵……101、147、**185**

ふ

フィロキセラ……**123**、166

複雑さ*……**98**、101、181、183

ブショネ……49、**90**

ブラインドテイスティング……50、103、**188**、189

へ

ペトロール……74、75、**133**、134、163、193

ほ

ボディ*……24、29、92、93、**97**、98、100、102、103、191、192、193
ポリフェノール……44、**96**
ポートワイン……**173**

ま

マスカット……65、69、73、74、75、88、**137**、193
マスカット・ベーリーA……76、88、96、**124**、176、177、190
マセラシオン（かもし）……10、11、42、**180**、181
マセラシオン・カルボニック……**12**、73、88
マリアージュ……**26**、27、100
マルサラ……**173**
マルベック……48、82、**121**、136、164、166、167、191
マロラクティック発酵（MLF）……73、84、87、**180**、181、182、188

み

味覚……23、32、92、**94**、98、103
ミュスカデ……40、78、81、**142**、189、192

め

メイラード反応……**41**
メルロ……13、16、76、97、111、**112**、113、152、153、154、160、164、167、170、176、178、179、191

よ

余韻（アフター）*……18、19、23、29、92、93、**100**

ら

ランブルスコ……**127**、170

り

リースリング……97、**133**、134、152、162、163、164、174、175、192
リンゴ酸……**95**、180、182

る

ルモンタージュ……**181**

ろ

濾過……34、**180**、182
ロゼワイン……78、**184**

わ

ワイナリー……**26**、27、114
ワインベルト……151

協力メーカー、販売元問い合わせ先

社名	URL	電話	ジャンル
アルク・インターナショナル・ジャパン株式会社	http://jp.arc-intl.com/	03-5774-2394	グラス
株式会社飯田	http://www.iidawine.com/	072-923-6244	ワイン
株式会社稲葉	http://www.inaba-wine.co.jp/	052-301-1441	画像
株式会社岩の原葡萄園	http://www.iwanohara.sgn.ne.jp/	025-528-4002	ワイン・画像
ヴィレッジ・セラーズ株式会社	http://www.village-cellars.co.jp/	0766-72-8680	ワイン
エノテカ株式会社	http://www.enoteca.co.jp/	03-3280-6258	画像
有限会社エル・カミーノ	http://www.il-calice.jp/	045-227-5373	画像
有限会社大浦葡萄酒	http://ourawine.com/	0238-43-2056	画像
CAVE D'OCCI WINERY	http://www.docci.com/	0256-77-2288	画像
木下インターナショナル株式会社	http://www.kinoshita-intl.co.jp/	03-3553-0721	ワイン
国分株式会社	http://liquors.kokubu.co.jp/	03-3276-4125	ワイン
サッポロビール株式会社	http://www.sapporobeer.jp/	0120-207800	ワイン・画像
佐野キャピタル・アンド・コモディティーズ株式会社	http://www.vinho.jp/	03-3652-1322	画像
サントリーワインインターナショナル株式会社	http://www.suntory.co.jp/wine/	0120-139-380	ワイン・画像
ジェロボーム株式会社	http://www.jeroboam.co.jp/	03-5786-3280	ワイン
シュピゲラウ・ジャパン	http://www.spiegelau.co.jp/	03-5775-5024	グラス
丹波ワイン株式会社	http://www.tambawine.co.jp/	0771-82-2003	画像
地中海フーズ株式会社	http://www.chichukaifoods.com/	03-6441-2522	撮影物
中央葡萄酒株式会社　グレイスワイン	http://www.grace-wine.com/	0553-44-1230	ワイン・画像
日本リカー株式会社	http://www.nlwine.com/	03-5643-9770	ワイン
ネットショップ　ビオクル	http://biocle.jp/	0120-770-250	画像
ピーロート・ジャパン株式会社	http://www.pieroth.jp/	03-3458-4455	画像
株式会社ファインズ	http://www.fwines.co.jp/	03-6732-8600	ワイン・画像 撮影物
株式会社フィネス	http://www.finesse-wine.co.jp/	03-5777-1468	画像
葡萄畑ココス	http://www.rakuten.co.jp/co2s/	072-966-2263	画像
ブリストル・ジャポン株式会社	http://www.bristol-japon.co.jp/mx/	03-6303-8511	ワイン
ヘレンベルガー・ホーフ株式会社	http://tia-net.com/h-hof/	072-624-7540	ワイン・画像
メルシャン株式会社	http://www.kirin.co.jp/products/wine/	0120-676-757	画像
株式会社モトックス	http://mottox.co.jp/	0120-344101	画像
モンテ物産株式会社	http://www.montebussan.co.jp/	0120-348566	ワイン・画像
株式会社ラック・コーポレーション	http://www.luc-corp.co.jp/	03-3586-7501	ワイン
リーデル・ジャパン	http://www.riedel.co.jp/	03-5775-5888	グラス
ワイン・イン・スタイル株式会社	http://www.wineinstyle.co.jp/	03-5212-2271	ワイン

<参考文献>
『ソムリエ・ワインアドバイザー・ワインエキスパート 日本ソムリエ協会 教本 2014』
一般社団法人日本ソムリエ協会（一般社団法人日本ソムリエ協会）
『ワイン テイスティング』佐藤陽一（ミュゼ）
『ワイン テイスティングバイブル』谷宣英（ナツメ社）
『ワインテイスティング基本ブック』（美術出版社）
『ワイン基本ブック』（美術出版社）
『ワインの基礎知識』若生ゆき絵（新星出版社）
『The World Atlas of Wine』ヒュー・ジョンソン　ジャンシス・ロビンソン（Mitcell Beazley）
『WINE GRAPES』ジャンシス・ロビンソン（HarperCollins Publishers）
『ワイン用葡萄ガイド MW（マスター・オブ・ワイン）ジャンシス・ロビンソンによるワイン醸造用葡萄800品種の徹底ガ
　　イド』ジャンシス・ロビンソン（ウォンズ パブリシング）
『シャンパン物語 その華麗なワインと造り手たち』山本博（柴田書店）
『シャンパン 泡の科学』ジェラール・リジェ＝ベレール（白水社）

監修者プロフィール

久保 將 Masashi Kubo

1957年生まれ。サントリー入社。
福岡支店を経て、以後17年間にわたって、一流ホテル・レストランへのワイン営業一筋。その間に培われた鼻と舌は、シェフやソムリエから絶大なる信頼を得ている。
現在、サントリーワインインターナショナル株式会社のシニア・スペシャリストとしてワインの啓蒙活動に携わっている。シニアワインアドバイザー資格の第一期生にしてシリアルナンバー1。ポルトガル投資・観光・貿易振興庁（ICEP）が実施するポートワインのコンテスト「94年度エンリケ航海王子ソムリエコンテスト」にて入賞の実績を持つ。社内外で育てたワインアドバイザーは数知れず。料理の腕前もプロ級。こだわりの食材を瞬く間に、ワインに合う料理に仕上げるホームパーティーの達人でもある。

本書の内容に関するお問い合わせは、書名、発行年月日、該当ページを明記の上、書面、FAX、お問い合わせフォームにて、当社編集部宛にお送りください。電話によるお問い合わせはお受けしておりません。
また、本書の範囲を超えるご質問等にもお答えできませんので、あらかじめご了承ください。
　FAX：03-3831-0902
　お問い合わせフォーム：http://www.shin-sei.co.jp/np/contact-form3.html

落丁・乱丁のあった場合は、送料当社負担でお取替えいたします。当社営業部宛にお送りください。
本書の複写、複製を希望される場合は、そのつど事前に、出版者著作権管理機構（電話：03-5244-5088、FAX：03-5244-5089、e-mail：info@jcopy.or.jp）の許諾を得てください。
JCOPY ＜出版者著作権管理機構 委託出版物＞

ワインテイスティングの基礎知識
監修者　久保　　將
発行者　富永　靖弘
印刷所　株式会社新藤慶昌堂
発行所　東京都台東区 株式 新星出版社
台東2丁目24 会社
〒110-0016 ☎03(3831)0743

Ⓒ Masashi Kubo　　　　　　　　Printed in Japan

ISBN978-4-405-09273-0

[別冊]　ソムリエ・ワインエキスパート呼称資格認定試験

※取り外して使用することもできます。

受かる！二次攻略テクニック

一般社団法人日本ソムリエ協会が実施しているソムリエ・ワインエキスパート呼称資格認定試験の二次試験はテイスティングです。2017年の試験では、ソムリエ試験でスティルワイン3種類、その他の飲料2種類、ワインエキスパート試験でスティルワイン4種類、その他の飲料1種類が出題されました。配点はソムリエ試験で外観 20％、香り 28％、味わい 20％、その他の項目 10％、収穫年 3％、生産地 6％、主なブドウ品種9％、飲料の銘柄 各2％でした。意外に品種の配点が低いのがよく判ります。

1 品種当てに囚われない！

品種の配点は低いので、品種当てに囚われず、自分の練習してきたやり方に従って、出来るだけ客観的に評価してください。

2 ケアレスミスで点数を失わない！

用語選択肢には赤ワイン用と白ワイン用が両面に印刷されています。答えるべき色を間違えないように注意してください。

3 解答個数は確実に！

解答数は、項目ごとに細かく指定されています。その指定個数をオーバーしないようにしましょう。オーバーした時点でその項目の得点は0点です。反対に少ないのも0点です。正解でない答えを選択しても減点にはなりませんから、直感でもよいので指定個数は必ず選ぶようにしましょう。

4 答えには幅がある

標準解答には幅があります。例えば色の濃さの用語選択肢は5段階ですが実際のワインには無数の濃さがあります。出題チームとしても、そのワインの実際の濃さが 2.淡い と 3.やや濃い の幅の間に位置するのであれば、一番近い答えだけではなく、そのいずれかを選択した受験生を正解とするというスタンスなのです。指定された個数よりも標準解答の個数が多いのはそのためです。

5 美味しそうに聞こえる用語を選ぼう！

標準解答のスタンスは、お客様にワインを楽しんでもらうソムリエの立場なので、基本的に美味しそうに聞こえる用語の方が採用されやすい傾向があります。

6 マークシート以外の記述に注意

マークシート以外に銘柄を記述で問われます。銘柄の記述は原語かカタカナで行います。原語はスペルを間違えてしまうと不正解なので、確実な方で答えるとよいでしょう。

7 出題ワインの傾向は？

出題されるワインは一般に流通しているワインよりも少し古いヴィンテージが出題される傾向にあります。それは日本ソムリエ協会のセラーで熟成させたよい状態のワインが出題されるからです。一方、10年を超えるような古酒は出題されにくい傾向があります。まとまった数の調達が困難なのと、協会で熟成をさせるにしても限界があるためでしょう。

8 時間配分を意識する

時間配分も重要なポイントです。悩みだすと時間があっという間に足りなくなります。1アイテム7分を目処に解答できるようトレーニングしましょう。

白ワイン テイスティング用語解説

※下記の表はテイスティング用語選択紙例です。　選択数　← 指定された選択数を選ぶこと

	項目		1		2		3		4	
外観	清澄度①		1	澄んだ	2	やや濁った	3	濁った		
	輝き②		1	クリスタルのような	2	輝きのある	3	落ち着いている	4	モヤがかかった
	色調③		1	グリーンがかった	2	レモンイエロー	3	イエロー	4	黄金色がかった
			6	トパーズ	7	アンバー（琥珀色）				
	濃淡④		1	薄い（無色に近い）	2	淡い	3	やや濃い	4	濃い
	粘性⑤		1	さらっとした	2	やや軽い	3	やや強い	4	強い
	外観の印象⑥		1	若々しい	2	軽快な	3	よく熟した	4	成熟度が高い
			6	やや熟成した	7	熟成した	8	酸化熟成のニュアンス	9	酸化が進んだ
香り	第一印象⑦		1	閉じている	2	控えめ	3	しっかりと感じられる	4	力強い
			6	華やかな	7	濃縮感がある	8	深みのある	9	複雑な
	特徴	果実⑧、花、植物⑨	1	柑橘類	2	青リンゴ	3	リンゴ	4	洋梨
			6	桃	7	アプリコット	8	パイナップル	9	メロン
			11	バナナ	12	マンゴー	13	ライチ	14	くるみ
			16	ヘーゼルナッツ	17	マスカット	18	スイカズラ	19	アカシア
			21	キンモクセイ	22	菩提樹	23	ミント	24	アニス
		香辛料、芳香⑩、化学物質⑪	1	タバコ	2	パン・ドゥ・ミ	3	焼いたパン（トースト）	4	カラメル
			6	石灰	7	火打石	8	ヴァニラ	9	白胡椒
			11	丁子	12	シナモン	13	ハチミツ	14	バター
			16	硫黄	17	樹脂	18	ヨード	19	麝香
			21	ペトロール						
	香りの印象⑫		1	若々しい	2	還元的	3	熟成度が現れている	4	酸化熟成の段階に
			6	第一アロマの強い	7	第二アロマの強い	8	ニュートラル	9	木樽からのニュア
味わい	アタック⑬		1	軽い	2	やや軽い	3	やや強い	4	強い
	甘み（アルコールのボリューム感も含む）⑭		1	弱い	2	まろやか	3	豊かな	4	残糖がある
	酸味⑮		1	しっかりとした	2	爽やかな	3	やさしい	4	キメ細かい
	苦味⑯		1	控えめ	2	穏やかな	3	コク（深み）を与える	4	旨味をともなった
	バランス⑰		1	スリムな	2	スムースな	3	溌剌とした	4	ドライな
			6	ねっとりした	7	コンパクトな	8	フラットな	9	豊潤な
			11	力強い	12	バランスが良い				
	アルコール⑱		1	軽い	2	やや軽め	3	中程度	4	やや強め
			6	熱さを感じる						
	余韻⑲		1	短め	2	やや短い	3	やや長い	4	長い

	1		2		3		4	
評価⑳	1	シンプル、フレッシュ感を楽しむ	2	成熟度が高く、豊か	3	濃縮し、力強い	4	エレガントで、余韻の
供出温度㉑	1	8度未満	2	8-10度	3	11-14度	4	15-18度
グラス㉒	1	小ぶり	2	中庸	3	大ぶり		
収穫年㉓	1	2013	2	2014	3	2015	4	2016
生産国	1	フランス	2	スペイン	3	イタリア	4	日本
	6	アメリカ	7	ドイツ	8	ニュージーランド	9	チリ
主な葡萄品種	1	シャルドネ	2	リースリング	3	ソーヴィニヨン・ブラン	4	ミュスカデ
	6	ゲヴェルツトラミネール	7	アルバリーニョ	8	ガルガネガ	9	シュナン・ブラン
銘柄㉔	テイスティング解答用紙の記入欄にカタカナまたは原語で記入してください　スペル間違いは不正解							

5	黄金色
5	非常に濃い
5	濃縮感がある
10	完全に酸化している
5	チャーミング
5	花梨
10	パッションフルーツ
15	炒ったアーモンド
20	白バラ
25	ヴェルヴェーヌ
5	貝殻
10	コリアンダー
15	香木
20	ランシオ
5	酸化している
5	インパクトのある
5	力強い
5	強い（突出した）
5	まろやかな
10	厚みのある
5	強い
5	長期熟成型
5	19度以上
5	2017
5	オーストラリア
10	アルゼンチン
5	セミヨン
10	甲州

①清澄度
圧倒的に 1.澄んだ が選ばれる。よほど濁りが確認できなければ1を選択。

②輝き
基本的には 2.輝きのある を選択、きらきら輝いている場合は 1.クリスタルのような を選択。

③色調
基本的には 1.グリーンがかった、2.レモンイエロー を選択、黄色みを見て強ければ 3.イエロー金のトーンがあれば 4.黄金色がかった を選択。
7.アンバー（琥珀色）はあまり選択されていない。

④濃淡
実際のグラスの色の濃さを見て判断するが 2.淡い が中心で 1.薄い（無色に近い）は比較的多く登場。3.やや濃い も少し登場する。

⑤粘性
脚の出方やディスクの厚さを見て判断する。グラスの洗浄によっては油分が残っていて、それにより脚を引いているケースもあるので、口含んだ時のアタックのねっとり感をみて、修正してもかまわない。

⑥外観の印象
まさに外観の印象。色の濃さが薄くて緑が多ければ 1.若々しい 2.軽快な ねっとり感が強ければ 5.濃縮感がある を選択。3、4はワインの熟成ではなく、果実としての完熟度合い。9や10はあまり採用されない。

⑦第一印象
基本的に 3.しっかりと感じられる を選択。ほとんど香りを感じなければ 2.控えめ を選択。

⑧果実
2や3のリンゴ系と 1.柑橘類 はよく選ばれる傾向。8.パイナップル は標準解答にあまり登場しない。13.ライチ はゲヴュルツトラミネールのお約束の表現。かすかに感じるくらいなら選択しない。

⑨花、植物
18.スイカズラ はわりとよく採用される。アカシアは少し蜜を含んだ白い花のイメージ、スイカズラは単純に甘い香り。

⑩香辛料、芳香
幅広く採用されていて焦点を絞りにくい。5.貝殻 6.石灰 が比較的登場頻度が高い。

⑪化学物質
化学物質からの選択が少なく焦点を絞りにくい。16.硫黄 18.ヨード はたまに選択される。

⑫香りの印象
1.若々しい は、結果的に多く選ばれている。2.還元的 は初心者には表現が難しい用語だが、酸化の真逆の状態のことで、比較的多く登場する。5.酸化している はほとんど選ばれたことがない。

⑬アタック
1.軽い から 3.やや強い までは満遍なく選ばれている。5.インパクトのある は試験会場に偉大なワインは登場し難いからか、あまり選ばれたことがない。

⑭甘み（アルコールのボリューム感も含む）
ワインには残糖だけでなく、アルコール、グリセリン由来の甘さが必ずある。酸に惑わされずに甘さだけの実態を正確に把握し、選択しよう。

⑮酸味
酸味は基本的に協会テキストに掲載されている石田博氏のマトリックスの酸の量と質を両方勘案した上で順に並んでいる。4.キメ細かい は、2013年の一般呼称試験から新登場した用語であまり採用されていない。

⑯苦味
苦味は、量はともかく、ワインには必ずある味わい。5.強い（突出した）はあまり登場しない。3.コク（深み）を与える が多く採用されている。

⑰バランス
4.のドライな は辛口の意味で比較的よく選ばれる。1.スリムな も意外に選択される。

⑱アルコール
アルコール度数14度を超えてくると 6.熱さを感じる と表現することがあるが、直近の白ワインでは標準解答に登場しない。

⑲余韻
2.やや短い 3.やや長い が中心に選ばれているが、1.短め も登場する。

⑳評価
そのワインをあらわすのに最適の語句を探そう。複雑なワインほど指定個数に対して複数解答が許される傾向がある。シンプルなワインは1.シンプル、フレッシュ感を楽しむ が選ばれる。

㉑供出温度
軽いワインは 2.8-10度、厚みのあるタイプで 3.11-14度

㉒グラス
1.小ぶりが多く、2.中庸 も採用、3.大ぶりもたまに採用されている。

㉓収穫年
収穫年は日本ソムリエ協会のセラーで熟成されてから出題されることも多く、一般的に流通しているワインよりも熟成していることも多いので要注意。

㉔銘柄
銘柄は聞かれない年もある。

赤ワイン　テイスティング用語解説

※下記の表はテイスティング用語選択紙例です。

指定された選択数を選ぶこと

		選択数								
外観	清澄度①		1	澄んだ	2	深みのある	3	やや濁った	4	濁った
	輝き②		1	輝きのある	2	落ち着いた	3	モヤがかかった		
	色調③		1	紫がかった	2	ルビー	3	黒みを帯びた	4	オレンジがかった
			6	レンガ色	7	マホガニー				
	濃淡④		1	薄い（無色に近い）	2	やや明るい	3	明るい	4	やや濃い
			6	非常に濃い						
	粘性⑤		1	さらっとした	2	やや軽い	3	やや強い	4	強い
	外観の印象⑥		1	若々しい	2	若い状態を抜けた	3	軽快な	4	熟した
			6	濃縮感が強い	7	やや熟成した	8	熟成した	9	酸化熟成のニュアンス
			11	完全に酸化している						
香り	第一印象⑦		1	閉じている	2	控えめ	3	しっかりと感じられる	4	力強い
			6	華やかな	7	濃縮感がある	8	深みのある	9	複雑な
	特徴	果実⑧、花、植物⑨	1	イチゴ	2	ラズベリー	3	すぐり	4	ブルーベリー
			6	ブラックベリー	7	ブラックチェリー	8	干しプラム	9	乾燥イチジク
			11	メントール	12	シダ	13	バラ	14	すみれ
			16	ゼラニウム	17	ローリエ	18	杉	19	針葉樹
			21	タバコ	22	紅茶	23	キノコ	24	スーボワ
			26	腐葉土	27	土				
		香辛料、芳香⑩、化学物質⑪	1	血液	2	肉	3	なめし皮	4	燻製
			6	ジビエ	7	コーヒー	8	カカオパウダー	9	ヴァニラ
			11	丁子	12	シナモン	13	ナツメグ	14	甘草
			16	杜松の実	17	硫黄	18	樹脂	19	ヨード
	香りの印象⑫		1	若々しい	2	還元的	3	熟成度が現れている	4	酸化熟成の段階に
			6	第一アロマの強い	7	第二アロマの強い	8	ニュートラル	9	木樽からのニュアンス
味わい	アタック⑬		1	軽い	2	やや軽い	3	やや強い	4	強い
	甘み（アルコールのボリューム感も含む）⑭		1	弱い	2	まろやか	3	豊かな	4	残糖がある
	酸味⑮		1	シャープな	2	爽やかな	3	なめらかな	4	円みのある
			6	やさしい	7	力強い				
	タンニン分⑯		1	収斂性のある	2	力強い	3	緻密	4	サラサラとして
			6	シルキーな	7	溶け込んだ				
	バランス⑰		1	スマートな	2	骨格のしっかりした	3	固い	4	痩せた、渇いた
			6	肉厚な	7	力強い	8	流れるような	9	バランスの良い
	アルコール⑱		1	控えめ	2	やや軽め	3	中程度	4	やや強め
	余韻⑲		1	短め	2	やや軽い	3	やや長い	4	長い

評価⑳	1	シンプル、フレッシュ感を楽しむ	2	成熟度が高く、豊か	3	濃縮し、力強い	4	エレガントで、余韻の長
供出温度㉑	1	10度以下	2	10-13度	3	14-16度	4	17-20度
グラス㉒	1	小ぶり	2	中庸	3	大ぶり		
デカンタージュ㉓	1	必要なし	2	事前（30分前）	3	事前（60分前）	4	事前（1時間以上前
収穫年㉔	1	2008	2	2009	3	2010	4	2011
	6	2013	7	2014	8	2015	9	2016
生産国	1	フランス	2	スペイン	3	イタリア	4	日本
	6	アメリカ	7	南アフリカ	8	ニュージーランド	9	チリ
主な葡萄品種	1	カベルネ・ソーヴィニヨン	2	ピノ・ノワール	3	シラー（シラーズ）	4	メルロ
	6	ネッビオーロ	7	サンジョヴェーゼ	8	テンプラニーリョ	9	ガメ
	11	マルベック						
銘柄	テイスティング解答用紙の記入欄にカタカナまたは原語で記入してください スペル間違いは不正解							

5	ガーネット	
5	濃い	
5	成熟度が高い	
10	酸化が進んだ	
5	チャーミング	
5	カシス	
10	赤ピーマン	
15	牡丹	
20	ドライハーブ	
25	トリュフ	
5	シヴェ	
10	黒胡椒	
15	白檀	
20	ランシオ	
5	酸化している	
5	インパクトのある	
5	キメ細かい	
5	ヴィロードのような	
5	豊満な	
5	熱さを感じる	
5	長期熟成型	
5	21度以上	
5	2012	
10	2017	
5	オーストラリア	
10	アルゼンチン	
5	カベルネ・フラン	
10	マスカット・ベーリーA	

①清澄度
圧倒的に 1.澄んだ が選ばれる。2.深みのある は、明確なにごりは無いようなフィルター無しのワインの清澄度の場合に選択。

②輝き
基本的には 1.輝きのある を選択。

③色調
2.ルビー は明るい、5.ガーネット は暗さを含んだ色調。6.レンガ色 7.マホガニー は出題されにくい。

④濃淡
実際のグラスの色の濃さを見て判断するが、4.やや濃い 5.濃い が中心で、1.薄い(無色に近い) はあまり登場しない。

⑤粘性
脚の出方やディスクの厚さを見て判断する。グラスのコンディションによっては油分が残っていて、それにより脚を引いているケースもあるので、口に含んだ時のアタックのねっとり感をみて、修正してもかまわない。

⑥外観の印象
まさに外観の印象。結果的に 1.若々しい はよく選ばれている。4.熟した 5.成熟度が高い はワインの熟成ではなく、果実としての完熟度合いで4は登場頻度が高い。10.酸化が進んだ 11.完全に酸化している はあまり採用されない。

⑦第一印象
香りの量と印象を答える。量は基本的に 3.しっかりとある ほとんど香りを感じられない 2.控えめ、印象は 7.濃縮感がある がよく選ばれる。

⑧果実
香りの印象に自信が持てない時はワインの色を見てベリーの色に合わせてかまわない。2.ラズベリー 4.ブルーベリー はよく登場する。

⑨花、植物
花は積極的にとるように努めたい。よく選択されるのは 15.牡丹、次いで 13.バラ、紅茶が花、植物のジャンルに入っていることに注目。ピノ・ノワールの時には必ず選択しよう。

⑩香辛料、芳香
幅広く採用されていて焦点を絞りにくい。そのワインを表すのに最適の語句を探す。樽熟をしているワインには、9.ヴァニラ がよく選択される。

⑪化学物質
幅広く採用されていて焦点を絞りにくい。指定個数がゼロの場合もあるようだ。

⑫香りの印象
若いか熟成感が出始めているかを判断、フレッシュであれば 1.若々しい、熟成が感じられたら 3.熟成感が現れている を選択。果実の香りが豊かであれば 6.第一アロマの強い は選びたい。木樽は樽香の有り、無しを判断できるように練習したい。赤ワインは樽との親和性が高く(ガメなどを除く)、使用されることが比較的多いので結果的に選ばれやすい。5.酸化している はほとんど選ばれたことがない。

⑬アタック
2.やや軽い 3.やや強い 4.強い は幅広く選ばれている。

⑭甘み(アルコールのボリューム感も含む)
2.まろやか 3.豊かな が多く選択される。赤ワインでは残糖を残すワインが少ないので結果的に 4.残糖がある はあまり選ばれない。

⑮酸味
酸味は基本的に協会テキストに掲載されている石田博氏のマトリックスの酸の量と質を両方勘案した並び順で並んでいる。5.キメ細かい は2013年の呼称資格試験から新登場した用語で比較的多く採用されている。

⑯タンニン分
量はともかく、赤ワインには必ずある、量とキメ細かさの両方をチェックするが、2.力強い と 3.緻密 はよく選ばれる。。

⑰バランス
そのワインをあらわすのに最適の語句を探そう。9.バランスの良い、5.豊満な、7.力強い あたりが比較的多く採用されている。4.痩せた、渇いた はあまり選ばれていない。8.流れるような は熟成タイプのスムースな飲み心地の時に使う。

⑱アルコール
アルコール度数14度を超えてくると 5.熱さを感じる と表現する。

⑲余韻
3.やや長い が中心に選ばれているが、1.短め はあまり登場していない。

⑳評価
そのワインをあらわすのに最適の語句を探そう。2.成熟度が高く、豊か は比較的多く選ばれる。複雑なワインほど指定個数に対して複数解答が許される傾向がある。シンプルなワインは 1.シンプル、フレッシュ感を楽しむ が選ばれる。

㉑供出温度
ピノ・ノワールやガメ、マスカット・ベーリーAなどは 3.14-16度、重厚なワインは 4.17-20度 が選ばれる。

㉒グラス
2.中庸 3.大ぶり が中心的に選ばれている

㉓デカンタージュ
デカンタージュはソムリエにとって大きなデモンストレーションのチャンスだが、最近は実施しない方向の解答が多い。

㉔収穫年
収穫年は日本ソムリエ協会のセラーで熟成されてから出題されることも多く、一般的に流通しているワインよりも熟成していることも多いので要注意。

白 シャルドネ（樽あり）の解答例

※解答に幅があるため、選択数より多く解答に色がついています。

外観

項目	選択数	選択肢
清澄度	1	1 澄んだ / 2 やや濁った / 3 濁った
輝き	1	1 クリスタルのような / **2 輝きのある** / 3 落ち着いている / 4 もやがかかった
色調	2	1 グリーンがかった / **2 レモンイエロー** / **3 イエロー** / 4 黄金色がかった / 5 黄金色 / 6 トパーズ / 7 アンバー（琥珀色）
濃淡	1	1 薄い（無色に近い） / 2 淡い / **3 やや濃い** / 4 濃い / 5 非常に濃い
粘性	1	1 さらっとした / 2 やや軽い / **3 やや強い** / 4 強い
外観の印象	2	**1 若々しい** / 2 軽快な / **3 よく熟した** / 4 成熟度が高い / 5 濃縮感がある / 6 やや熟成した / 7 熟成した / 8 酸化熟成のニュアンス / 9 酸化が進んだ / 10 完全に酸化している

香り

項目	選択数	選択肢
第一印象	2	1 閉じている / 2 控えめ / **3 しっかりと感じられる** / **4 力強い** / 5 チャーミング / 6 華やかな / 7 濃縮感がある / 8 深みのある / 9 複雑な
特徴（果実、花、植物）	3	1 柑橘類 / 2 青リンゴ / 3 リンゴ / 4 洋梨 / 5 花梨 / 6 桃 / 7 アプリコット / 8 パイナップル / 9 メロン / 10 パッションフルーツ / 11 バナナ / 12 マンゴー / 13 ライチ / 14 くるみ / **15 炒ったアーモンド** / 16 ヘーゼルナッツ / 17 マスカット / 18 スイカズラ / 19 アカシア / 20 白バラ / 21 キンモクセイ / 22 菩提樹 / 23 ミント / 24 アニス / 25 ヴェルヴェーヌ
特徴（香辛料、芳香、化学物質）	3	1 タバコ / 2 パン・ドゥ・ミ / **3 焼いたパン（トースト）** / 4 カラメル / 5 貝殻 / 6 石灰 / 7 火打石 / 8 ヴァニラ / 9 白胡椒 / 10 コリアンダー / 11 丁子 / 12 シナモン / 13 ハチミツ / **14 バター** / 15 香木 / 16 硫黄 / 17 樹脂 / 18 ヨード / 19 麝香 / 20 ランシオ / 21 ペトロール
香りの印象	2	1 若々しい / 2 還元的 / **3 熟度が現れている** / 4 酸化熟成の段階にある / 5 酸化している / 6 第一アロマの強い / 7 第二アロマの強い / 8 ニュートラル / **9 木樽からのニュアンス**

味わい

項目	選択数	選択肢
アタック	1	1 軽い / 2 やや軽い / **3 やや強い** / 4 強い / 5 インパクトのある
甘み（アルコールのボリューム感も含む）	1	1 弱い / **2 まろやか** / 3 豊かな / 4 残糖がある
酸味	1	**1 しっかりとした** / 2 爽やかな / 3 やさしい / 4 キメ細かい / 5 力強い
苦味	1	1 控えめ / 2 穏やかな / **3 コク（深み）を与える** / 4 旨みをともなった / 5 強い（突出した）
バランス	1	1 スリムな / 2 スムースな / 3 コンパクトな / 4 ドライな / 5 まろやかな / 6 ねっとりとした / 7 コンパクトな / 8 フラットな / **9 豊潤な** / 10 厚みのある / 11 力強い / 12 バランスが良い
アルコール	1	1 軽い / 2 やや軽め / 3 中程度 / **4 やや強め** / 5 強い / 6 熱さを感じる
余韻	1	1 短め / 2 やや短い / 3 やや長い / **4 長い**

評価等

項目	選択数	選択肢
評価	1	1 シンプル、フレッシュ感を楽しむ / 2 成熟度が高く、豊か / 3 濃縮し、力強い / **4 エレガントで、余韻の長い** / 5 長期熟成型
供出温度	1	1 8度未満 / 2 8-10度 / **3 11-14度** / 4 15-18度 / 5 19度以上
グラス	1	1 小ぶり / **2 中庸** / 3 大ぶり
収穫年	1	1 2013 / **2 2014** / 3 2015 / 4 2016 / 5 2017
生産国	1	**1 フランス** / 2 スペイン / 3 イタリア / 4 日本 / 5 オーストラリア / 6 アメリカ / 7 ドイツ / 8 ニュージーランド / 9 チリ / 10 アルゼンチン
主な葡萄品種	1	**1 シャルドネ** / 2 リースリング / 3 ソーヴィニヨン・ブラン / 4 ミュスカデ / 5 セミヨン / 6 ゲヴェルツトラミネール / 7 アルバリーニョ / 8 ガルガネガ / 9 シュナン・ブラン / 10 甲州
銘柄		テイスティング解答用紙の記入欄にカタカナまたは原語で記入してください　**プイィ フュイッセ**　スペル間違いは不正解

ポイント

- シャルドネは、樽ありとなしとでは別物と考える。
- アタックは少し粘り気を感じる。
- 樽を使うことで、当然樽の香りによる複雑さが付与される。
- 色は少し濃く、金色を帯びる傾向がある。
- シャルドネは世界中で栽培されているので、酸のあり方はその栽培地域次第だが、南の生産者はリッチなシャルドネにするために樽を使うケースが多い。

白 シャルドネ(樽なし)の解答例

※解答に幅があるため、選択数より多く解答に色がついています。

項目		選択数										
外観	清澄度	1	1	澄んだ	2	やや濁った	3	濁った				
	輝き	1	1	クリスタルのような	2	輝きのある	3	落ち着いている	4	もやがかかった		
	色調	2	1	グリーンがかった	2	レモンイエロー	3	イエロー	4	黄金色がかった	5	黄金色
			6	トパーズ	7	アンバー(琥珀色)						
	濃淡	1	1	薄い(無色に近い)	2	淡い	3	やや濃い	4	濃い	5	非常に濃い
	粘性	1	1	さらっとした	2	やや軽い	3	やや強い	4	強い		
	外観の印象	2	1	若々しい	2	軽快な	3	よく熟した	4	成熟度が高い	5	濃縮感がある
			6	やや熟成した	7	熟成した	8	酸化熟成のニュアンス	9	酸化が進んだ	10	完全に酸化している

香り												
	第一印象	2	1	閉じている	2	控えめ	3	しっかりと感じられる	4	力強い	5	チャーミング
			6	華やかな	7	濃縮感がある	8	深みのある	9	複雑な		
	特徴 果実、花、植物	3	1	柑橘類	2	青リンゴ	3	リンゴ	4	洋梨	5	花梨
			6	桃	7	アプリコット	8	パイナップル	9	メロン	10	パッションフルーツ
			11	バナナ	12	マンゴー	13	ライチ	14	くるみ	15	炒ったアーモンド
			16	ヘーゼルナッツ	17	マスカット	18	スイカズラ	19	アカシア	20	白バラ
			21	キンモクセイ	22	菩提樹	23	ミント	24	アニス	25	ヴェルヴェーヌ
	香辛料、芳香、化学物質	2	1	タバコ	2	パン・ドゥ・ミ	3	焼いたパン(トースト)	4	カラメル	5	貝殻
			6	石灰	7	火打石	8	ヴァニラ	9	白胡椒	10	コリアンダー
			11	丁子	12	シナモン	13	ハチミツ	14	バター	15	香木
			16	硫黄	17	樹脂	18	ヨード	19	麝香	20	ランシオ
			21	ペトロール								
	香りの印象	2	1	若々しい	2	還元的	3	熟成感が現れている	4	酸化熟成の段階にある	5	酸化している
			6	第一アロマの強い	7	第二アロマの強い	8	ニュートラル	9	木樽からのニュアンス		

味わい												
	アタック	1	1	軽い	2	やや軽い	3	やや強い	4	強い	5	インパクトのある
	甘み(アルコールのボリューム感も含む)	1	1	弱い	2	まろやか	3	豊かな	4	残糖がある		
	酸味	1	1	しっかりとした	2	爽やかな	3	やさしい	4	キメ細かい	5	力強い
	苦味	1	1	控えめ	2	穏やかな	3	コク(深み)を与える	4	旨みをともなった	5	強い(突出した)
	バランス	2	1	スリムな	2	スムースな	3	溌剌とした	4	ドライな	5	まろやかな
			6	ねっとりした	7	コンパクトな	8	フラットな	9	豊潤な	10	厚みのある
			11	力強い	12	バランスが良い						
	アルコール	1	1	軽い	2	やや軽め	3	中程度	4	やや強め	5	強い
			6	熱さを感じる								
	余韻	1	1	短め	2	やや短い	3	やや長い	4	長い		

評価	1	1	シンプル、フレッシュ感を楽しむ	2	成熟度が高く、豊か	3	濃縮し、力強い	4	エレガントで、余韻の長い	5	長期熟成型
供出温度	1	1	8度未満	2	8-10度	3	11-14度	4	15-18度	5	19度以上
グラス	1	1	小ぶり	2	中庸	3	大ぶり				
収穫年	1	1	2013	2	2014	3	2015	4	2016	5	2017
生産国	1	1	フランス	2	スペイン	3	イタリア	4	日本	5	オーストラリア
		6	アメリカ	7	ドイツ	8	ニュージーランド	9	チリ	10	アルゼンチン
主な葡萄品種	1	1	シャルドネ	2	リースリング	3	ソーヴィニヨン・ブラン	4	ミュスカデ	5	セミヨン
		6	ゲヴェルツトラミネール	7	アルバリーニョ	8	ガルガネガ	9	シュナン・ブラン	10	甲州
銘柄			テイスティング解答用紙の記入欄にカタカナまたは原語で記入してください スペル間違いは不正解				シャブリ				

ポイント
- シャルドネは、樽ありとなしとでは別物と考える。
- アタックはさらさらしていることが多い。
- 香りは控えめなことが多く、とりづらい。青リンゴのような香りとミネラル感だけが出てくるケースも多く、品種を断定するのが難しい。

白 ソーヴィニヨン・ブランの解答例

※解答に幅があるため、選択数より多く解答に色がついています。

外観

		選択数									
清澄度		1	1	澄んだ	2	やや濁った	3	濁った			
輝き		1	1	クリスタルのような	2	輝きのある	3	落ち着いている	4	もやがかかった	
色調		2	1	グリーンがかった	2	レモンイエロー	3	イエロー	4	黄金色がかった	5	黄金色
			6	トパーズ	7	アンバー(琥珀色)					
濃淡		1	1	薄い(無色に近い)	2	淡い	3	やや濃い	4	濃い	非常に濃い
粘性		1	1	さらっとした	2	やや軽い	3	やや強い	4	強い	
外観の印象		2	1	若々しい	2	軽快な	3	よく熟した	4	成熟度が高い	5	濃縮感がある
			6	やや熟成した	7	熟成した	8	酸化熟成のニュアンス	9	酸化が進んだ	10	完全に酸化している

香り

		選択数									
第一印象		2	1	閉じている	2	控えめ	3	しっかりと感じられる	4	力強い	5	チャーミング
			6	華やかな	7	濃縮感がある	8	深みのある	9	複雑な		
特徴	果実、花、植物	3	1	柑橘類	2	青リンゴ	3	リンゴ	4	洋梨	5	花梨
			6	桃	7	アプリコット	8	パイナップル	9	メロン	10	パッションフルーツ
			11	バナナ	12	マンゴー	13	ライチ	14	くるみ	15	炒ったアーモンド
			16	ヘーゼルナッツ	17	マスカット	18	スイカズラ	19	アカシア	20	白バラ
			21	キンモクセイ	22	菩提樹	23	ミント	24	アニス	25	ヴェルヴェーヌ
	香辛料、芳香、化学物質		1	タバコ	2	パン・ドゥ・ミ	3	焼いたパン(トースト)	4	カラメル	5	貝殻
			6	石灰	7	火打石	8	ヴァニラ	9	白胡椒	10	コリアンダー
			11	丁子	12	シナモン	13	ハチミツ	14	バター	15	香木
			16	硫黄	17	樹脂	18	ヨード	19	麝香	20	ランシオ
			21	ペトロール								
香りの印象		2	1	若々しい	2	還元的	3	熟成度が現れている	4	酸化熟成の段階にある	5	酸化している
			6	第一アロマの強い	7	第二アロマの強い	8	ニュートラル	9	木樽からのニュアンス		

味わい

	選択数									
アタック	1	1	軽い	2	やや軽い	3	やや強い	4	強い	5	インパクトのある
甘み(アルコールのボリューム感も含む)	1	1	弱い	2	まろやか	3	豊かな	4	残糖がある		
酸味	1	1	しっかりした	2	爽やかな	3	やさしい	4	キメ細かい	5	力強い
苦味	1	1	控えめ	2	穏やかな	3	コク(深み)を与える	4	旨みをともなった	5	強い(突出した)
バランス	2	1	スリムな	2	スムースな	3	溌剌とした	4	ドライな	5	まろやかな
		6	ねっとりした	7	コンパクトな	8	フラットな	9	豊潤な	10	厚みのある
		11	力強い	12	バランスが良い						
アルコール	1	1	軽い	2	やや軽め	3	中程度	4	やや強め	5	強い
		6	熟さを感じる								
余韻	1	1	短め	2	やや短い	3	やや長い	4	長い		

評価

	選択数									
評価	1	1	シンプル、フレッシュ感を楽しむ	2	成熟度が高く、豊か	3	濃縮し、力強い	4	エレガントで、余韻の長い	5	長期熟成型
供出温度	1	1	8度未満	2	8-10度	3	11-14度	4	15-18度	5	19度以上
グラス	1	1	小ぶり	2	中庸	3	大ぶり				
収穫年	1	1	2013	2	2014	3	2015	4	2016	5	2017
生産国	1	1	フランス	2	スペイン	3	イタリア	4	日本	5	オーストラリア
		6	アメリカ	7	ドイツ	8	ニュージーランド	9	チリ	10	アルゼンチン
主な葡萄品種	1	1	シャルドネ	2	リースリング	3	ソーヴィニヨン・ブラン	4	ミュスカデ	5	セミヨン
		6	ゲヴェルツトラミネール	7	アルバリーニョ	8	ガルガネガ	9	シュナン・ブラン	10	甲州
銘柄		テイスティング解答用紙の記入欄にカタカナまたは原語で記入してくださいスペル間違いは不正解						カサブランカヴァレー ソーヴィニヨン・ブラン			

ポイント

- 品種として持っている香りが強く、比較的とらえやすい品種。
- 特にニュージーランドのマールボロのソーヴィニヨン・ブランは「カシスの新芽」と表現される青草様の香りが特徴的。
- 一方、本家本元であるロワール最上流部のサンセールなどの造り手は、その青草を出さないような栽培方法をとるので他の品種との判別が難しい。
- サンセール、プイ・フュメのエリアはシャブリから遠くなく似た佇まいになるが、品種が異なるので注意深くチェックすれば判別可能。

白 リースリングの解答例

選択数　　　　　　　　　　　　　　　　　　　　　　　　※解答に幅があるため、選択数より多く解答に色がついています。

外観

		選択数								
	清澄度		1	澄んだ	2	やや濁った	3	濁った		
	輝き	1	1	クリスタルのような	2	輝きのある	3	落ち着いている	4	もやがかかった
	色調	2	1	グリーンがかった	2	レモンイエロー	3	イエロー	4	黄金色がかった	5	黄金色
			6	トパーズ	7	アンバー（琥珀色）				
	濃淡	1	1	薄い（無色に近い）	2	淡い	3	やや濃い	4	濃い	5	非常に濃い
	粘性	1	1	さらっとした	2	やや軽い	3	やや強い	4	強い	
	外観の印象	2	1	若々しい	2	軽快な	3	よく熟した	4	成熟度が高い	5	濃縮感がある
			6	やや熟成した	7	熟成した	8	酸化熟成のニュアンス	9	酸化が進んだ	10	完全に酸化している

香り

	第一印象	2	1	閉じている	2	控えめ	3	しっかりと感じられる	4	力強い	5	チャーミング
			6	華やかな	7	濃縮感がある	8	深みのある	9	複雑な		
特徴	果実、花、植物	3	1	柑橘類	2	青リンゴ	3	リンゴ	4	洋梨	5	花梨
			6	桃	7	アプリコット	8	パイナップル	9	メロン	10	パッションフルーツ
			11	バナナ	12	マンゴー	13	ライチ	14	くるみ	15	炒ったアーモンド
			16	ヘーゼルナッツ	17	マスカット	18	スイカズラ	19	アカシア	20	白バラ
			21	キンモクセイ	22	菩提樹	23	ミント	24	アニス	25	ヴェルヴェーヌ
	香辛料、芳香、化学物質		1	タバコ	2	パン・ドゥ・ミ	3	焼いたパン（トースト）	4	カラメル	5	貝殻
			6	石灰	7	火打石	8	ヴァニラ	9	白胡椒	10	コリアンダー
			11	丁子	12	シナモン	13	ハチミツ	14	バター	15	香木
			16	硫黄	17	樹脂	18	ヨード	19	麝香	20	ランシオ
			21	ペトロール								
	香りの印象	2	1	若々しい	2	還元的	3	熟成感が現れている	4	酸化熟成の段階にある	5	酸化している
			6	第一アロマの強い	7	第二アロマの強い	8	ニュートラル	9	木樽からのニュアンス		

味わい

	アタック	1	1	軽い	2	やや軽い	3	やや強い	4	強い	5	インパクトのある
	甘み（アルコールのボリューム感も含む）	1	1	弱い	2	まろやか	3	豊かな	4	残糖がある		
	酸味	1	1	しっかりとした	2	爽やか	3	やさしい	4	キメ細かい	5	力強い
	苦味	1	1	控えめ	2	穏やかな	3	コク（深み）を与える	4	旨みをともなった	5	強い（突出した）
	バランス	2	1	スリムな	2	スムースな	3	溌剌とした	4	ドライな	5	まろやかな
			6	ねっとりした	7	コンパクトな	8	フラットな	9	豊潤な	10	厚みのある
			11	力強い	12	バランスが良い						
	アルコール	1	1	軽い	2	やや軽い	3	中程度	4	やや強め	5	強い
			6	熱さを感じる								
	余韻	1	1	短め	2	やや短い	3	やや長い	4	長い		

評価

評価	1	1	シンプル、フレッシュ感を楽しむ	2	成熟度が高く、豊か	3	濃縮し、力強い	4	エレガントで、余韻の長い	5	長期熟成型
供出温度	1	1	8度未満	2	8-10度	3	11-14度	4	15-18度	5	19度以上
グラス	1	1	小ぶり	2	中庸	3	大ぶり				
収穫年	1	1	2013	2	2014	3	2015	4	2016	5	2017
生産国	1	1	フランス	2	スペイン	3	イタリア	4	日本	5	オーストラリア
		6	アメリカ	7	ドイツ	8	ニュージーランド	9	チリ	10	アルゼンチン
主な葡萄品種	1	1	シャルドネ	2	リースリング	3	ソーヴィニヨン・ブラン	4	ミュスカデ	5	セミヨン
		6	ゲヴェルツトラミネール	7	アルバリーニョ	8	ガルガネガ	9	シュナン・ブラン	10	甲州
銘柄		テイスティング解答用紙の記入欄にカタカナまたは原語で記入してください　スペル間違いは不正解						ラインガウ リースリング トロッケン			

ポイント

- 品種として持っている香りが2パターンあり、ひとつはペトロール、もうひとつは白桃や黄桃の香り。比較的とらえやすい品種だが、必ずその香りが出るわけではない。
- ペトロールは熟成したモーゼルなどに現れる香り。今、一番典型的に出るのがオーストラリアのリースリング。
- 白桃や黄桃の香りはリースリングだけに出てくるわけではないので、白桃や黄桃＝リースリングとはならない。

白 ゲヴュルツトラミネールの解答例

※解答に幅があるため、選択数より多く解答に色がついています。

外観

項目	選択数									
清澄度	1	1	澄んだ	2	やや濁った	3	濁った			
輝き	1	1	クリスタルのような	2	輝きのある	3	落ち着いている	4	もやがかかった	
色調	2	1	グリーンがかった	2	レモンイエロー	3	イエロー	4	黄金色がかった	5	黄金色
		6	トパーズ	7	アンバー（琥珀色）						
濃淡	1	1	薄い（無色に近い）	2	淡い	3	やや濃い	4	濃い	5	非常に濃い
粘性	1	1	さらっとした	2	やや軽い	3	やや強い	4	強い	
外観の印象	2	1	若々しい	2	軽快な	3	よく熟した	4	成熟度が高い	5	濃縮感がある
		6	やや熟成した	7	熟成した	8	酸化熟成のニュアンス	9	酸化が進んだ	10	完全に酸化している

香り

項目		選択数									
第一印象		2	1	閉じている	2	控えめ	3	しっかりと感じられる	4	力強い	5	チャーミング
			6	華やかな	7	濃縮感がある	8	深みのある	9	複雑な		
特徴	果実、花、植物	3	1	柑橘類	2	青リンゴ	3	リンゴ	4	洋梨	5	花梨
			6	桃	7	アプリコット	8	パイナップル	9	メロン	10	パッションフルーツ
			11	バナナ	12	マンゴー	13	ライチ	14	くるみ	15	炒ったアーモンド
			16	ヘーゼルナッツ	17	マスカット	18	スイカズラ	19	アカシア	20	白バラ
			21	キンモクセイ	22	菩提樹	23	ミント	24	アニス	25	ヴェルヴェーヌ
	香辛料、芳香、化学物質	3	1	タバコ	2	パン・ドゥ・ミ	3	焼いたパン（トースト）	4	カラメル	5	貝殻
			6	石灰	7	火打石	8	ヴァニラ	9	白胡椒	10	コリアンダー
			11	丁子	12	シナモン	13	ハチミツ	14	バター	15	香木
			16	硫黄	17	樹脂	18	ヨード	19	麝香	20	ランシオ
			21	ペトロール								
香りの印象		1	1	若々しい	2	還元的	3	熟成度が現れている	4	酸化熟成の段階にある	5	酸化している
			6	第一アロマの強い	7	第二アロマの強い	8	ニュートラル	9	木樽からのニュアンス		

味わい

項目	選択数									
アタック	1	1	軽い	2	やや軽い	3	やや強い	4	強い	5	インパクトのある
甘み（アルコールのボリューム感も含む）	1	1	弱い	2	まろやか	3	豊かな	4	残糖がある		
酸味	1	1	しっかりとした	2	爽やかな	3	やさしい	4	キメ細かい	5	力強い
苦味	1	1	控えめ	2	穏やかな	3	コク（深み）を与える	4	旨みをともなった	5	強い（突出した）
バランス	2	1	スリムな	2	スムースな	3	溌剌とした	4	ドライな	5	まろやかな
		6	ねっとりした	7	コンパクトな	8	フラットな	9	豊潤な	10	厚みのある
		11	力強い	12	バランスが良い						
アルコール	1	1	軽い	2	やや軽め	3	中程度	4	やや強め	5	強い
		6	熱さを感じる								
余韻	1	1	短め	2	やや短い	3	やや長い	4	長い		

評価等

項目	選択数									
評価	1	1	シンプル、フレッシュ感を楽しむ	2	成熟度が高く、豊か	3	濃縮し、力強い	4	エレガントで、余韻の長い	5	長期熟成型
供出温度	1	1	8度未満	2	8-10度	3	11-14度	4	15-18度	5	19度以上
グラス	1	1	小ぶり	2	中庸	3	大ぶり				
収穫年	1	1	2013	2	2014	3	2015	4	2016	5	2017
生産国	1	1	フランス	2	スペイン	3	イタリア	4	日本	5	オーストラリア
		6	アメリカ	7	ドイツ	8	ニュージーランド	9	チリ	10	アルゼンチン
主な葡萄品種	1	1	シャルドネ	2	リースリング	3	ソーヴィニヨン・ブラン	4	ムスカデ	5	セミヨン
		6	ゲヴェルツトラミネール	7	アルバリーニョ	8	ガルガネガ	9	シュナン・ブラン	10	甲州
銘柄		テイスティング解答用紙の記入欄にカタカナまたは原語で記入してください　スペル間違いは不正解					アルザス ゲヴェルツトラミネール			

ポイント

- 香りが豊かな品種の判別は特徴を捕まえやすくわかりやすい。
- 特有のライチの香りを、まずキャッチできるようにトレーニングしよう。

白 ミュスカデの解答例

選択数　　　　　　　　　　　　　　　　　　　　　　　※解答に幅があるため、選択数より多く解答に色がついています。

		選択数										
外観	清澄度	1	1	澄んだ	2	やや濁った	3	濁った				
	輝き	1	1	クリスタルのような	2	輝きのある	3	落ち着いている	4	もやがかかった		
	色調	2	1	グリーンがかった	2	レモンイエロー	3	イエロー	4	黄金色がかった	5	黄金色
			6	トパーズ	7	アンバー(琥珀色)						
	濃淡	1	1	薄い(無色に近い)	2	淡い	3	やや濃い	4	濃い	5	非常に濃い
	粘性	1	1	さらっとした	2	やや軽い	3	やや強い	4	強い		
	外観の印象	2	1	若々しい	2	軽快な	3	よく熟した	4	成熟度が高い	5	濃縮感がある
			6	やや熟した	7	熟成した	8	酸化熟成のニュアンス	9	酸化が進んだ	10	完全に酸化している

香り	第一印象	1	1	閉じている	2	控えめ	3	しっかりと感じられる	4	力強い	5	チャーミング
			6	華やかな	7	濃縮感がある	8	深みのある	9	複雑な		
	特徴 — 果実、花、植物	2	1	柑橘類	2	青リンゴ	3	リンゴ	4	洋梨	5	花梨
			6	桃	7	アプリコット	8	パイナップル	9	メロン	10	パッションフルーツ
			11	バナナ	12	マンゴー	13	ライチ	14	くるみ	15	炒ったアーモンド
			16	ヘーゼルナッツ	17	マスカット	18	スイカズラ	19	アカシア	20	白バラ
			21	キンモクセイ	22	菩提樹	23	ミント	24	アニス	25	ヴェルヴェーヌ
	特徴 — 香辛料、芳香、化学物質	2	1	タバコ	2	パン・ドゥ・ミ	3	焼いたパン(トースト)	4	カラメル	5	貝殻
			6	石灰	7	火打石	8	ヴァニラ	9	白胡椒	10	コリアンダー
			11	丁子	12	シナモン	13	ハチミツ	14	バター	15	香木
			16	硫黄	17	樹脂	18	ヨード	19	麝香	20	ランシオ
			21	ペトロール								
	香りの印象	1	1	若々しい	2	還元的	3	熟成感が現れている	4	酸化熟成の段階にある	5	酸化している
			6	第一アロマの強い	7	第二アロマの強い	8	ニュートラル	9	木樽からのニュアンス		

味わい	アタック	1	1	軽い	2	やや軽い	3	やや強い	4	強い	5	インパクトのある
	甘み(アルコールのボリューム感も含む)	1	1	弱い	2	まろやか	3	豊かな	4	残糖がある		
	酸味	1	1	しっかりとした	2	爽やかな	3	やさしい	4	キメ細かい	5	力強い
	苦味	1	1	控えめ	2	穏やかな	3	コク(深み)を与える	4	旨みをともなった	5	強い(突出した)
	バランス	2	1	スリムな	2	スムースな	3	溌剌とした	4	ドライな	5	まろやかな
			6	ねっとりとした	7	コンパクトな	8	フラットな	9	豊潤な	10	厚みのある
			11	力強い	12	バランスが良い						
	アルコール	1	1	軽い	2	やや軽め	3	中程度	4	やや強め	5	強い
			6	熱さを感じる								
	余韻	1	1	短め	2	やや短い	3	やや長い	4	長い		

評価		1	1	シンプル、フレッシュ感を楽しむ	2	成熟度が高く、豊か	3	濃縮し、力強い	4	エレガントで、余韻の長い	5	長期熟成型
供出温度		1	1	8度未満	2	8-10度	3	11-14度	4	15-18度	5	19度以上
グラス		1	1	小ぶり	2	中庸	3	大ぶり				
収穫年		1	1	2013	2	2014	3	2015	4	2016	5	2017
生産国			1	フランス	2	スペイン	3	イタリア	4	日本	5	オーストラリア
			6	アメリカ	7	ドイツ	8	ニュージーランド	9	チリ	10	アルゼンチン
主な葡萄品種		1	1	シャルドネ	2	リースリング	3	ソーヴィニヨン・ブラン	4	ミュスカデ	5	セミヨン
			6	ゲヴェルツトラミネール	7	アルバリーニョ	8	ガルガネガ	9	シュナン・ブラン	10	甲州
銘柄			テイスティング解答用紙の記入欄にカタカナまたは原語で記入してください スペル間違いは不正解							ミュスカデ セーブル メーヌ シュール リー		

ポイント

- 香りが控えめな品種の判別は極めて難しい。
- 類似したタイプにピノ・ブランやアリゴテがある。
- ミュスカデは耐寒性に優れた品種だが、香りや味わいに個性が乏しく、そのまま辛口に仕上げると味がないので、シュール・リーを行うことが多い。そのため、独特のパンドミのニュアンスが出る。

白 甲州の解答例

選択数 ※解答に幅があるため、選択数より多く解答に色がついています。

外観

項目	選択数									
清澄度	1	1	澄んだ	2	やや濁った	3	濁った			
輝き	1	1	クリスタルのような	2	輝きのある	3	落ち着いている	4	もやがかかった	
色調	2	1	グリーンがかった	2	レモンイエロー	3	イエロー	4	黄金色がかった	5	黄金色
		6	トパーズ	7	アンバー(琥珀色)						
濃淡	1	1	薄い(無色に近い)	2	淡い	3	やや濃い	4	濃い	5	非常に濃い
粘性	1	1	さらっとした	2	やや軽い	3	やや強い	4	強い		
外観の印象	2	1	若々しい	2	軽快な	3	よく熟した	4	成熟度が高い	5	濃縮感がある
		6	やや熟成した	7	熟成した	8	酸化熟成のニュアンス	9	酸化が進んだ	10	完全に酸化している

香り

項目		選択数									
第一印象		1	1	閉じている	2	控えめ	3	しっかりと感じられる	4	力強い	5	チャーミング
			6	華やかな	7	濃縮感がある	8	深みのある	9	複雑な		
特徴	果実、花、植物	2	1	柑橘類	2	青リンゴ	3	リンゴ	4	洋梨	5	花梨
			6	桃	7	アプリコット	8	パイナップル	9	メロン	10	パッションフルーツ
			11	バナナ	12	マンゴー	13	ライチ	14	くるみ	15	炒ったアーモンド
			16	ヘーゼルナッツ	17	マスカット	18	スイカズラ	19	アカシア	20	白バラ
			21	キンモクセイ	22	菩提樹	23	ミント	24	アニス	25	ヴェルヴェーヌ
	香辛料、芳香、化学物質	2	1	タバコ	2	パン・ドゥ・ミ	3	焼いたパン(トースト)	4	カラメル	5	貝殻
			6	石灰	7	火打石	8	ヴァニラ	9	白胡椒	10	コリアンダー
			11	丁子	12	シナモン	13	ハチミツ	14	バター	15	香木
			16	硫黄	17	樹脂	18	ヨード	19	麝香	20	ランシオ
			21	ペトロール								
香りの印象		1	1	若々しい	2	還元的	3	熟成度が現れている	4	酸化熟成の段階にある	5	酸化している
			6	第一アロマの強い	7	第二アロマの強い	8	ニュートラル	9	木樽からのニュアンス		

味わい

項目	選択数									
アタック	1	1	軽い	2	やや軽い	3	やや強い	4	強い	5	インパクトのある
甘み(アルコールのボリューム感も含む)	1	1	弱い	2	まろやか	3	豊かな	4	残糖がある		
酸味	1	1	しっかりとした	2	爽やかな	3	やさしい	4	キメ細かい	5	力強い
苦味	1	1	控えめ	2	穏やかな	3	コク(深み)を与える	4	旨みをともなった	5	強い(突出した)
バランス	2	1	スリムな	2	スムースな	3	溌剌とした	4	ドライな	5	まろやかな
		6	ねっとりした	7	コンパクトな	8	フラットな	9	豊潤な	10	厚みのある
		11	力強い	12	バランスが良い						
アルコール	1	1	軽い	2	やや軽め	3	中程度	4	やや強め	5	強い
		6	熱さを感じる								
余韻	1	1	短め	2	やや短い	3	やや長い	4	長い		

評価等

項目	選択数									
評価	1	1	シンプル、フレッシュ感を楽しむ	2	成熟度が高く、豊か	3	濃縮し、力強い	4	エレガントで、余韻の長い	5	長期熟成型
供出温度	1	1	8度未満	2	8-10度	3	11-14度	4	15-18度	5	19度以上
グラス	1	1	小ぶり	2	中庸	3	大ぶり				
収穫年	1	1	2013	2	2014	3	2015	4	2016	5	2017
生産国	1	1	フランス	2	スペイン	3	イタリア	4	日本	5	オーストラリア
		6	アメリカ	7	ドイツ	8	ニュージーランド	9	チリ	10	アルゼンチン
主な葡萄品種	1	1	シャルドネ	2	リースリング	3	ソーヴィニヨン・ブラン	4	ミュスカデ	5	セミヨン
		6	ゲヴェルツトラミネール	7	アルバリーニョ	8	ガルガネガ	9	シュナン・ブラン	10	甲州
銘柄		テイスティング解答用紙の記入欄にカタカナまたは原語で記入してください スペル間違いは不正解					山梨甲州				

ポイント

- 香りが控えめな品種の判別は極めて難しい中で、甲州は比較的「甲州らしさ」を持っている。
- 完熟すると果皮がピンク色になるブドウ品種で、それを使ったワインは色に肌色のタッチがある。
- 完熟まで待たずに早めに収穫したものは非常に色が薄い。
- そのまま辛口に仕上げると味がないので、軽いタイプの辛口に仕上げる時はシュール・リーを行うことが多い。そのため、独特のパンドミのニュアンスが出る。
- 日本的な酒粕っぽい風味を持っている甲州も多い。

赤 カベルネ・ソーヴィニヨンの解答例

※解答に幅があるため、選択数より多く解答に色がついています。

		選択数									
外観	清澄度	1	1	澄んだ	2	深みのある	3	やや濁った	4	濁った		
	輝き	1	1	輝きのある	2	落ち着いた	3	もやがかかった				
	色調	2	1	紫がかった	2	ルビー	3	黒みを帯びた	4	オレンジがかった	5	ガーネット
			6	レンガ色	7	マホガニー						
	濃淡	1	1	薄い(無色に近い)	2	やや明るい	3	明るい	4	やや濃い	5	濃い
			6	非常に濃い								
	粘性	1	1	さらっとした	2	やや軽い	3	やや強い	4	強い		
	外観の印象	2	1	若々しい	2	若い状態を抜けた	3	軽快な	4	熟した	5	成熟度が高い
			6	濃縮感が強い	7	やや熟成した	8	熟成した	9	酸化熟成のニュアンス	11	酸化が進んだ
			12	完全に酸化している								
香り	第一印象	2	1	閉じている	2	控えめ	3	しっかりと感じられる	4	力強い	5	チャーミング
			6	華やかな	7	濃縮感がある	8	深みのある	9	複雑な		
	特徴 果実、花、植物	3	1	イチゴ	2	ラズベリー	3	すぐり	4	ブルーベリー	5	カシス
			6	ブラックベリー	7	ブラックチェリー	8	干しプラム	9	乾燥イチジク	10	赤ピーマン
			11	メントール	12	シダ	13	バラ	14	すみれ	15	牡丹
			16	ゼラニウム	17	ローリエ	18	杉	19	針葉樹	20	ドライハーブ
			21	タバコ	22	紅茶	23	キノコ	24	スーボワ	25	トリュフ
			26	腐葉土	27	土						
	香辛料、芳香、化学物質	3	1	血液	2	肉	3	なめし皮	4	燻製	5	シヴェ
			6	ジビエ	7	コーヒー	8	カカオパウダー	9	ヴァニラ	10	黒胡椒
			11	丁子	12	シナモン	13	ナツメグ	14	甘草	15	白檀
			16	杜松の実	17	硫黄	18	樹脂	19	ヨード	20	ランシオ
	香りの印象	2	1	若々しい	2	還元的	3	熟成度が現れている	4	酸化熟成の段階にある	5	酸化している
			6	第一アロマの強い	7	第二アロマの強い	8	ニュートラル	9	木樽からのニュアンス		
味わい	アタック	1	1	軽い	2	やや軽い	3	やや強い	4	強い	5	インパクトのある
	甘み(アルコールのボリューム感も含む)	1	1	弱い	2	まろやか	3	豊かな	4	残糖がある		
	酸味	1	1	シャープな	2	爽やかな	3	なめらかな	4	円みのある	5	キメ細かい
			6	やさしい	7	力強い						
	タンニン分	1	1	収斂性のある	2	力強い	3	緻密	4	サラサラとして	5	ヴィロードのような
			6	シルキーな	7	溶け込んだ						
	バランス	1	1	スマートな	2	骨格のしっかりした	3	固い	4	痩せた、渇いた	5	豊満な
			6	肉厚な	7	力強い	8	流れるような	9	バランスの良い		
	アルコール	1	1	控えめな	2	やや軽め	3	中程度	4	やや強め	5	熱さを感じる
	余韻	1	1	短い	2	やや軽い	3	やや長い	4	長い		
	評価	1	1	シンプル、フレッシュ感を楽しむ	2	成熟度が高く、豊か	3	濃縮し、力強い	4	エレガントで、余韻の長い	5	長期熟成型
	供出温度	1	1	10度未満	2	10-13度	3	14-16度	4	17-20度	5	21度以上
	グラス	1	1	小ぶり	2	中庸	3	大ぶり				
	デカンタージュ	1	1	必要なし	2	事前(30分前)	3	事前(60分前)	4	事前(1時間以上前)		
	収穫年	1	1	2008	2	2009	3	2010	4	2011	5	2012
			6	2013	7	2014	8	2015	9	2016		
	生産国	1	1	フランス	2	スペイン	3	イタリア	4	日本	5	オーストラリア
			6	アメリカ	7	南アフリカ	8	ニュージーランド	9	チリ	10	アルゼンチン
	主な葡萄品種	1	1	カベルネ・ソーヴィニヨン	2	ピノ・ノワール	3	シラー(シラーズ)	4	メルロ	5	カベルネ・フラン
			6	ネッビオーロ	7	サンジョヴェーゼ	8	テンプラニーリョ	9	ガメ	10	マスカット・ベーリーA
			11	マルベック								
	銘柄		テイスティング解答用紙の記入欄にカタカナまたは原語で記入してください スペル間違いは不正解						南オーストラリア州クナワラ カベルネ・ソーヴィニヨン			

ポイント

- 赤ワインの銘酒の東の正横綱。ボルドーを原点に世界中に広がっている品種。厳しい条件でも、元気にすくすく育つ。
- 色濃く、タンニンも豊富、収斂性に富むワインになる。
- タンニンの構造ががっちりと堅く、口の中で角張った主張をする。
- 超長期熟成に耐える偉大なワインを造り得る品種。
- 新世界などで、同じ造り手がカベルネ・ソーヴィニヨンとメルロやシラーを造っている場合、カベルネ・ソーヴィニヨンのほうが堅く角張っている。

赤 ピノ・ノワールの解答例

※解答に幅があるため、選択数より多く解答に色がついています。

外観

項目	選択数									
清澄度	1	1 澄んだ	2 深みのある	3 やや濁った	4 濁った					
輝き	1	1 輝きのある	2 落ち着いた	3 もやがかかった						
色調	2	1 紫がかった	2 ルビー	3 黒みを帯びた	4 オレンジがかった	5 ガーネット				
		6 レンガ色	7 マホガニー							
濃淡	1	1 薄い（無色に近い）	2 やや明るい	3 明るい	4 やや濃い	5 濃い				
		6 非常に濃い								
粘性	1	1 さらっとした	2 やや軽い	3 やや強い	4 強い					
外観の印象		1 若々しい	2 若い状態を抜けた	3 軽快な	4 熟した	5 成熟度が高い				
		6 濃縮感が強い	7 やや熟成した	8 熟成した	9 酸化熟成のニュアンス	11 酸化が進んだ				
		12 完全に酸化している								

香り

項目	選択数									
第一印象	2	1 閉じている	2 控えめ	3 しっかりと感じられる	4 力強い	5 チャーミング				
		6 華やかな	7 濃縮感がある	8 深みのある	9 複雑な					
特徴（果実、花、植物）	3	1 イチゴ	2 ラズベリー	3 すぐり	4 ブルーベリー	5 カシス				
		6 ブラックベリー	7 ブラックチェリー	8 干しプラム	9 乾燥イチジク	10 赤ピーマン				
		11 メントール	12 シダ	13 バラ	14 すみれ	15 牡丹				
		16 ゼラニウム	17 ローリエ	18 杉	19 針葉樹	20 ドライハーブ				
		21 タバコ	22 紅茶	23 キノコ	24 スーボワ	25 トリュフ				
		26 腐葉土	27 土							
香辛料、芳香、化学物質	3	1 血液	2 肉	3 なめし皮	4 燻製	5 シヴェ				
		6 ジビエ	7 コーヒー	8 カカオパウダー	9 ヴァニラ	10 黒胡椒				
		11 丁子	12 シナモン	13 ナツメグ	14 甘草	15 白檀				
		16 杜松の実	17 硫黄	18 樹脂	19 ヨード	20 ランシオ				
香りの印象	2	1 若々しい	2 還元的	3 熟成度が現れている	4 酸化熟成の段階にある	5 酸化している				
		6 第一アロマの強い	7 第二アロマの強い	8 ニュートラル	9 木樽からのニュアンス					

味わい

項目	選択数									
アタック	1	1 軽い	2 やや軽い	3 やや強い	4 強い	5 インパクトのある				
甘み（アルコールのボリューム感も含む）		1 弱い	2 まろやか	3 豊かな	4 残糖がある					
酸味	1	1 シャープな	2 爽やかな	3 なめらかな	4 円みのある	5 キメ細かい				
		6 やさしい	7 力強い							
タンニン分		1 収斂性のある	2 力強い	3 緻密	4 サラサラとして	5 ヴィロードのような				
		6 シルキーな	7 溶け込んだ							
バランス	1	1 スマートな	2 骨格のしっかりした	3 固い	4 痩せた、渇いた	5 豊満な				
		6 肉厚な	7 力強い	8 流れるような	9 バランスの良い					
アルコール	1	1 控えめな	2 やや軽め	3 中程度	4 やや強め	5 熱さを感じる				
余韻	1	1 短め	2 やや軽い	3 やや長い	4 長い					

評価ほか

項目	選択数									
評価	1	1 シンプル、フレッシュ感を楽しむ	2 成熟度が高く、豊か	3 濃縮し、力強い	4 エレガントで、余韻の長い	5 長期熟成型				
供出温度	1	1 10度未満	2 10-13度	3 14-16度	4 17-20度	5 21度以上				
グラス	1	1 小ぶり	2 中庸	3 大ぶり						
デカンタージュ	1	1 必要なし	2 事前（30分前）	3 事前（60分前）	4 事前(1時間以上前)					
収穫年	1	1 2008	2 2009	3 2010	4 2011	5 2012				
		6 2013	7 2014	8 2015	9 2016					
生産国	1	1 フランス	2 スペイン	3 イタリア	4 日本	5 オーストラリア				
		6 アメリカ	7 南アフリカ	8 ニュージーランド	9 チリ	10 アルゼンチン				
主な葡萄品種	1	1 カベルネ・ソーヴィニヨン	2 ピノ・ノワール	3 シラー（シラーズ）	4 メルロ	5 カベルネ・フラン				
		6 ネッビオーロ	7 サンジョヴェーゼ	8 テンプラニーリョ	9 ガメ	10 マスカット・ベーリーA				
		11 マルベック								
銘柄		テイスティング解答用紙の記入欄にカタカナまたは原語で記入してください　スペル間違いは不正解				ブルゴーニュ ボーヌ ルージュ				

ポイント

- 赤ワインの銘酒の西の正横綱。土壌の選り好みが激しく、世界中で成功しているわけではない。
- 色はあまり濃くなれない品種。
- 果実味に富み、ベリー系の要素が多い。
- タンニンの絶対量はカベルネ・ソーヴィニヨンほど多くない、構造は柔らかみがある。
- タンニンはそれほど多くないが超長期熟成に耐える偉大なワインを造り得る品種。

赤 カベルネ・フランの解答例

※解答に幅があるため、選択数より多く解答に色がついています。

項目		選択数										
外観	清澄度	1	1	澄んだ	2	深みのある	3	やや濁った	4	濁った		
	輝き	1	1	輝きのある	2	落ち着いた	3	もやがかかった				
	色調	2	1	紫がかった	2	ルビー	3	黒みを帯びた	4	オレンジがかった	5	ガーネット
			6	レンガ色	7	マホガニー						
	濃淡	1	1	薄い(無色に近い)	2	やや明るい	3	明るい	4	やや濃い	5	濃い
			6	非常に濃い								
	粘性	1	1	さらっとした	2	やや軽い	3	やや強い	4	強い		
	外観の印象	2	1	若々しい	2	若い状態を抜けた	3	軽快な	4	熟した	5	成熟度が高い
			6	濃縮感が強い	7	やや熟成した	8	熟成した	9	酸化熟成のニュアンス	11	酸化が進んだ
			12	完全に酸化している								
香り	第一印象	2	1	閉じている	2	控えめ	3	しっかりと感じられる	4	力強い	5	チャーミング
			6	華やかな	7	濃縮感がある	8	深みのある	9	複雑な		
	特徴 果実、花、植物	3	1	イチゴ	2	ラズベリー	3	すぐり	4	ブルーベリー	5	カシス
				ブラックベリー	12	ブラックチェリー	13	干しプラム		乾燥イチジク	10	赤ピーマン
			11	メントール	12	シダ	13	バラ	14	すみれ	15	牡丹
			16	ゼラニウム	17	ローリエ	18	杉	19	針葉樹	20	ドライハーブ
			21	タバコ	22	紅茶	23	キノコ	24	スーボワ	25	トリュフ
			26	腐葉土	27	土						
	特徴 香辛料、芳香、化学物質		1	血液	2	肉	3	なめし皮	4	燻製	5	シヴェ
			6	ジビエ	7	コーヒー	8	カカオパウダー	9	ヴァニラ	10	黒胡椒
			11	丁子	12	シナモン	13	ナツメグ	14	甘草	15	白檀
			16	杜松の実	17	硫黄	18	樹脂	19	ヨード	20	ランシオ
	香りの印象	2	1	若々しい	2	還元的	3	熟成が現れている	4	酸化熟成の段階にある	5	酸化している
			6	第一アロマの強い	7	第二アロマの強い	8	ニュートラル	9	木樽からのニュアンス		
味わい	アタック	1	1	軽い	2	やや軽い	3	やや強い	4	強い	5	インパクトのある
	甘み(アルコールのボリューム感も含む)	1	1	弱い	2	まろやか	3	豊かな	4	残糖がある		
	酸味	1	1	シャープな	2	爽やかな	3	なめらかな	4	円みのある	5	キメ細かい
			6	やさしい	7	力強い						
	タンニン分	1	1	収斂性のある	2	力強い	3	緻密	4	サラサラとして	5	ヴィロードのような
			6	シルキーな	7	溶け込んだ						
	バランス	1	1	スマートな	2	骨格のしっかりした	3	固い	4	痩せた、渇いた	5	豊満な
			6	肉厚な	7	力強い	8	流れるような	9	バランスの良い		
	アルコール	1	1	控えめな	2	やや軽め	3	中程度	4	やや強め	5	熱さを感じる
	余韻	1	1	短め	2	やや軽い	3	やや長い	4	長い		
評価		1	1	シンプル、フレッシュ感を楽しむ	2	成熟度が高く、豊か	3	濃縮し、力強い	4	エレガントで、余韻の長い	5	長期熟成型
供出温度		1	1	10度未満	2	10-13度	3	14-16度	4	17-20度	5	21度以上
グラス		1	1	小ぶり	2	中庸	3	大ぶり				
デカンタージュ		1	1	必要なし	2	事前(30分前)	3	事前(60分前)	4	事前(1時間以上前)		
収穫年		1	1	2008	2	2009	3	2010	4	2011	5	2012
			6	2013	7	2014	8	2015	9	2016		
生産国		1	1	フランス	2	スペイン	3	イタリア	4	日本	5	オーストラリア
			6	アメリカ	7	南アフリカ	8	ニュージーランド	9	チリ	10	アルゼンチン
主な葡萄品種		1	1	カベルネ・ソーヴィニヨン	2	ピノ・ノワール	3	シラー(シラーズ)	4	メルロ	5	カベルネ・フラン
			6	ネッビオーロ	7	サンジョヴェーゼ	8	テンプラニーリョ	9	ガメ	10	マスカット・ベーリーA
			11	マルベック								
銘柄			テイスティング解答用紙の記入欄にカタカナまたは原語で記入してください スペル間違いは不正解						シノン			

ポイント

- 歴史のある品種で、世界各地で栽培されている。
- メインで使用されることは比較的少なく、ロワールの中流域が主体。
- 試験を考えるならロワールの中流域の「北の印象」のワイン。
- もともとは植物的な緑のニュアンスが強く出がちな品種だが、その緑のニュアンスを上手におさえ込んでいる生産者が増えてきているので、ブラインドテイスティングが難しくなってきている品種。

赤 メルロの解答例

※解答に幅があるため、選択数より多く解答に色がついています。

外観

項目	選択数										
清澄度	1	1	澄んだ	2	深みのある	3	やや濁った	4	濁った		
輝き	1	1	輝きのある	2	落ち着いた	3	もやがかかった				
色調	2	1	紫がかった	2	ルビー	3	黒みを帯びた	4	オレンジがかった	5	ガーネット
		6	レンガ色	7	マホガニー						
濃淡	1	1	薄い（無色に近い）	2	やや明るい	3	明るい	4	やや濃い	5	濃い
		6	非常に濃い								
粘性	1	1	さらっとした	2	やや軽い	3	やや強い	4	強い		
外観の印象	2	1	若々しい	2	若い状態を抜けた	3	軽快な	4	熟した	5	成熟度が高い
		6	濃縮感が強い	7	やや熟成した	8	熟成した	9	酸化熟成のニュアンス	11	酸化が進んだ
		12	完全に酸化している								

香り

項目		選択数										
第一印象		2	1	閉じている	2	控えめ	3	しっかりと感じられる	4	力強い	5	チャーミング
			6	華やかな	7	濃縮感がある	8	深みのある	9	複雑な		
特徴	果実、花、植物	3	1	イチゴ	2	ラズベリー	3	すぐり	4	ブルーベリー	5	カシス
			6	ブラックベリー	7	ブラックチェリー	8	干しプラム	9	乾燥イチジク	10	赤ピーマン
			11	メントール	12	シダ	13	バラ	14	すみれ	15	牡丹
			16	ゼラニウム	17	ローリエ	18	杉	19	針葉樹	20	ドライハーブ
			21	タバコ	22	紅茶	23	キノコ	24	スーボワ	25	トリュフ
			26	腐葉土	27	土						
	香辛料、芳香、化学物質	2	1	血液	2	肉	3	なめし皮	4	燻製	5	シヴェ
			6	ジビエ	7	コーヒー	8	カカオパウダー	9	ヴァニラ	10	黒胡椒
			11	丁子	12	シナモン	13	ナツメグ	14	甘草	15	白檀
			16	杜松の実	17	硫黄	18	樹脂	19	ヨード	20	ランシオ
香りの印象		2	1	若々しい	2	還元的	3	熟成度が現れている	4	酸化熟成の段階にある	5	酸化している
			6	第一アロマの強い	7	第二アロマの強い	8	ニュートラル	9	木樽からのニュアンス		

味わい

項目	選択数										
アタック	1	1	軽い	2	やや軽い	3	やや強い	4	強い	5	インパクトのある
甘み（アルコールのボリューム感も含む）	1	1	弱い	2	まろやか	3	豊かな	4	残糖がある		
酸味	1	1	シャープな	2	爽やかな	3	なめらかな	4	円みのある	5	キメ細かい
		6	やさしい	7	力強い						
タンニン分	2	1	収斂性のある	2	力強い	3	緻密	4	サラサラとして	5	ヴィロードのような
		6	シルキーな	7	溶け込んだ						
バランス	2	1	スマートな	2	骨格のしっかりした	3	固い	4	痩せた、渇いた	5	豊満な
		6	肉厚な	7	力強い	8	流れるような	9	バランスの良い		
アルコール	1	1	控えめな	2	やや軽め	3	中程度	4	やや強め	5	熱さを感じる
余韻	1	1	短め	2	やや軽い	3	やや長い	4	長い		

評価	1	1	シンプル、フレッシュ感を楽しむ	2	成熟度が高く、豊か	3	濃縮し、力強い	4	エレガントで、余韻の長い	5	長期熟成型
供出温度	1	1	10度未満	2	10-13度	3	14-16度	4	17-20度	5	21度以上
グラス	1	1	小ぶり	2	中庸	3	大ぶり				
デカンタージュ	1	1	必要なし	2	事前（30分前）	3	事前（60分前）	4	事前(1時間以上前)		
収穫年	1	1	2008	2	2009	3	2010	4	2011	5	2012
		6	2013	7	2014	8	2015	9	2016		
生産国	1	1	フランス	2	スペイン	3	イタリア	4	日本	5	オーストラリア
		6	アメリカ	7	南アフリカ	8	ニュージーランド	9	チリ	10	アルゼンチン
主な葡萄品種	1	1	カベルネ・ソーヴィニヨン	2	ピノ・ノワール	3	シラー（シラーズ）	4	メルロ	5	カベルネ・フラン
		6	ネッビオーロ	7	サンジョヴェーゼ	8	テンプラニーリョ	9	ガメ	10	マスカット・ベーリーA
		11	マルベック								
銘柄		テイスティング解答用紙の記入欄にカタカナまたは原語で記入してください スペル間違いは不正解					塩尻メルロ				

ポイント

- 世界各地で栽培されている。
- 色の濃くなれる品種。緻密な構造を持つが角張ったところが少ない。
- ボルドー右岸や新世界、最近は日本の長野のものが問われることが多い。

赤 ガメの解答例

※解答に幅があるため、選択数より多く解答に色がついています。

外観	項目	選択数										
	清澄度	1	1	澄んだ	2	深みのある	3	やや濁った	4	濁った		
	輝き	1	1	輝きのある	2	落ち着いた	3	もやがかかった	4	濁った		
	色調	2	1	紫がかった	2	ルビー	3	黒みを帯びた	4	オレンジがかった	5	ガーネット
			6	レンガ色	7	マホガニー						
	濃淡	1	1	薄い（無色に近い）	2	やや明るい	3	明るい	4	やや濃い	5	濃い
			6	非常に濃い								
	粘性	1	1	さらっとした	2	やや軽い	3	やや強い	4	強い		
	外観の印象	2	1	若々しい	2	若い状態を抜けた	3	軽快な	4	熟した	5	成熟度が高い
			6	濃縮感が強い	7	やや熟成した	8	熟成した	9	酸化熟成のニュアンス	11	酸化が進んだ
			12	完全に酸化している								

香り	項目	選択数										
	第一印象	2	1	閉じている	2	控えめ	3	しっかりと感じられる	4	力強い	5	チャーミング
			6	華やかな	7	濃縮感がある	8	深みのある	9	複雑な		
	特徴 果実、花、植物	3	1	イチゴ	2	ラズベリー	3	すぐり	4	ブルーベリー	5	カシス
			6	ブラックベリー	7	ブラックチェリー	8	干しプラム	9	乾燥イチジク	10	赤ピーマン
			11	メントール	12	シダ	13	バラ	14	すみれ	15	牡丹
			16	ゼラニウム	17	ローリエ	18	杉	19	針葉樹	20	ドライハーブ
			21	タバコ	22	紅茶	23	キノコ	24	スーボワ	25	トリュフ
			26	腐葉土	27	土						
	特徴 香辛料、芳香、化学物質	3	1	血液	2	肉	3	なめし皮	4	燻製	5	シヴェ
			6	ジビエ	7	コーヒー	8	カカオパウダー	9	ヴァニラ	10	黒胡椒
			11	丁子	12	シナモン	13	ナツメグ	14	甘草	15	白檀
			16	杜松の実	17	硫黄	18	樹脂	19	ヨード	20	ランシオ
	香りの印象	2	1	若々しい	2	還元的	3	熟成度が現れている	4	酸化熟成の段階にある	5	酸化している
			6	第一アロマの強い	7	第二アロマの強い	8	ニュートラル	9	木樽からのニュアンス		

味わい	項目	選択数										
	アタック	1	1	軽い	2	やや軽い	3	やや強い	4	強い	5	インパクトのある
	甘み（アルコールのボリューム感も含む）	1	1	弱い	2	まろやか	3	豊かな	4	残糖がある		
	酸味	1	1	シャープな	2	爽やかな	3	なめらかな	4	円みのある	5	キメ細かい
			6	やさしい	7	力強い						
	タンニン分	1	1	収斂性のある	2	力強い	3	緻密	4	サラサラとして	5	ヴィロードのような
			6	シルキーな	7	溶け込んだ						
	バランス	1	1	スマートな	2	骨格のしっかりした	3	固い	4	痩せた、渇いた	5	豊満な
			6	肉厚な	7	力強い	8	流れるような	9	バランスの良い		
	アルコール	1	1	控えめな	2	やや軽め	3	中程度	4	やや強め	5	熱さを感じる
	余韻	1	1	短め	2	やや軽い	3	やや長い	4	長い		

項目	選択数										
評価	1	1	シンプル、フレッシュ感を楽しむ	2	成熟度が高く、豊か	3	濃縮し、力強い	4	エレガントで、余韻の長い	5	長期熟成型
供出温度	1	1	10度未満	2	10-13度	3	14-16度	4	17-20度	5	21度以上
グラス	1	1	小ぶり	2	中庸	3	大ぶり				
デカンタージュ	1	1	必要なし	2	事前（30分前）	3	事前（60分前）	4	事前（1時間以上前）		
収穫年	1	1	2008	2	2009	3	2010	4	2011	5	2012
		6	2013	7	2014	8	2015	9	2016		
生産国	1	1	フランス	2	スペイン	3	イタリア	4	日本	5	オーストラリア
		6	アメリカ	7	南アフリカ	8	ニュージーランド	9	チリ	10	アルゼンチン
主な葡萄品種	1	1	カベルネ・ソーヴィニヨン	2	ピノ・ノワール	3	シラー（シラーズ）	4	メルロ	5	カベルネ・フラン
		6	ネッビオーロ	7	サンジョヴェーゼ	8	テンプラニーリョ	9	ガメ	10	マスカット・ベーリーA
		11	マルベック								
銘柄		テイスティング解答用紙の記入欄にカタカナまたは原語で記入してください スペル間違いは不正解						ムーラン・ナ・ヴァン			

ポイント

- 栽培地に偏りがある。
- ボジョレー地方で大成功した品種で、フルーティーで親しみやすいワインとなる。
- タンニンはそれほど多くない。
- ムーラン・ナ・ヴァンやモルゴンは長期熟成が可能で樽熟成されることも多く、そういったワインはピノ・ノワールとの区別が難しい。

赤 シラーの解答例

※解答に幅があるため、選択数より多く解答に色がついています。

項目		選択数										
外観	清澄度	1	1	澄んだ	2	深みのある	3	やや濁った	4	濁った		
	輝き	1	1	輝きのある	2	落ち着いた	3	もやがかかった				
	色調	2	1	紫がかった	2	ルビー	3	黒みを帯びた	4	オレンジがかった	5	ガーネット
			6	レンガ色	7	マホガニー						
	濃淡	1	1	薄い(無色に近い)	2	やや明るい	3	明るい	4	やや濃い	5	濃い
			6	非常に濃い								
	粘性	1	1	さらっとした	2	やや軽い	3	やや強い	4	強い		
	外観の印象	2	1	若々しい	2	若い状態を抜けた	3	軽快な	4	熟した	5	成熟度が高い
			6	濃縮感が強い	7	やや熟成した	8	熟成した	9	酸化熟成のニュアンス	11	酸化が進んだ
			12	完全に酸化している								
香り	第一印象	2	1	閉じている	2	控えめ	3	しっかりと感じられる	4	力強い	5	チャーミング
			6	華やかな	7	濃縮感がある	8	深みのある	9	複雑な		
	特徴 果実、花、植物	3	1	イチゴ	2	ラズベリー	3	すぐり	4	ブルーベリー	5	カシス
			6	ブラックベリー	7	ブラックチェリー	8	干しプラム	9	乾燥イチジク	10	赤ピーマン
			11	メントール	12	シダ	13	スミレ	14	バラ	15	牡丹
			16	ゼラニウム	17	ローリエ	18	杉	19	針葉樹	20	ドライハーブ
			21	タバコ	22	紅茶	23	キノコ	24	スーボワ	25	トリュフ
			26	腐葉土	27	土						
	特徴 香辛料、芳香、化学物質	3	1	血液	2	肉	3	なめし皮	4	燻製	5	シヴェ
			6	ジビエ	7	コーヒー	8	カカオパウダー	9	ヴァニラ	10	黒胡椒
			11	丁子	12	シナモン	13	ナツメグ	14	甘草	15	白檀
			16	杜松の実	17	硫黄	18	樹脂	19	ヨード	20	ランシオ
	香りの印象	2	1	若々しい	2	還元的	3	熟成度が現れている	4	酸化熟成の段階にある	5	酸化している
			6	第一アロマの強い	7	第二アロマの強い	8	ニュートラル	9	木樽からのニュアンス		
味わい	アタック	1	1	軽い	2	やや軽い	3	やや強い	4	強い	5	インパクトのある
	甘み(アルコールのボリューム感も含む)	1	1	弱い	2	まろやか	3	豊かな	4	残糖がある		
	酸味	1	1	シャープな	2	爽やかな	3	なめらかな	4	円みのある	5	キメ細かい
			6	やさしい	7	力強い						
	タンニン分	1	1	収斂性のある	2	力強い	3	緻密	4	サラサラとして	5	ヴィロードのような
			6	シルキーな	7	溶け込んだ						
	バランス	1	1	スマートな	2	骨格のしっかりした	3	固い	4	痩せた、渇いた	5	豊満な
			6	肉厚な	7	力強い	8	流れるような	9	バランスの良い		
	アルコール	1	1	控えめな	2	やや軽め	3	中程度	4	やや強め	5	熱さを感じる
	余韻	1	1	短め	2	やや軽い	3	やや長い	4	長い		
評価		1	1	シンプル、フレッシュ感を楽しむ	2	成熟度が高く、豊か	3	濃縮し、力強い	4	エレガントで、余韻の長い	5	長期熟成型
供出温度		1	1	10度未満	2	10-13度	3	14-16度	4	17-20度	5	21度以上
グラス		1	1	小ぶり	2	中庸	3	大ぶり				
デカンタージュ		1	1	必要なし	2	事前(30分前)	3	事前(60分前)	4	事前(1時間以上前)		
収穫年		1	1	2008	2	2009	3	2010	4	2011	5	2012
			6	2013	7	2014	8	2015	9	2016		
生産国		1	1	フランス	2	スペイン	3	イタリア	4	日本	5	オーストラリア
			6	アメリカ	7	南アフリカ	8	ニュージーランド	9	チリ	10	アルゼンチン
主な葡萄品種		1	1	カベルネ・ソーヴィニヨン	2	ピノ・ノワール	3	シラー(シラーズ)	4	メルロ	5	カベルネ・フラン
			6	ネッビオーロ	7	サンジョヴェーゼ	8	テンプラニーリョ	9	ガメ	10	マスカット・ベーリーA
			11	マルベック								
銘柄			テイスティング解答用紙の記入欄にカタカナまたは原語で記入してください スペル間違いは不正解					クローズ エルミタージュ				

ポイント

- 北ローヌを中心とした南フランスで栽培されている。
- 動物的なところや獣っぽさ、血や肉の連想。
- スパイス、特に黒胡椒のニュアンスが出てくることが多く、シラーかどうかを決める重大なファクターになる。

赤 シラーズの解答例

選択数　　　　　　　　　　　　　　　　　　　　　　　　　　　※解答に幅があるため、選択数より多く解答に色がついています。

		選択数		1		2		3		4		5	
外観	清澄度	1	1	澄んだ	2	深みのある	3	やや濁った	4	濁った			
	輝き	1	1	輝きのある	2	落ち着いた	3	もやがかかった					
	色調	2	1	紫がかった	2	ルビー	3	黒みを帯びた	4	オレンジがかった	5	ガーネット	
			6	レンガ色	7	マホガニー							
	濃淡	1	1	薄い(無色に近い)	2	やや明るい	3	明るい	4	やや濃い	5	濃い	
			6	非常に濃い									
	粘性	1	1	さらっとした	2	やや軽い	3	やや強い	4	強い			
	外観の印象	2	1	若々しい	2	若い状態を抜けた	3	軽快な	4	熟した	5	成熟度が高い	
			6	濃縮感が強い	7	やや熟成した	8	熟成した	9	酸化熟成のニュアンス	11	酸化が進んだ	
			12	完全に酸化している									
香り	第一印象	2	1	閉じている	2	控えめ	3	しっかりと感じられる	4	力強い	5	チャーミング	
			6	華やかな	7	濃縮感がある	8	深みのある	9	複雑な			
	特徴 果実、花、植物	3	1	イチゴ	2	ラズベリー	3	すぐり	4	ブルーベリー	5	カシス	
			6	ブラックベリー	7	ブラックチェリー	8	干しプラム	9	乾燥イチジク	10	赤ピーマン	
			11	メントール	12	シダ	13	バラ	14	すみれ	15	牡丹	
			16	ゼラニウム	17	ローリエ	18	杉	19	針葉樹	20	ドライハーブ	
			21	タバコ	22	紅茶	23	キノコ	24	スーボワ	25	トリュフ	
			26	腐葉土	27	土							
	特徴 香辛料、芳香、化学物質	3	1	血液	2	肉	3	なめし皮	4	燻製	5	シヴェ	
			6	ジビエ	7	コーヒー	8	カカオパウダー	9	ヴァニラ	10	黒胡椒	
			11	丁子	12	シナモン	13	ナツメグ	14	甘草	15	白檀	
			16	杜松の実	17	硫黄	18	樹脂	19	ヨード	20	ランシオ	
	香りの印象	2	1	若々しい	2	還元的	3	熟成度が現れている	4	酸化熟成の段階にある	5	酸化している	
			6	第一アロマの強い	7	第二アロマの強い	8	ニュートラル	9	木樽からのニュアンス			
味わい	アタック	1	1	軽い	2	やや軽い	3	やや強い	4	強い	5	インパクトのある	
	甘み(アルコールのボリューム感も含む)	1	1	弱い	2	まろやか	3	豊かな	4	残糖がある			
	酸味	1	1	シャープな	2	爽やかな	3	なめらかな	4	円みのある	5	キメ細かい	
			6	やさしい	7	力強い							
	タンニン分	1	1	収斂性のある	2	力強い	3	緻密	4	サラサラとして	5	ヴィロードのような	
			6	シルキーな	7	溶け込んだ							
	バランス	1	1	スマートな	2	骨格のしっかりした	3	固い	4	痩せた、渇いた	5	豊満な	
			6	肉厚な	7	力強い	8	流れるような	9	バランスの良い			
	アルコール	1	1	控えめな	2	やや軽め	3	中程度	4	やや強め	5	熟さを感じる	
	余韻	1	1	短め	2	やや軽い	3	やや長い	4	長い			
評価		1	1	シンプル、フレッシュ感を楽しむ	2	成熟度が高く、豊か	3	濃縮し、力強い	4	エレガントで、余韻の長い	5	長期熟成型	
供出温度		1	1	10度未満	2	10-13度	3	14-16度	4	17-20度	5	21度以上	
グラス		1	1	小ぶり	2	中庸	3	大ぶり					
デカンタージュ		1	1	必要なし	2	事前(30分前)	3	事前(60分前)	4	事前(1時間以上前)			
収穫年		1	1	2008	2	2009	3	2010	4	2011	5	2012	
			6	2013	7	2014	8	2015	9	2016			
生産国		1	1	フランス	2	スペイン	3	イタリア	4	日本	5	オーストラリア	
			6	アメリカ	7	南アフリカ	8	ニュージーランド	9	チリ	10	アルゼンチン	
主な葡萄品種		1	1	カベルネ・ソーヴィニヨン	2	ピノ・ノワール	3	シラー(シラーズ)	4	メルロ	5	カベルネ・フラン	
			6	ネッビオーロ	7	サンジョヴェーゼ	8	テンプラニーリョ	9	ガメ	10	マスカット・ベーリーA	
			11	マルベック									
銘柄			テイスティング解答用紙の記入欄にカタカナまたは原語で記入してください スペル間違いは不正解							ヤルンバ パッチワーク シラーズ			

ポイント

- 北ローヌを中心とした南フランスのシラーに対し、オーストラリアではシラーズとして別の世界を形作る。
- すべての赤ワインの中で最も色が濃くなれるワインのひとつ。
- 動物的なところや獣っぽさがローヌのシラーほど出ないケースが多くある。
- シラー同様スパイス、特に黒胡椒のニュアンスが出てくることが多く、シラーズかどうかを決める重大なファクターになる。

赤 ネッビオーロの解答例

※解答に幅があるため、選択数より多く解答に色がついています。

項目		選択数									
外観	清澄度	1	1	澄んだ	2	深みのある	3	やや濁った	4	濁った		
	輝き	1	1	輝きのある	2	落ち着いた	3	もやがかかった				
	色調	2	1	紫がかった	2	ルビー	3	黒みを帯びた	4	オレンジがかった	5	ガーネット
			6	レンガ色	7	マホガニー						
	濃淡	1	1	薄い（無色に近い）	2	やや明るい	3	明るい	4	やや濃い	5	濃い
			6	非常に濃い								
	粘性	1	1	さらっとした	2	やや軽い	3	やや強い	4	強い		
	外観の印象	2	1	若々しい	2	若い状態を抜けた	3	軽快な	4	熟した	5	成熟度が高い
			6	濃縮感が強い	7	やや熟成した	8	熟成した	9	酸化熟成のニュアンス	10	酸化が進んだ
			12	完全に酸化している								
香り	第一印象	2	1	閉じている	2	控えめ	3	しっかりと感じられる	4	力強い	5	チャーミング
			6	華やかな	7	濃縮感がある	8	深みのある	9	複雑な		
	特徴 果実、花、植物	3	1	イチゴ	2	ラズベリー	3	すぐり	4	ブルーベリー	5	カシス
			6	ブラックベリー	7	ブラックチェリー	8	干しプラム	9	乾燥イチジク	10	赤ピーマン
			11	メントール	12	シダ	13	バラ	14	すみれ	15	牡丹
			16	ゼラニウム	17	ローリエ	18	杉	19	針葉樹	20	ドライハーブ
			21	タバコ	22	紅茶	23	キノコ	24	スーボワ	25	トリュフ
			26	腐葉土	27	土						
	香辛料、芳香、化学物質		1	血液	2	肉	3	なめし皮	4	燻製	5	シヴェ
			6	ジビエ	7	コーヒー	8	カカオパウダー	9	ヴァニラ	10	黒胡椒
			11	丁子	12	シナモン	13	ナツメグ	14	甘草	15	白檀
			16	杜松の実	17	硫黄	18	樹脂	19	ヨード	20	ランシオ
	香りの印象	2	1	若々しい	2	還元的	3	熟成度が現れている	4	酸化熟成の段階にある	5	酸化している
			6	第一アロマの強い	7	第二アロマの強い	8	ニュートラル	9	木樽からのニュアンス		
味わい	アタック	1	1	軽い	2	やや軽い	3	やや強い	4	強い	5	インパクトのある
	甘み（アルコールのボリューム感も含む）	1	1	弱い	2	まろやか	3	豊かな	4	残糖がある		
	酸味		1	シャープな	2	爽やかな	3	なめらかな	4	円みのある	5	キメ細かい
			6	やさしい	7	力強い						
	タンニン分	1	1	収斂性のある	2	力強い	3	緻密	4	サラサラとして	5	ヴィロードのような
			6	シルキーな	7	溶け込んだ						
	バランス	1	1	スマートな	2	骨格のしっかりした	3	固い	4	痩せた、渇いた	5	豊満な
			6	肉厚な	7	力強い	8	流れるような	9	バランスの良い		
	アルコール	1	1	控えめ	2	やや軽い	3	中程度	4	やや強め	5	熱さを感じる
	余韻	1	1	短め	2	やや軽い	3	やや長い	4	長い		
評価		1	1	シンプル、フレッシュ感を楽しむ	2	成熟度が高く、豊か	3	濃縮し、力強い	4	エレガントで、余韻の長い	5	長期熟成型
供出温度		1	1	10度未満	2	10-13度	3	14-16度	4	17-20度	5	21度以上
グラス		1	1	小ぶり	2	中庸	3	大ぶり				
デカンタージュ		1	1	必要なし	2	事前（30分前）	3	事前（60分前）	4	事前（1時間以上前）		
収穫年		1	1	2008	2	2009	3	2010	4	2011	5	2012
			6	2013	7	2014	8	2015	9	2016		
生産国		1	1	フランス	2	スペイン	3	イタリア	4	日本	5	オーストラリア
			6	アメリカ	7	南アフリカ	8	ニュージーランド	9	チリ	10	アルゼンチン
主な葡萄品種		1	1	カベルネ・ソーヴィニヨン	2	ピノ・ノワール	3	シラー（シラーズ）	4	メルロ	5	カベルネ・フラン
			6	ネッビオーロ	7	サンジョヴェーゼ	8	テンプラニーリョ	9	ガメ	10	マスカット・ベーリーA
			11	マルベック								
銘柄			テイスティング解答用紙の記入欄にカタカナまたは原語で記入してくださいスペル間違いは不正解				バローロ					

ポイント

- イタリアを代表する銘酒を造るブドウ。
- 土壌の選り好みが激しく、世界中で成功している訳ではない。
- 色はあまり濃くなれない品種で、特殊な色からネッビオーロかピノ・ノワール、長熟後のカベルネ・ソーヴィニヨンに絞り込める。
- 干した果実の要素が多い。
- タンニンの絶対量は非常に多く、構造ががっちりしたワインになる。
- 超長期熟成に耐える偉大なワインを造り得る品種。

赤 テンプラニーリョの解答例

※解答に幅があるため、選択数より多く解答に色がついています。

項目		選択数										
外観	清澄度	1	1	澄んだ	2	深みのある	3	やや濁った	4	濁った		
	輝き	1	1	輝きのある	2	落ち着いた	3	もやがかかった				
	色調	2	1	紫がかった	2	ルビー	3	黒みを帯びた	4	オレンジがかった	5	ガーネット
			6	レンガ色	7	マホガニー						
	濃淡	1	1	薄い（無色に近い）	2	やや明るい	3	明るい	4	やや濃い	5	濃い
			6	非常に濃い								
	粘性	1	1	さらっとした	2	やや軽い	3	やや強い	4	強い		
	外観の印象	2	1	若々しい	2	若い状態を抜けた	3	軽快な	4	熟した	5	成熟度が高い
			6	濃縮感が強い	7	やや熟成した	8	熟成した	9	酸化熟成のニュアンス	11	酸化が進んだ
			12	完全に酸化している								
香り	第一印象	2	1	閉じている	2	控えめ	3	しっかりと感じられる	4	力強い	5	チャーミング
			6	華やかな	7	濃縮感がある	8	深みのある	9	複雑な		
	特徴 果実、花、植物	3	1	イチゴ	2	ラズベリー	3	すぐり	4	ブルーベリー	5	カシス
			6	ブラックベリー	7	ブラックチェリー	8	干しプラム	9	乾燥イチジク	10	赤ピーマン
			11	メントール	12	シダ	13	バラ	14	すみれ	15	牡丹
			16	ゼラニウム	17	ローリエ	18	杉	19	針葉樹	20	ドライハーブ
			21	タバコ	22	紅茶	23	キノコ	24	スーボワ	25	トリュフ
			26	腐葉土	27	土						
	香辛料、芳香、化学物質	3	1	血液	2	肉	3	なめし皮	4	燻製	5	シヴェ
			6	ジビエ	7	コーヒー	8	カカオパウダー	9	ヴァニラ	10	黒胡椒
			11	丁子	12	シナモン	13	ナツメグ	14	甘草	15	白檀
			16	杜松の実	17	硫黄	18	樹脂	19	ヨード	20	ランシオ
	香りの印象	2	1	若々しい	2	還元的	3	熟成が現れている	4	酸化熟成の段階にある	5	酸化している
			6	第一アロマの強い	7	第二アロマの強い	8	ニュートラル	9	木樽からのニュアンス		
味わい	アタック	1	1	軽い	2	やや軽い	3	やや強い	4	強い	5	インパクトのある
	甘み（アルコールのボリューム感も含む）	1	1	弱い	2	まろやか	3	豊かな	4	残糖がある		
	酸味	1	1	シャープな	2	爽やかな	3	なめらかな	4	円みのある	5	キメ細かい
			6	やさしい	7	力強い						
	タンニン分	1	1	収斂性のある	2	力強い	3	緻密	4	サラサラとして	5	ヴィロードのような
			6	シルキーな	7	溶け込んだ						
	バランス	1	1	スマートな	2	骨格のしっかりした	3	固い	4	痩せた、渇いた	5	豊満な
			6	肉厚な	7	力強い	8	流れるような	9	バランスの良い		
	アルコール	1	1	控えめな	2	やや軽め	3	中程度	4	やや強め	5	熟さを感じる
	余韻	1	1	短め	2	やや軽い	3	やや長い	4	長い		
評価		1	1	シンプル、フレッシュ感を楽しむ	2	成熟度が高く、豊か	3	濃縮し、力強い	4	エレガントで、余韻の長い	5	長期熟成型
供出温度		1	1	10度未満	2	10-13度	3	14-16度	4	17-20度	5	21度以上
グラス		1	1	小ぶり	2	中庸	3	大ぶり				
デカンタージュ		1	1	必要なし	2	事前（30分前）	3	事前（60分前）	4	事前（1時間以上前）		
収穫年		1	1	2008	2	2009	3	2010	4	2011	5	2012
			6	2013	7	2014	8	2015	9	2016		
生産国		1	1	フランス	2	スペイン	3	イタリア	4	日本	5	オーストラリア
			6	アメリカ	7	南アフリカ	8	ニュージーランド	9	チリ	10	アルゼンチン
主な葡萄品種		1	1	カベルネ・ソーヴィニョン	2	ピノ・ノワール	3	シラー（シラーズ）	4	メルロ	5	カベルネ・フラン
			6	ネッビオーロ	7	サンジョヴェーゼ	8	テンプラニーリョ	9	ガメ	10	マスカット・ベーリーA
			11	マルベック								
銘柄			テイスティング解答用紙の記入欄にカタカナまたは原語で記入してください スペル間違いは不正解					リオハ レセルバ				

ポイント

- スペインで長熟が義務付けられているため、結果的に色の薄い熟成色を示すワインが多い。本来はある程度濃くなれる品種。
- 最近は余り樽を強くつけないで濃い果実味を楽しむタイプも多くある。
- 樽熟成にアメリカンオークも使われることが多く、その香りが大事なキーワードとなる。

赤 マスカット・ベーリーAの解答例

※解答に幅があるため、選択数より多く解答に色がついています。

外観

項目	選択数									
清澄度	1	1	澄んだ	2	深みのある	3	やや濁った	4	濁った	
輝き	1	1	輝きのある	2	落ち着いた	3	もやがかかった			
色調	2	1	紫かかった	2	ルビー	3	黒みを帯びた	4	オレンジがかった	5 ガーネット
		6	レンガ色	7	マホガニー					
濃淡	1	1	薄い(無色に近い)	2	やや明るい	3	明るい	4	やや濃い	5 濃い
		6	非常に濃い							
粘性	1	1	さらっとした	2	やや軽い	3	やや強い	4	強い	
外観の印象	2	1	若々しい	2	若い状態を抜けた	3	軽快な	4	熟した	5 成熟度が高い
		6	濃縮感が強い	7	やや熟成した	8	熟成した	9	酸化熟成のニュアンス	11 酸化が進んだ
		12	完全に酸化している							

香り

項目	選択数									
第一印象	2	1	閉じている	2	控えめ	3	しっかりと感じられる	4	力強い	5 チャーミング
		6	華やかな	7	濃縮感がある	8	深みのある	9	複雑な	
特徴（果実、花、植物）	2	1	イチゴ	2	ラズベリー	3	すぐり	4	ブルーベリー	5 カシス
		6	ブラックベリー	7	ブラックチェリー	8	干しプラム	9	乾燥イチジク	10 赤ピーマン
		11	メントール	12	シダ	13	バラ	14	すみれ	15 牡丹
		16	ゼラニウム	17	ローリエ	18	杉	19	針葉樹	20 ドライハーブ
		21	タバコ	22	紅茶	23	キノコ	24	スーボワ	25 トリュフ
		26	腐葉土	27	土					
特徴（香辛料、芳香、化学物質）	2	1	血液	2	肉	3	なめし皮	4	燻製	5 シヴェ
		6	ジビエ	7	コーヒー	8	カカオパウダー	9	ヴァニラ	10 黒胡椒
		11	丁子	12	シナモン	13	ナツメグ	14	甘草	15 白檀
		16	杜松の実	17	硫黄	18	樹脂	19	ヨード	20 ランシオ
香りの印象	2	1	若々しい	2	還元的	3	熟成度が現れている	4	酸化熟成の段階にある	5 酸化している
		6	第一アロマの強い	7	第二アロマの強い	8	ニュートラル	9	木樽からのニュアンス	

味わい

項目	選択数									
アタック	1	1	軽い	2	やや軽い	3	やや強い	4	強い	5 インパクトのある
甘み（アルコールのボリューム感も含む）	1	1	弱い	2	まろやか	3	豊かな	4	残糖がある	
酸味	1	1	シャープな	2	爽やかな	3	なめらかな	4	円みのある	5 キメ細かい
		6	やさしい	7	力強い					
タンニン分	2	1	収斂性のある	2	力強い	3	緻密	4	サラサラとして	5 ヴィロードのような
		6	シルキーな	7	溶け込んだ					
バランス	1	1	スマートな	2	骨格のしっかりした	3	固い	4	痩せた、渇いた	5 豊満な
		6	肉厚な	7	力強い	8	流れるような	9	バランスの良い	
アルコール	1	1	控えめな	2	やや軽め	3	中程度	4	やや強め	5 熱さを感じる
余韻	1	1	短め	2	やや軽い	3	やや長い	4	長い	

その他

項目	選択数									
評価	1	1	シンプル、フレッシュ感を楽しむ	2	成熟度が高く、豊か	3	濃縮し、力強い	4	エレガントで、余韻の長い	5 長期熟成型
供出温度	1	1	10度未満	2	10-13度	3	14-16度	4	17-20度	5 21度以上
グラス	1	1	小ぶり	2	中庸	3	大ぶり			
デカンタージュ	1	1	必要なし	2	事前(30分前)	3	事前(60分前)	4	事前(1時間以上前)	
収穫年	1	1	2008	2	2009	3	2010	4	2011	5 2012
		6	2013	7	2014	8	2015	9	2016	
生産国	1	1	フランス	2	スペイン	3	イタリア	4	日本	5 オーストラリア
		6	アメリカ	7	南アフリカ	8	ニュージーランド	9	チリ	10 アルゼンチン
主な葡萄品種	1	1	カベルネ・ソーヴィニヨン	2	ピノ・ノワール	3	シラー（シラーズ）	4	メルロ	5 カベルネ・フラン
		6	ネッビオーロ	7	サンジョヴェーゼ	8	テンプラニーリョ	9	ガメ	10 マスカット・ベーリーA
		11	マルベック							
銘柄		テイスティング解答用紙の記入欄にカタカナまたは原語で記入してください スペル間違いは不正解						山梨マスカット・ベーリーA		

ポイント

- 日本の交配品種。
- 大粒の品種なので色はそんなに濃くはならない。
- ヴィティス・ラブラスカの系統で、フォクシーなタッチがある。
- イチゴのニュアンスが出ることが多い。

ワイン以外の酒類の見分け方

ワイン以外の酒類は色で見分けましょう。
まず透明なのか、色つきなのかで見分け、さらにどんな色かで判断していきます。

透明な酒類

色は?	辛口か甘口か?	酒類	アルコール度数	エキス分	判別のポイント
無色	辛口	ウォッカ	40度程度		まったくクセがない。
	辛口	テキーラ ホワイト	40度程度		竜舌蘭（りゅうぜつらん）の独特の香り。
	辛口	ジン	40～47度程度		杜松の実（ジュニパーベリー）の香り。
	辛口	焼酎	25度程度		二次試験では乙類焼酎しか出題されない。芋、麦など原料の香りがそのまま出る。
	辛口	オードヴィード フリュイ	40度程度		原料となる果物の香りが出るが、さくらんぼやフランボワーズは果実そのもののイメージとは違い、海苔の佃煮のような香りになる。
	辛口	グラッパ	40度程度		ブドウの搾りかすの独特な風味がある。
	辛口	ラム ブラン	40度程度		廃糖蜜の独特な風味あるが、活性炭などで磨くため香りは少ない。
	甘口	白色アニス ベルジェ・ブランなど	45度程度	38.0%程度	アニスシードの独特の香り、水を加えると白濁する。
	甘口	コアントロー	40度	22.5%	オレンジの豊かな香り。
白ワイン色	辛口	シェリー フィノ	15度程度		酸化熟成の香り、アーモンドの香り、フロール（産膜酵母・さんまくこうぼ）の独特の香り。色は若々しいのにギャップを感じる。
	辛口から甘口	ホワイトポート	19～20度		熟した梨のような甘い香り。蜜やナッツも感じる。
	甘口	ベルモット ビアンコ	15～18度程度		ハーブのニュアンス。ワインベースなので他のハーブ系のリキュールのようにアルコールは高くない。
	甘口	ミュスカド ボーム ド ヴニーズなどV.D.N	15度程度		原料のブドウにもよるが、例えば、ミュスカド ボーム ド ヴニーズだと鮮やかなマスカットの香りがある。

色つきの種類

琥珀色	辛口	コニャック	40度程度		ブランデー3種は判別が難しい。特にコニャックとアルマニャックの判別はかなりの熟練者でも困難。アルマニャックにくらべ洗練されたものが多い傾向がある。
	辛口	アルマニャック	40度程度		力強く、荒々しいものが多い傾向。
	辛口	カルヴァドス	40度程度		ブランデー3種の中では、リンゴの香りを頼りに判別できる唯一の存在。
	辛口	スコッチウイスキー	40～43度程度		ピート（麦芽を燻した）の香り。
	辛口	バーボンウイスキー	40～45度程度		アメリカンオークの香り、トウモロコシの香り。
	辛口	ラムアグリコール	40度程度		サトウキビの香り。
	辛口	シェリー アモンティリャード	16度程度		ナッツ、アーモンドの香り。
	辛口	シェリー オロロソ	17～18度程度		ナッツ、アーモンドの香りが豊か。色はアモンティリャードより濃い。
	辛口	テキーラ アニェホ	40度程度		竜舌蘭の独特の香り。
	辛口から甘口	マデイラ	17～22度		酸化熟成と加熱感。
	辛口から甘口	マルサラ	18度程度		マデイラと似た佇まいだが、酸化的なところは少なく、加熱感はない。杏などのドライフルーツのタッチと樽の香りがあることが多い。

色つきの種類

色	甘辛	銘柄	アルコール度数	糖分	特徴
琥珀色	あまり甘くない	リカール	45度	2.0%	アニスシードの独特の香り。水を入れると白濁する。あまり甘くない。
	甘口	トウニーポート	20度程度		黒ブドウが原料なので酒齢の若いトウニーポートはトウニー（黄褐色）といいつつも赤みがある。
	甘口	ベネディクティン D.O.M.	40度	35.0%	香草系なのに琥珀色。
	甘口	アマレット	28度程度	26.0%	杏仁豆腐の香り。
	甘口	グラン マルニエ	40度	27.1%	オレンジの豊かな香り。コアントローとの差は色。
	甘口	ドランブイ	40度	35.0%	スコッチベース、蜂蜜や香草、スモーキーフレーバーがある。リッチな甘さ。
赤ワイン色	甘口	ルビーポート	20度程度		豊かな果実味ときめ細かなタンニン。リッチに甘い赤ワイン。
	甘口	クレーム ド フランボワーズ	20度程度		赤いベリーの香りと海苔の佃煮の香りとのギャップ。
	甘口	ベルモット ロッソ	15度程度		赤ワインの外観に香草の香り。口に含むと甘口で苦味もある。
鮮やかな黄色	甘口	ペルノ	40度	10.0%	アニスシードの独特の香りで、水を入れると白濁する。
	甘口	ガリアーノ	42.3度	25.0%	アニスシードの独特の香り。加えてバニラの特徴的な香りもある。
	甘口	スーズ	15度	16.2%	リンドウ科の植物であるゲンチアナの根のリキュール。アルコールはそれほど強くなく、甘苦い。
	甘口	シャルトリューズ ジョーヌ	40度	33.0%	ジョーヌ（黄色）という名前のとおり黄色。ヴェールにくらべるとかなり緑がかっている。ヴェール同様複雑な香草の香りだが、蜜の甘い香り、口の中の甘さもヴェールの方がずっと甘い。
鮮やかな緑	辛口	アブサン	68度	0.2%	アルコールが非常に強く辛口。ニガヨモギの個性的な香りと強烈な苦味。水を入れると白濁する。
	甘口	シャルトリューズ ヴェール	55度	23.0%	複雑な香草の香り。スパイシーでミントのニュアンスが強い。
	甘口	メロンリキュール	20度程度		メロンの香りが特徴的。
鮮やかな赤	甘口	カンパリ	25度	19.0%	鮮やかな赤色。オレンジの香りで甘苦い。
	甘口	アペロール	11度	25.8%	鮮やかな赤で、カンパリより少し薄い。オレンジの香りが強く感じられる。アルコールは軽めでカンパリより苦くない。
濃い赤紫	甘口	クレーム ド カシス	20度程度		濃厚で色が濃い。ねっとりするくらい糖度が高い。
濃い茶	甘口	イエーガーマイスター	35度程度	15.7%	茶色から赤みが入る。香りはコリアンダーが強い。
乳白色からコーヒー牛乳	甘口	アマーロ	25度程度	15.0%程度	アヴェルナやモンテネグロなど何社か出している。リンドウの根で甘苦い味。
	甘口	アイリッシュクリーム	17度程度		乳化したクリームとアイリッシュウイスキーの香り。